W0302620

Magischer Schwarzwald und Vogesen

Roland Kroell

Magischer Schwarzwald und Vogesen

Wanderungen zu Orten der Kraft

AT Verlag

Für die keltische Göttin Aitera

Meinen Freunden Miroslav Luczynski
und Thomas Lehner

Die Zeitangaben bei den einzelnen Wanderungen geben die durchschnittliche reine Gehzeit an.
Aktuelle Wanderungen und Konzerte des Autors unter www.schwarzwaldmagie.de

AT Verlag, Baden und München
Lektorat: Karin Breyer, Freiburg i. Br.
Fotos: Roland Kroell, sofern nicht anders vermerkt
Kartenausschnitte: Christian Rolle, Umweltkartografie und Geoinformationstechnik, Holzkirchen
Bilder, Grafik und Layout: zest, www.zest.ch
Lithos: AZ Print, Aarau
Druck und Bindearbeiten: AZ Druck und Datentechnik GmbH, Kempten
Printed in Germany

ISBN 3-85502-998-9

www.at-verlag.ch

Südschwarzwald

Mittelschwarzwald

Nordschwarzwald

Die Vogesen im Elsass

Vorwort

Wer mit dem Zug von Basel nach Karlsruhe fährt, sieht sie unweigerlich, die Silhouetten des Schwarzwalds und der Vogesen. Wie zwei Drachenrücken schlängeln sich die vielen runden Bergkuppen, in zahllosen Windungen von Süden nach Norden. Vom Rheintal aus betrachtet steigt bei Sonnenaufgang die runde goldene Scheibe leuchtend über den Bergen des Schwarzwalds empor, bei Sonnenuntergang taucht sie hinter den Vogesen ab und hinterlässt ein glühendes rotes Meer, in dem einzelne Wolken, wie eine Inselkette vor einer Küste, an die Südsee erinnern. Die Sehnsucht nach fernen Welten steigt bei solchen Bildern im Betrachter auf. Ist es die uralte Erinnerung an den untergegangenen Kontinent Atlantis?
Eine große Dankbarkeit erfüllt mich stets, wenn ich in die Natur hinausgehe und meine Augen diese wundervolle Landschaft einsaugen können. Ehrfurchtsvoll nehme ich auf dem Gipfel des Belchen die gezackten, weißen Spitzen der Alpen vom Montblanc bis zur Zugspitze in mich auf. Auf meinen Wegen huschen oft Gemsen, Auerhähne, Wildschweine und Rehe vorbei. Mein Gefährte ist ein Bussard, der seine Kreise in den Himmel schreibt. Lustvoll singe ich mit mir selbst im Duett, wenn meine Stimme von der anderen Seite des Berghangs widerhallt. Freude empfinde ich, wenn frisches Quellwasser über meine Hände läuft und ich die klare, freie Luft der Berge tief in mein Herz hineinatmen darf.
Das Forschen in anderen Dimensionen ist in den letzten dreißig Jahren ein Teil meines Lebens geworden, eine Art Aufgabe, die ich anhand von magischen Wanderungen im Schwarzwald und in den Vogesen beschreiben möchte.
Das Erspüren der feinen Naturkräfte ist eine Gabe, die nicht jedem unmittelbar gegeben ist; mit entsprechender Offenheit und Übung können aber die meisten Menschen erneut Zugang zu diesen tieferen Schichten der Wahrnehmung und des Empfindens finden. Mich erfüllen diese Orte stets mit Dankbarkeit und Demut. Sie sind ein großes Geschenk.
Bei den in diesem Buch vorgestellten Wanderungen war ich bestrebt, einzelne besondere Orte an einem Berg – wie Quellen, Felsen und Gipfel – durch meinen Besuch miteinander zu verbinden. Ich vollziehe damit einen heiligen Umgang, einer Prozession ähnlich. Damit werden wie von selbst alle Wesen des Bergs bedacht; ich brauche nicht mehr tun, als mich einzulassen auf die Atmosphäre und die Schwingung, welche die einsame Bergwelt mir entgegenbringt, indem sie mich in ihren Schutzmantel aufnimmt. Dann lausche ich dem feinen Sphärenklang, der wie ein Singen von Feen klingt,

und lasse mich von diesen Schwingungen tief in meinem Inneren berühren. Das Einlassen in einen Zustand des inneren Leerwerdens führt dazu, dass ich eine Verbindung mit dem Ort der Kraft herstelle – eine Anziehung findet statt. Manchmal werden auch verschlüsselte Botschaften übermittelt. Die Energiezentren der Landschaftswesen werden durch diese Bewusstseinshaltung aktiviert. Es geschieht eine Heilung unserer verletzten Seele, ohne dass wir viel dafür tun müssen. Allein geschehen lassen und Achtsamkeit sind die Voraussetzungen dafür.

In einer Zeit, in der durch zunehmende Eingriffe in die Natur – durch Seilbahnen, Windräder, Strommasten, Mountainbikewege, Vollernter, Straßen, Holzabfuhrwege, Skilifte, Loipen usw. – das feine Schwingungsnetz der Landschaften immer mehr gestört wird, habe ich es als meine Aufgabe gesehen, neue Varianten von Wegen zu finden, die, so gut es geht, an diesen Neuerungen der modernen Welt vorbeiführen. Deshalb ist auch für mich das Auffinden der Drachen- oder Erdkraft so wichtig geworden. Diese wurde mittels Speeren an den Boden gebunden, damit sie zu dienen habe, damit man sie ausbeuten konnte.

Magische Orte vermitteln uns heute auch eine Vision für die Zukunft. Das behutsame Umgehen mit den Naturkräften und mit uns selbst ist eine Botschaft, die so lauten könnte: Ich verbinde mich wieder mit meiner eigenen Geschichte und finde daraus die Kraft und Erkenntnis eines geistigen Wachstums. Meine Wurzeln sind hier in meiner Heimat, im Schwarzwald und in den Vogesen. Ich kann von den Lehren östlicher Weisheiten viel dazulernen, aber die Umsetzung findet hier vor meiner Haustür statt.

Durch meditatives Wandern kommen auf ganz natürliche Weise Visionen auf. Ich lasse mich in diesen Zustand hineingleiten und nehme plötzlich Dinge wie aus einer anderen Welt wahr. Der alte Weise meldet sich in mir, und in meinen inneren Bildern sehe ich einen Druiden oder Barden. Plötzlich sind sie da, die Brüder und Schwestern aus der andern Welt, und überbringen verschlüsselte Botschaften, raunen von einer heilen Welt, wo wir uns wohlfühlen dürfen, wo es kein Leid gibt, wo Frieden herrscht, wo ich so sein kann, wie ich bin. Hier spüre ich meinen inneren Meister, der mir Vertrauen, Geduld und Liebe zukommen lässt. In solchen Momenten habe ich immer das Gefühl, dass sich ein Austausch vollzieht, der mich verwandelt, der mich wieder ganz werden lässt. Im Hier und Jetzt der Gegenwart können Vergangenheit und Zukunft relativiert werden.

Gerade dann, wenn wir in großen Nöten sind, können Orte der Kraft wieder Trost und Zuversicht verleihen. Es gibt Orte, die viel Energie besitzen und die gerne etwas abgeben wollen, wie Felsen, Grotten oder Quellen. Zum anderen gibt es aber auch Plätze, die unsere Hilfe brauchen, gerade dann, wenn starke Eingriffe von außen stattgefunden haben. Allen diesen Plätzen tut es gut, wenn wir sie liebevoll bedenken und ihnen gute Absichten schenken. Nutzen Sie, liebe Leserin, lieber Leser, die Kraft, indem sie dem Ort auch etwas geben, bringen Sie ihm etwas mit, zum Beispiel einen kleinen Stein, eine Blume, ein Lied, einen Talisman, und bedanken Sie sich für all das, was Ihnen an diesen Orten in Hülle und Fülle geschenkt wird.

Die Wiedererweckung der Drachenkraft

Dicke Regentropfen prasseln auf das Dach des mit Schindeln gedeckten alten Schwarzwaldhofs. Draußen steigen Nebelschwaden die Hänge hinauf zum Ochsenberg. Ich sitze mit meinem Freund Steinmann in der alten Bauernstube auf der Eckbank.

Steinmann zieht an seiner Pfeife: »Wir sollten versuchen, die Drachenkraft im Schwarzwald wiederzuerwecken!«

»Wie meinst du das«, fragte ich ihn.

»Wir nehmen ein dickes Seil, das ist unser Symbol für die Schlange. Ich werde das Seil an den Enden rot und weiß anmalen. Rot steht für den roten Drachen, weiß für den weißen Drachen. Allerdings ist das ganze Unternehmen meinem Gefühl nach auch gefährlich. Wir wissen nicht, was wir da für unbekannte Energien anzapfen. Vielleicht hat das auch sehr unangenehme Auswirkungen auf uns. Wenn wir die Ahnen erzürnen, kann das ebenso unser Untergang sein, mein Lieber. Dazu brauchen wir einige Verbündete, die uns da beistehen. Fällt dir da jemand ein?«

Vielleicht, denke ich, ist ja am Behlenberg das Tor zu dieser »Drachenkraft«. Wenn wir hier ein Ritual durchführen, müsste das eine Wirkung auf die gesamte Bergkette des Schwarzwalds und der Vogesen haben. Langsam entsteht in mir ein Bild, das sich vor meinem geistigen Auge entfaltet. Ich sehe, wie sich dieser Erddrachen erhebt und über die vielen Bergkuppen des Schwarzwalds von Süden nach Norden fliegt, vom Blauen über den Belchen, den Kandel, bis zum König-Artus-Berg (Heuberg) im Nordschwarzwald, um dann auf der gegenüberliegenden Seite, dem Kamm der Vogesen entlang, zurückzufliegen nach Basel. Jetzt kommen mir zwei Personen in den Sinn, die für die Teilnahme an unserem Ritual geeignet scheinen. Steinmann schlägt seinerseits ebenso zwei Personen vor, die das Ganze durch Gebete und Meditation von außen betreuen würden, und zwar an anderen Orten der Kraft. Mit einem wohltuenden Lächeln schaut er mich an: »Wann sollen wir damit beginnen?« Wir planen dafür einen Sonntag ein. Etwa um die Mittagszeit ist die Energie am besten, kommen wir überein.

Von Drachen und Basilisken

Der Drachen ist fast auf der ganzen Welt als Fabelwesen bekannt. Während man ihn im fernen Osten als Glückstier preist, wird er in Europa verteufelt. Die Druiden verehrten die Drachenkraft, und die Erde war Träger dieser Energie. Berge und Täler wurden als Leib des Drachen betrachtet. Wer sich näher mit dem sagenumwobenen Wesen beschäftigt, entdeckt sehr rasch, dass es ganz unterschiedliche Drachengestalten gibt. Aus der Antike und dem Mittelalter berichtet man von Korndrachen (legt Feuer an die Häuser), Tatzelwürmern (mit Katzenkopf), Feuerdrachen (speien Feuer), Wetterdrachen (verheißen Unwetter), Lindwurm (hat zwei Beine). Ursprünglich sollen die Drachen von einem fernen Planeten des Sternbilds Draconis stammen, wo noch immer ihr Großvater regieren soll (Rinkenbach und O. Hodapp 2002).

Besondere energetische »Punkte« in einer Landschaft, die miteinander in Verbindung stehen – wie etwa markante Felsen, Bergkuppen oder andere Kraftorte –, werden als Drachenlinien bezeichnet. In früherer Zeit benutzten Menschen diese Punkte, um sich zu orientieren. Später entstanden kleine Heiligtümer, und manche Handelswege führten wie eine Perlenschnur von einem Drachenort zum anderen. Man brachte Opfer dar, um bei einer längeren Strecke vor Wind und Wetter, vor Raubtieren und anderen Gefahren geschützt zu sein. Auf Englisch heißen diese Linien »Leylines«.

In der Radiästhesie bezeichnet man die energetische Struktur solcher Orte als »Drittes Gitter«. Radiästhesie bedeutet Strahlungsempfindlichkeit oder auch Strahlungswahrnehmung. Der Begriff, der von den beiden Pfarrern Bouly (1865–1958) und Bayard geprägt wurde, stammt aus dem lateinischen Wort *radius,* das so viel wie Stab, Lichtstrahl, und dem Griechischen *aïsthesis,* das Empfindsamkeit bedeutet. Das Aufspüren von Erdenergien durch Rutengänger hat eine jahrtausendelange Tradition. Um Wasser-, Erz-, Gold- oder Zinnvorkommen zu finden, ist die Kunst des Rutengehens auf dem ganzen Erdball verbreitet gewesen. Älteste Zeugnisse kommen aus Afrika, wo man schon 13 500 v. Chr. in der Lage war, mit dieser Methode Bodenschätze zu finden. Deshalb ist es verständlich, dass ein solches Wissen zum Überleben der Stämme gehörte und man regelmäßig dem guten Erddrachen Opfer darbrachte.

Der Drache war ein Symbol der Erdschlange, einer wandelnden Erdenergie. Wer sich diesem Strom anvertraute, der konnte mühelos weite

»Das ist die große Schlange, diejenige, die Flügel hat,
wenn sie vom Himmel herabkommt, und die keine Flügel hat,
wenn sie aus der Erde emporsteigt. In der Mythologie
meines Landes gibt es ein ganzes Regiment männlicher Heiliger,
die die von ihnen gezähmte Schlange an der Leine führen,
es sind: Sankt Armel, Sankt Derien, Sankt Méen (...)
und selbst eine weibliche Heilige, Sankta Margaretha,
die diesem Monster, das man die Wuivre nennt,
den Halfter angelegt hat (...) Diese Schlange ist natürlich nur
eine bildliche Vorstellung, die den Strom symbolisiert,
der Himmel und Erde verbindet.«

Vincenot Henri

Strecken zurücklegen. Dieses Gefühl kennen bis heute die Nomaden und die Fahrenden, wie die europäischen Zigeunersippen. Man vertraut ganz seinen intuitiven Fähigkeiten und kommt meist genau zum richtigen Zeitpunkt am richtigen Ort an. Die Drachenenergie war ursprünglich eine ganz positive Kraft. Erst mit dem Aufkommen des Christentums ging langsam das Wissen darum verloren. Sie galt plötzlich als heidnisch und rückständig. Im Lateinischen heißt der Teufel *draco* – möglicherweise einer der Gründe, weswegen man den Drachen mit dem Teufel in Verbindung gebracht hat. Viele Orte der Kraft heißen deshalb Teufelskanzel, Teufelsstein, Teufelsmühle usw. Das griechische Wort lautet *drakon* und bedeutet Scharfblickender. Ob an solchen Orten wohl eingeweihte Personen lebten, die mit scharfem Blick den Neuankömmling betrachteten, um festzustellen, ob er würdig war, diesen Platz zu betreten?

»Die Straßen der ehemaligen Leylinien führten ursprünglich von Steinmal zu Steinmal. Es ist belegt, dass es damals üblich war, regellose Steinhaufen als Marksteine zu verwenden (...) Mit fortschreitender Zivilisation entwickelten sich diese Steinhaufen zu kleinen tempel- oder kapellenähnlichen Gebäuden« (Geise 2002: 58). Der Forscher Geise geht so weit, dass er diese Plätze mit Signal- und Lichtorten in Verbindung bringt; er spricht von Hellwegen, Hellenfeuern und Hellmännern, die in keltischer Zeit auf exponierten Geländepunkten eine Art Feuerdienst versahen. Ihre Aufgabe bestand darin, hier ein Frühwarnsystem vor heranrückenden Feinden zu bedienen. Des Weiteren waren sie zuständig für die Leichenverbrennung. Wichtige Nachrichten konnten von solchen

Orten auch mittels Luren und Hörnern weitergegeben werden. Diese alphornähnlichen Instrumente waren oftmals bis zu 1,60 Meter lang und mit Birkenrinde umwickelt.

Gehen die kelto-germanischen Feuerbräuche in Schwarzwald und Vogesen, die Scheibenfeuer am Funkensonntag (Sonntag nach Fasnacht), Feuerräder und Feuerobelisken an Johanni, zur Sommersonnwende, auf solche Höllenfeuer zurück? Die Landschaftsgöttinnen von Vogesen und Schwarzwald haben ihre Kraft bewahrt. Wie in einem unsichtbaren Netz sind alle wichtigen Punkte miteinander verbunden.

Der heilige Patrick tötete der Legende nach alle Schlangen auf Irland. »Bei den Schlangen handelt es sich um die führenden Vertreter des keltischen Heidentums, die häufig eine Schlangentätowierung – oder präziser: ein Abbild des Roten Drachen – auf der Haut trugen. Hunderte von Druiden wurden im Verlauf von Patricks ›Missionstätigkeit‹ grausam niedergemetzelt, und dies war nur der Auftakt zur flächendeckenden Zwangschristianisierung Erins und Britanniens im Verlauf der folgenden Jahrhunderte« (Böckl 2000: 213).

»In der Alchemie wurde der Drache mit Materie, Metall und dem physischen Körper assoziiert. In Verbindung mit dem Drachen wurde oft seine Schwester erwähnt: Geist, Quecksilber und die Seele. Die alten Alchemisten verwendeten das Bild des Drachens oder einer geflügelten Schlange als eines ihrer Geheimsymbole. Ein allgemeines Symbol spiritueller Alchemie war der Drache oder die Schlange, die ihren Schwanz in ihrem Mund hatte, ein Symbol für den ewigen Kreislauf und die Unendlichkeit« (Conway 2002: 12).

Das griechische Wort *basiliskos* bedeutet »König«. Gemeint ist die besondere sagenumwobene Schlangenart der Basilisken. Der römische Autor Gajus Plinius Secundus (23–79 n. Chr.) beschrieb das mythische Tier: »Kraft besitzt auch der Basilisk, eine Schlangenart. Er ist heimisch in der Provinz Kyrenaika (Libyen), ist nicht länger als zwölf Finger und hat am Kopf einen weißen Fleck. Durch sein Zischen verjagt er alle anderen Schlangen und bewegt nicht, wie die andern, seinen Körper durch vielfache Windungen, sondern geht stolz und halb aufgerichtet einher. Er lässt Sträucher absterben; nicht nur durch Berührung, sondern auch schon durch den Anhauch, versengt er Kräuter und sprengt die Steine« (Lienhard, Widmer 2003: 12).

Dieses Mischwesen, zum Teil Drache, Schlange und Hahn, ging als giftspeiendes Ungeheuer in Europa und im Orient in die Geschichten und Legenden ein. In manch giftigem Brunnen soll ein Basilisk gehaust haben, vor allem dann, wenn daraus giftige Dämpfe emporstiegen. Oft trägt es auf Abbildungen eine kleine Krone auf dem Haupte und galt daher auch als König unter den Schlangen.

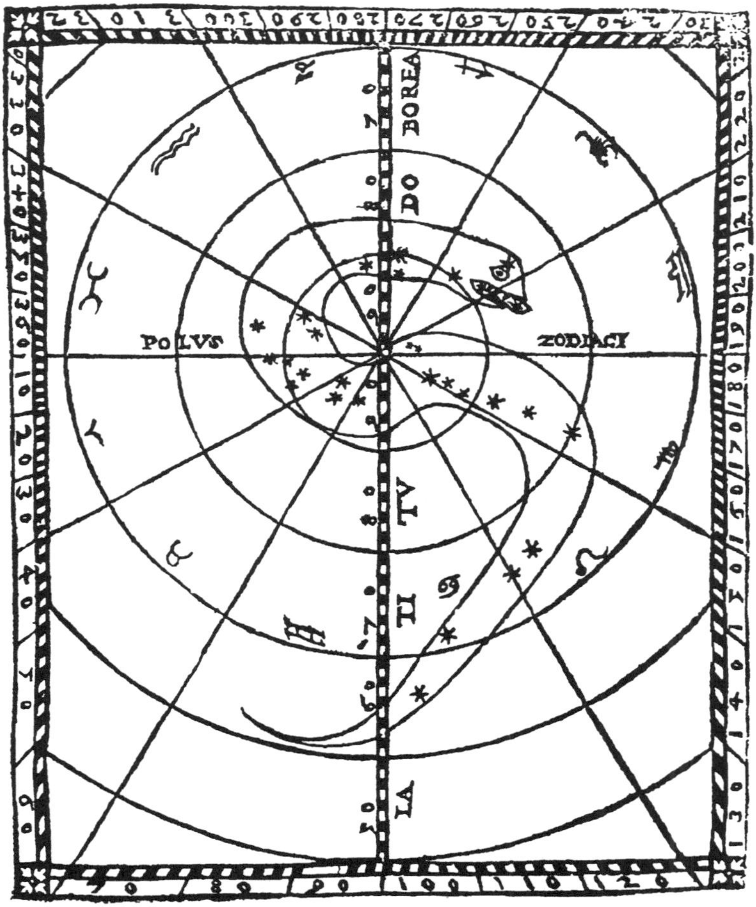

Die Konstellation »Draco«, aus: »Theatrum mundi« von Giovanni Paolo, Venedig 1588.

Basilisk, Wettsteinbrücke Basel.

Alte Abbildungen des Fabeltiers sind am Basler Münster zu finden. Dort wurden sie bereits im 11. Jahrhundert an Säulenkapitellen und Bodenplatten dargestellt. Auch bewacht ein großer Basilisk die Wettsteinbrücke. Christiane Widmer und Christian Lienhard haben ein schönes Buch über die Basler Basilisken zusammengestellt (siehe Literaturverzeichnis Seite 301).

Ein alter Drachenmythos steht eng in Verbindung mit der Stadt Freiburg. Es ist die Geschichte vom Drachen aus dem Höllental. Der Sage nach soll er vor allem durchziehende Kaufleute und schöne Jungfrauen verschlungen haben. Die alte Mär fand unlängst eine Wiederauferstehung, und zwar in zweierlei Form. In den fünfziger Jahren des vorigen Jahrhunderts entwickelte Friedrich A. Schmid Noerr aus dem Stoff ein neues Märchen mit dem Titel »Das Freiburger Drachenzahnweh«. Der Autor erhielt damals für seine Werke den Hebelpreis.

1995, vierzig Jahre später, entdeckte der Freiburger Puppenspieler Gregor Schwank die längst vergessene Geschichte, und es entstand ein schönes Stück fürs Puppentheater in Zusammenarbeit mit dem Kabarettisten Martin Schley und der Bühnenmalerin Nicole Nedoh.

Der Drache kam einst aus der Schweiz und ließ sich im wilden Höllental nieder. Und wie es im Märchen so geht, liebt der Ritter Hans die schöne Ann. Deren Vater will jedoch von einer Liaison nichts wissen, da ihm Hans zu arm und unbedeutend ist. Um ihn umzustimmen, zieht Ritter Hans ins Höllental, um den Drachen zu besiegen (Schmid Noerr 1996).

Das Interessante an der Geschichte ist, dass hier der Drache von einem Ritter nicht getötet wird. Ritter Hans verschwindet im Mund des Tiers und passt in eine große Zahnlücke. Die Geschichte spielt in der Zeit, als das Freiburger Münster gerade fertig gebaut war. Um die Erdschlange zu besänftigen, wurden auch Dämonen, Drachen und andere Tiere am Bauwerk mit eingebaut. Der Drache in unserem Märchen kommt wegen seiner Schmerzen nach Freiburg, um Linderung zu erhalten.

Drache aus dem Höllental vom Theater Marionetten & Co., Freiburg, Gregor Schwank (Foto: Johannes Eules).

»Alsdann aber schob er sich mit seiner ungefügen Schnauze bis nach Oberlinden vor, allwo ihn die Vierundzwanzig vom Schöppenstuhl mit Feierlichkeiten willkommen hießen und ihn aufforderten, Kopf und Gliedmaßen in die zugerüsteten Schlingen zu legen, von denen die oberste mit vielen Seilen und Gewinden hoch oben am Münsterturm befestigt war. Wie aber nun der grausliche Rachen des Lindwurms, zum Stillhalten aufgespannt, in den Schlingen hing, da lief ihm das helle Schmerzenswasser hintroff, da ward ein silberklares Bächlein daraus und das blieb unversieglich. Und sprudelt seit jenem Tag durch viele Gässlein Freiburgs das klare und berühmte Drachenwasser noch bis zu dieser gegenwärtigen Stunde durch die ganze Stadt in vielen, wohlverteilten Rinnsalen« (Schmid Noerr 1996: 164).

Am Ende der Geschichte kroch der Drache vor Erschöpfung aus der Stadt und versteinerte zum heutigen Lorettoberg. Die Anhöhe des Lorettobergs war von alters her ein heiliger Berg, ein Ort der Kraft. Die Freiburger errichteten oben auf dem Rücken des Drachen eine Lorettokapelle. Es ist bis heute ein wunderschöner Platz. Alte Bäume, Reben und ein großartiger Blick nach Süden zum Kaiserstuhl und zu den Vogesen, und im Nordosten erhebt sich graziös das Freiburger Münster.

Von keltischen Schmiedeschamanen

Die keltische Kultur hat vor über zweitausend Jahren entscheidend unsere Landschaft im Schwarzwald und in den Vogesen mitgeprägt. Da die Kelten ihre Weisheiten nur mündlich weitergaben, um die geheimen Lehren der Druiden vor Unbefugten zu schützen, verfügen wir über so gut wie kein schriftliches Material. Lediglich die Siegermacht aus Rom berichtete gerne über die Sitten und Gebräuche jener wilden Keltenstämme, die lange Widerstand gegen die römischen Eroberer geleistet hatten. »Keltoi« nannten die Griechen das Volk, das aus dem Dunkel kam. Sie kamen einst aus dem indoeuropäischen Raum und drangen auf ihren Wanderzügen nach Europa ein. Vermutlich ab dem 6. Jahrhundert v. Chr. war ihre Kultur bereits zu einem festen Bestandteil vieler Regionen Europas geworden. Im Umgang mit der Verarbeitung des Eisenerzes waren sie Meister. Sie beherrschten die Herstellung von eisernen Geräten und konnten Schwerter, Messer und andere Handwerkszeuge in primitiven Öfen, den so genannten Rennöfen, fertigen. Dieses Wissen verlieh ihnen eine Überlegenheit anderen europäischen Völkern gegenüber. Nach und nach eroberte dieser keltische Kulturstrom den ganzen Kontinent, und seine handwerklichen Fähigkeiten haben Jahrtausende überdauert – nahezu jeder kennt noch das Flair alter Dorfschmieden.

Merlin

Zur Nacht warf er den schwarzen Umhang über die Schultern,
Der Innen die Farben der Dämmerung trug und flog
Ostwärts auf dem Wind, endlos ostwärts, die Erde mit Flüssen,
Städten, schlafenden Menschen tief unter sich lassend,
Ein räumliches Weltornament, in dem er mühelos zu lesen verstand.
Vor Sonnenaufgang war er dann wieder zurück
Auf seinem Turm in der Einöde, der unermesslichen,
Die er herrlich fand, weil nur sie genügend Raum für ihn
Und die Konstrukte seines Geistes bot.
Die Farben der Welt verblassten im Scheinwerferlicht
Seiner Augen

Linde Ludwig, 1999

Die Kelten entwickelten stadtähnliche Anlagen, die von Caesar »Oppidas« genannt wurden. Bekannt sind Bibracte im heutigen Burgund, Manching bei München oder das Tarodunum bei Freiburg-Kirchzarten. Die Häuser waren aus Holz gebaut. Ausgrabungen ergaben, dass die Kelten bereits Handwerksstätten betrieben haben, wo Glasarmringe, Werkzeuge, Schwerter, Münzen und Schmuck hergestellt wurden.

Der Schmied war eine Art Urschamane des Stammes. Besonders die in abgeschiedenen Tälern gelegenen Waldschmieden galten als wichtige Orte, an denen geheimnisvolle Initiationen stattfanden. Bekannt ist die Szene aus der Sage von König Artus, wo nur der junge Held das Zauberschwert Excalibur aus einem Stein herausziehen konnte. Dieser Vorgang beschreibt ein altes Eisenritual, das vor König Artus jeder keltische Krieger zelebriert hat.

Jürg Tauber, der Kantonsarchäologe von Baselland, erzählte mir, dass man im Kanton Baselland, der sich über die Höhen des Schweizer Jura erstreckt, mehrere Funde von keltischen Rennöfen gemacht habe. Das Auffallende war, dass alle diese Öfen auf Bergkuppen gefunden wurden und nicht, wie man meinen könnte, nahe eines Flusses, also mehr in Tälern. Auf die Frage, wie viel Kilogramm Eisen zur Herstellung eines Schwerts wohl ein damaliger Krieger gebraucht hätte, antwortete ich spontan: »In etwa 50 bis 100 Kilogramm«. Der Kenner der Geschichte schaute mich schmunzelnd an und sagte: »Es waren lediglich etwa 2 Kilogramm!«

Keltischer Rennofen.

Wie könnte ein solches Eisenritual ausgesehen haben? Wir stellen uns einen Waldschmied vor, der – wie ein Druide – diese Initiation mit einem keltischen Krieger vornahm: Einen Erzklumpen von zirka 15 bis 20 Kilogramm hatte der Krieger zu tragen. Der Schmied transportierte sein einfaches Werkzeug, das aus Blasebalg, Amboss, Hammer und Zange bestand. So gingen die beiden an einen besonderen, geheimen Ort, an dem sie einen kleinen gemauerten Ofen errichteten und das Eisenerz erhitzten, bis es glühte. Dann wurden ein Schwert und ein Dolch herausgezogen sowie eine Schnalle zum Umbinden gefertigt. Diese eisernen Gegenstände behielt der Krieger meist ein Leben lang. Jürg Tauber hat solche Verfahren in mehreren Projekten – »Experimentelle Archäologie« – nachgestellt und konnte zeigen, dass mit primitivsten Mitteln die Herstellung von Eisenobjekten in der damaligen Zeit möglich war.

Die Kelten haben uns viele Fluss-, Berg- und Flurnamen hinterlassen. Die Fachwelt spricht von »altkeltisch«. Überall, wo der Vokal »a« vorkommt, spielt Wasser eine Rolle, wie Aitern, Aiternbühl, Aha, Wisna (Wiese), Belna, Amhain usw.

Die Germanen, die später ihre alemannische Kultur einführten, haben viele dieser Namen übernommen. Sie kannten für Wasser nur wenige Worte, meist nur »Bach« oder »Ach«. So kommt es, dass man an das keltische Wort einfach das germanische Wort für Wasser, »Bach«, anhängte, zum Beispiel Durbach, Eberbach, Feuerbach.

Gemeint waren Zustände, die das Fließen von Wasser beschreiben, ob dieses aus großen Becken sprudelt oder kleine Felsrinnen durchläuft, ob der Bach fischreich war oder sonstige Eigenschaften aufweisen konnte. Die Kelten kannten über fünfzig verschiedene Arten von Wässern und konnten in ihrer Sprache die Eigenschaften des nassen Elements exakt beschreiben. Jeder Bach zählte als Individuum und hatte deshalb einen eigenen Namen, gleich einer chemischen Formel. So wie wir heute über dreißig Automarken auf Anhieb unterscheiden können, so konnte ein Kelte die verschiedenen Wassereigenschaften benennen. Auch hatten sie eine spezielle Sprache entwickelt, um mit Wassergeistern und Feen sprechen zu können.

Diese Botschaften aus einer anderen Welt bestimmten den Lebensweg der Menschen. Leider ist vieles von diesem Wissen verloren gegangen. Anhand der hinterlassenen Märchen, Epen und Mythen lässt sich dieser große Schatz noch erspüren. Ein Volk wie die Kelten, das derart im Irrationalen, in anderen Welten zu Hause war, kann man nicht mit dem rationalen Verstand erfassen. Sie lebten in einem ganzheitlichen Naturverständnis, wo jahreszeitliche Feste, Rituale und Kulte den Lauf des Lebens bestimmten.

Stämme der Kelten, insbesondere die Helvetier, siedelten bis etwa 50 v. Chr. vom Schwarzwald bis zum Odenwald. Die Grenze war sehr wahrscheinlich der Main. Das keltische Wort *Moin* bedeutet Stierfluss.

Für ihre spirituellen Lehren bauten die Kelten keine Tempel oder Kirchen. Wichtige Lehrmeisterin war die Natur – die Bäume, Pflanzen und wilden Tiere.

Wahrscheinlich gab es kleine Waldeinsiedeleien, wo die Meister unterrichteten – in Druidenschulen, in denen der Lehrling eine Ausbildungszeit von bis zu zwanzig Jahren absolvieren musste. Dies waren sicher keine Massenveranstaltungen, nur einzelnen, auserwählten Schülern wurde ein solcher Weg eröffnet.

Der bretonische Schriftsteller Jean Markale schreibt in seinem Buch über die Druiden: »Offenbar hielten die Druiden in der keltischen Gesellschaft fast die gesamte geistliche und weltliche Macht in ihren Händen. Wenn man weiterhin bedenkt, dass zahlreiche irische Epen berichten, der König habe in einer Versammlung nicht das Recht, vor dem Druiden das Wort zu ergreifen, dann kann man sich vorstellen, mit welcher Allmacht die Druiden ausgestattet waren« (Markale 1985: 30).

Die Kelten waren die ersten Freiheitskämpfer Europas

Entschlossen und todesmutig kämpften die keltischen Stämme gegen die Machtansprüche der Römer. Und wie in der Comicserie »Asterix und Obelix« waren ihre Widerstandsnester nur sehr schwer auszumachen. Deshalb konnte ihre Kultur nie ganz zerstört werden. Die damaligen Schauplätze waren das heutige Frankreich und Süddeutschland. Aber als die Römer Britannien eroberten, flackerte auch dort eine Welle des Widerstandes auf. Es gibt heute noch Schotten und Walliser, die behaupten, was damals vor zweitausend Jahren begonnen habe, sei ein Kampf, der

Hauensteiner Tracht der Salpeterer.

noch lange nicht zu Ende sei. Ähnlichkeiten finden wir im Freiheitskampf der Hotzenwälder Salpetererbewegung oder der Eidgenossenschaft. Revolutionäre Ideen kamen zahlreich aus dem Schwarzwald und den Vogesen.

Ob im großen deutschen Bauernkrieg (1524/25), der in Stühlingen im Schwarzwald begann, in den Salpetererunruhen im 18. und 19. Jahrhundert im Hotzenwald, in der Badischen Revolution von 1848/49 oder im Anti-AKW-Kampf in Wyhl am Kaiserstuhl in den siebziger Jahren des vorigen Jahrhunderts – in alledem findet sich etwas vom keltischen Geist des Aufbegehrens gegen Obrigkeiten und Willkürstaat.

Bevor ich mich auf den spirituellen Weg begab, war ich fasziniert von der Freiheitsgeschichte der Salpeterer. Ich entdeckte damals die Lieder dieser freien Bauern aus dem Hotzenwald und gründete die Musikgruppe D'Salpeterer. Diese freien Bauern verteidigten ihre alten demokratischen Rechte und konnten sich auf eine tausendjährige Überlieferung berufen.

Um das Jahr 870 n. Chr. war der Schwarzwald noch reiner Urwald. Wer damals in dieses Niemandsland zog, den Wald rodete (der Orts- oder Flurnamen »Reute« kommt davon), Hof und Acker anlegte, konnte davon ausgehen, dass er ein freier, unabhängiger Mann war. Dieser Urwald war Königsland. Die ersten Freibauern waren Königsbauern und nur dem Kaiser untertan. Dieses Gebiet erstreckte sich von der Wehra- bis zur Wutachschlucht.

Erst als während der Kreuzzüge den Rittern Lehen als Belohnung für ihre Taten versprochen wurden, kam es zu ersten Konflikten um die alten Rechte. Eine weitere Einschränkung erfuhren die freien Wälder durch das Entstehen von Klöstern wie das Kloster St. Blasien. Sind die Hotzenwälder Nachfahren der Kelten? Ihre sture Lebenshaltung gegenüber Obrigkeiten fand ich immer sehr beeindruckend.

Das badische Land grenzt an zwei Nationalstaaten, die beide immer freiheitlichen Ideen offen gegenüberstanden, die Schweiz im Süden und Frankreich im Westen.

Die Eidgenossen hatten sich 1386 aus der Herrschaft der Habsburger gelöst. Da man im Grenzgebiet zum Schwarzwald miteinander verwandt war, hatte der Einfluss der Schweizer Nation noch lange ein Gewicht bei politischen Entscheidungen. In der Zeit des Bauernkriegs glaubten die aufständischen Bauern, dass ihnen die Eidgenossenschaft zu Hilfe kommen würde. Zu allen Zeiten, in allen Jahrhunderten konnten politisch Verfolgte in der Schweiz unterkommen. Diese Sicherheit gab den politischen Bewegungen den nötigen Auftrieb und den Mut, für Gerechtigkeit und Frieden zu kämpfen. Die Ideen der Französischen Revolution drangen 1789 auch über den Rhein und verhallten nicht ungehört an den Bergen des Schwarzwalds. Das führte 1848 zur Bewegung der badischen Revolution unter der Führung von Friedrich Hecker.

Warum der Schwarzwald nicht eidgenössisch geworden ist

Das Schicksal des Schwarzwalds wurde im Jahre 1468 in Waldshut besiegelt, als die Eidgenossen trotz erfolgreicher Belagerung der Stadt einen fragwürdigen Friedensvertrag unterzeichneten, dessen Konsequenzen sich bis heute auswirken.

Die Adelsherrschaft der Habsburger versuchte, sich im 14. und 15. Jahrhundert über die Rechte und Freiheiten der Bürger hinwegzusetzen. Adlige drangsalierten die Menschen in den Städten sogar mit Raubüberfällen. So überfiel Ritter Bilgri von Heudorf mit seinen Knechten die Stadt Schaffhausen. Infolgedessen stellten sich die Bürger der Stadt ab 1454 unter den Schutz der eidgenössischen Kantone Zürich, Glarus, Bern, Schwyz und Zug.

Die Eidgenossen galten als Vorbild für Freiheit und demokratische Rechte. Nachdem die Urkantone der Eidgenossenschaft erfolgreich gegen die Habsburger aufbegehrt und 1386 in der Schlacht bei Sempach die österreichischen Ritter vernichtend geschlagen hatten, veränderten sich die Machtverhältnisse zu Gunsten der Schweizer. Bald hatten die mutigen Eidgenossen viele Anhänger und wurden von mancher durch die Habsburger bedrängten Stadt zu Hilfe gerufen. So stellten sich auch bald die Städte Rottweil am Neckar und Mühlhausen im Elsass unter den Schutz der Eidgenossen.

Durch die militärische Überlegenheit der Schweizer zwischen Alpen und Schwarzwald konnte die Vormachtstellung weiter ausgebaut werden. Im Jahre 1468 beschlossen sie, die Stadt Waldshut zu erobern. Damit sollten Sundgau und Schwarzwald, also die Vorderösterreichischen Lande, schweizerisch werden. Vorangegangen waren erfolgreiche Raub-

Belagerung der Stadt Waldshut 1468.

züge durch das Elsass und den Klettgau, wo die Bevölkerung schon längst auf die Eidgenossen schwor. Deshalb erwarteten auch die Bauern im Schwarzwald, vor allem in der freien Grafschaft Hauenstein, dass eine Eroberung der Schweizer nun kurz bevorstände.

Am 6. Juli 1468 zogen eidgenössische Söldner raubschatzend vor das Kloster St. Blasien. Als sich der Abt bereit erklärte, ein Lösegeld von dreitausend Gulden zu bezahlen, entschloss man sich, das Stift vor weiteren Verwüstungen zu verschonen.

Zu Luzern wurde am 20. Juli 1468 das Losungswort zur Eroberung der Stadt Waldshut ausgegeben. Bereits zwei Tage später lagerten schon die ersten Schweizer Soldaten vor der Waldstadt. Alte Haudegen gaben sich hier ein Stelldichein, wie Ritter Adrian von Bubenberg, Heinrich von Hunwyl, Thüring von Hallwil. Unter der Führung des Zürcher Hauptmannes Hans Waldmann waren die Eidgenossen siegreich aus den Schlachten von Murten und Nancy hervorgegangen. Das Banner mit dem Berner Bär trug Peter Bomgarten.

Über eine Woche lang brauchten die Eidgenossen, bis sie ihre schweren Geschütze rund um die Stadt in Stellung gebracht hatten. Westwärts bis nach Dogern lagerten die Soldaten von Bern, Unterwalden, Uri und Freiburg i. Üchtland. Im Norden und Osten hatten Appenzeller, St. Galler und Zürcher zum Angriff gerüstet. Auf dem gegenüberliegenden Rheinufer bezogen Solothurner und Aargauer ihre Stellung. Der Rhein selbst wurde mit holzgepanzerten Schiffen abgeriegelt. Insgesamt waren sechzehntausend eidgenössische Söldner aufmarschiert.

Gut für eine längere Verteidigung gerüstet war indes die Waldstadt. Von einer hohen Mauer mit fünf Türmen umgeben, trotzte sie dem Feind. Den besten Schutz boten der tiefe schluchtartige Wallgraben, den man mit Hackenbüchsen armiert hatte. Sicherlich war die Kunde von der bevorstehenden Belagerung durch die Eidgenossen schon längst durch die Lande geeilt, denn zu dieser Zeit suchten viele Adlige aus der Umgebung Schutz in Waldshut. Der bekannte Schwarzwälder Heimatschriftsteller Heinrich Hansjakob führt in seiner Schrift über den Waldshuter Krieg eine ganze Liste von Namen auf, darunter die Herren von Erzingen, Rümlang, Griesheim, Kloten und Münchingen. Sogar der verhasste Raubritter Bilgri von Heudorf mit seinen »Böcken« suchte in Waldshut Zuflucht.

Militärische Verstärkung erhielt die Stadt durch Zuzüge aus Freiburg, Breisach und Neuenburg. Zum Oberbefehlshaber einer achthundert Mann starken Besatzung ernannte man den kriegserfahrenen Ritter Werner von

Schienen. Sein Geschlecht stammte vom Untersee, der Feste Schrotzburg. Auf dem Schienerberg residierte Werner von Schienen. Mutig hatte er in den Jahren zuvor schon öfter die Eidgenossen angegriffen und ihnen einige schmerzliche Verluste zugefügt. Von ihm ist folgende Überlieferung erhalten geblieben:

Auf die Frage, warum die Schweizer in ihren Kriegen so viel Glück hätten, antwortete der Ritter: »Erst dann wird sich unsere Sache zum Guten wenden, wenn der österreichische Adel ein eben so ehrbares Leben führt wie die Schweizer…«

Der Ansturm beginnt

Stadtschreiber Johannes Jakob Straubhaar berichtete in einem Jahrzeitbuch von 1641: »Aus allen Orten, Städten und Ländern mit all ihrer Macht, Hauptbannern und Hauptbüchsen sind die Eidgenossen am 22. Juli 1468 auf Freitag, den St.-Maria-Magdalenentag, morgens unter der Frühmesse zwischen der achten und neunten Stunde gezogen vor Waldshut und haben es Tag und Nacht ohne Aufhören mit all ihren Hauptbüchsen, Böllern, Feuerpfeilen und Feuerkugeln hartnäckig genötigt und geschädigt.«

Ausgerüstet mit den besten militärischen Mitteln der damaligen Zeit beschossen die Eidgenossen vier Wochen lang mit einem ununterbrochenem Steinhagel die Waldstadt. Die Berner hatten sich in Nürnberg die neuesten Steinbüchsen besorgt, die sie liebevoll »Ketterlin« oder »Reimerin« nannten. Viele der abgefeuerten Steinkugeln wogen mehr als einen Zentner. Hunderte dieser schweren Kugeln wurden gegen die wehrhaften Mauern geschleudert, so dass bald mehrere Türme zusammensackten, und die Stadtmauer große Breschen aufwies. Am Spital war eine Öffnung von einer dreifachen Häuserbreite entstanden. Auch hatten die Eidgenossen die Wasserzufuhren unterbrochen, so dass in der Stadt bald Wassermangel herrschte. Die lebenswichtigen Mühlen waren durch Beschuss ebenfalls zerstört worden. Die Lebensmittelversorgung war nicht mehr lange gewährleistet, denn man hatte die Stadt von jeglichem Nachschub hermetisch abgeriegelt.

Die Chilbi-Sage

Als Zeichen des Überflusses sollen die Waldshuter nach fast vierwöchiger Belagerung einen wohlgenährten Hammel (den Chilbibock) über die Stadtmauer geführt haben. Groteskerweise wurde der Hammel ins feindliche Lager zu den Eidgenossen hinabgestürzt. Dadurch wollte man die Schweizer täuschen und zeigen, dass die Stadt genügend Vorräte besitze, um einer Belagerung noch lange standhalten zu können.

Ein lustiges Leben führten derweil die Eidgenossen in ihrem Lager

Im Gegensatz zu den eingeschlossenen Bürgern in Waldshut vergnügten sich die Eidgenossen mit Spiel, Tanz und Wein. Sie tranken Schaffhauser oder Klingnauer Wein, wo ein Maß noch 2 Angster kostete (1 Angster = 1 Cent).

Zwar hatten die Österreicher mittlerweile über tausendfünfhundert Soldaten oberhalb Waldshut in der Grafschaft Hauenstein stationiert; sie waren jedoch mehr dazu angehalten, die Bevölkerung am Überlaufen zu den Eidgenossen zu hindern, als ernstlich die wackeren Schweizer anzugreifen. Nur einmal gelang es den Soldaten, den eidgenössischen Riegel zu durchbrechen, um Nachschub in die bedrängte Stadt zu bringen. Eine gewisse Unentschlossenheit entstand mit der Zeit im Lager der Eidgenossen. Innerkantonale Verhandlungen und Zwistigkeiten, wie und wann man die Stadt erstürmen solle, zogen sich in die Länge, so dass es einigen Kriegsknechten aus Luzern und Appenzell zu langweilig wurde. Sie zogen raubend und brandschatzend durch den Schwarzwald und verbrannten unter anderem den Ort Bonndorf, wo man vierzehn Männer erstach, etliche gefangen nahm und über vierhundert Stück Vieh erbeutete.

Die Eidgenossen wollten ihre Macht und Stärke gegenüber den ohnmächtigen habsburgerischen Herrschern demonstrieren. Aber bei allem Kräftemessen – warum ging man nicht endlich dazu über, die Stadt zu erstürmen?

Die Eroberung bleibt aus

Am 15. August 1468 teilten die Berner ihren Boten mit, »dass die Eroberung von Waldshut schier geschehen wäre, es brauchte nur noch einen letzten Angriff«. Der Sturm auf die Waldstadt wurde am 17. August auf den 19. August festgesetzt. Exakt bis auf die letzten Einzelheiten wurde ein Angriffsplan ausgearbeitet. Er schien human, denn so sollten zum Beispiel am Vorabend des Sturmes Frauen und Kinder aufgefordert werden, die Stadt zu verlassen. Das Plündern, Rauben oder das Anzünden von Häusern ohne das Wissen der Hauptleute wurde den Kriegsknechten streng untersagt. Doch am 19. August blieb die erwartete Stürmung der Stadt Waldshut erstaunlicherweise aus.

Was war geschehen? Bisher waren die Eidgenossen noch vor keiner Schlacht und blutigen Auseinandersetzung zurückgewichen. Gab es Unstimmigkeiten in der eidgenössischen Heeresführung? Mehrere Geschichtsforscher haben in den letzten zweihundert Jahren versucht, Klarheit über diese unerwartete Kriegsentscheidung zu erlangen. Heinrich Hansjakob bezieht sich auf die Chronik des Luzerner Etterlin, aus der hervorgeht, dass viele Eidgenossen Vettern und Schwäger in der Stadt hätten. Auch sollen bestehende Geschäftsbeziehungen eine Rolle gespielt haben. Hans Waldmann, Hauptmann der Zürcher, betrieb einen einträglichen Eisenhandel. Hauptabnehmer seiner Produkte waren die Städte Basel und Waldshut.

Der Geschichtsforscher Max Meier aus Basel sieht die Gründe in der unterschiedlichen Expansionspolitik der damals mächtigen Berner folgendermaßen: In der Heeresleitung herrschte Uneinigkeit zwischen Zürich und Bern. Zürich wollte der Berner Vormachtstellung etwas entgegensetzen und begründete seine Haltung mit den Worten, »sie seien in Sorge, viel fromme Lüten in Waldshut zu verlieren«.

Zehntausend Gulden

Als Friedensvermittler bot sich am 16. August 1468 die Stadt Basel an und entsandte Peter Rot, Heinrich Iselin und Hans Yrmi nach Waldshut. Die Zürcher waren zur damaligen Zeit schon gut über die Geldverhältnisse anderer Länder informiert und wussten, dass die Staatskasse der Österreicher leer war. Deshalb verlangte man von den Habsburgern zehntausend Gulden. Sollte Herzog Sigismund nicht in der Lage sein, das Geld binnen eines Jahres in Bern zu hinterlegen, so sollten die Vorderösterreichischen Lande an die Eidgenossenschaft fallen. Über die Friedensvereinbarung, die am 27. August feierlich von beiden Parteien unterzeichnet wurde, äußerten sich die Berner enttäuscht mit den Worten: »Der Züricher Leu habe dem Berner Bären einen schweren Bengel zwischen die Füße geworfen.« Auch die Luzerner betonten, »dass sie nicht ausgezogen seien, um Geld zu nehmen, sondern um Schlösser und Städte zu erobern, dass es nicht ehrlich sei, Geld zu nehmen. Geldmachen macht krank und forchtsam.«

Die Zürcher hatten die finanzielle Lage der Österreicher richtig eingeschätzt, denn Herzog Sigismund wusste nicht, woher er die zehntausend Gulden bekommen sollte. Sigismund suchte in ganz Europa nach einem Geldgeber. Dem Hinweis des französischen Königs folgend, wandte sich Sigismund an das damals reiche Burgund. Der stolze Karl der Kühne von

Burgund ging auf den Handel ein und bot als Pfand für die österreichischen Vorlande fünfzigtausend Gulden.

Groß war die Enttäuschung bei den Eidgenossen und sicher auch bei einigen Schwarzwäldern und Sundgauern, als Sigismund am 24. Juni 1469 die vereinbarte Summe von zehntausend Gulden in Bern hinterlegen konnte. Doch als Tribut musste Österreich sein Gebiet den Burgundern überlassen. Diese herrschten noch viel schlimmer als die Habsburger und waren bald überall verhasst.

Der Franzosenkönig Ludwig der XI. entwarf den Plan, wie man Burgund ein für allemal besiegen könnte. Ihm gelang es, die alten Feinde Habsburg und Schweiz zu versöhnen. Die Städte Basel, Straßburg, Colmar und Schlettstadt hinterlegten 1473 in Basel die noch fehlende Pfandsumme von fünfzigtausend Gulden für Herzog Sigismund.

Nachdem aber Karl der Kühne die neu dazu gewonnenen Lande nicht mehr zurückgeben wollte, marschierten Eidgenossen und Habsburger Schulter an Schulter und schlugen die Burgunder in der Schlacht von Nancy im Jahre 1477. Ein Chronist berichtet dazu: »Und die Manne us dem Schwarzwald, di nit zu verachten sind, di nit übel fochten, dann si halbe Schwiizer sind.«

So kam Vorderösterreich wieder in den Besitz der Habsburger und ist es bis 1806 geblieben.

Die Waldshuter Chilbi

Die Bürger der Stadt Waldshut feiern alljährlich zum Dank für die Befreiung und Errettung ein großes Volksfest, die »Waldshuter Chilbi«.

Ein reich bekränzter Hammel mit vergoldeten Hörnern wird in einem feierlichen Umzug durch die Stadt zum Festplatz geführt. Unter den Klängen des Chilbimarsches ziehen Stadtmusik, die Vereinigung »Alt Waldshut«, Junggesellen und viele auswärtige Trachtengruppen hinter dem Bock her.

Das Waldshuter Männlein

Das Tragen von großen Bürgerhüten muss wohl in Waldshut erfunden worden sein, denn ein »Wäldermännlein« mit einem großen Schlapphut verlieh der Stadt einst ihren Namen. Auch heute noch findet man in der Waldstadt viele Spuren in Form von Skulpturen, Bildern und Brunnen, die auf das Waldshuter Männlein hinweisen.

Der Sage nach soll Kaiser Rudolf von Habsburg die vier Waldstädte am Hochrhein erbaut haben, um sein Reich gegen Feinde zu schützen. Bei diesem mittelalterlichen Städtebauboom wusste man plötzlich für eine Stadt keinen Namen – Laufenburg, Säckingen und Rheinfelden waren bereits vollendet. Deshalb wurde ein hoher Preis ausgesetzt für denjenigen, der einen passenden Namen fände. Bald darauf kam ein schlaues Bäuerlein vom Walde herab, das als besonderes Merkmal einen großen Hut trug und in der rechten Hand einen Stab hielt. Mutig stellte sich das Männlein vor den hohen Rat der Stadt und sagte:

Waldshuter Männlein.

»Ich streich das Geld in meinen Hut, die Stadt soll heißen Waldishut.«

In einer Urkunde aus dem Jahre 1259 hieß die Stadt zunächst »Waldishute«, um 1275 wurde sie »Waldishuot« genannt.

Joseph Ruch, ehemaliger Stadtpfarrer in Waldshut, deutet die Sage noch anders. In seiner 1966 erschienen Stadtgeschichte schreibt er: »Das Männlein ist ein Leibeigener, ein Höriger eines Herrn. In der Stadt hofft er, zu Wohlstand zu kommen und zur Freiheit zu gelangen, gemäß dem Sprichwort ‹Stadtluft macht frei›! Zum Zeichen, dass sie Freie waren, ließen sie die Haare wachsen und hängten sich den Bürgerhut um. Unfreie trugen nur eine Kappe.«

Elsass: Vogesen

Das wie ein Paradiesgarten anmutende Elsass verdankt – so die Sage – seine Entstehung einem Riesen vom Taennchel. Der gewaltige und mächtige Riese soll einst trotz seiner Stärke in die Macht von Feinden gefallen sein. Da er gerne seine Freiheit wieder gehabt hätte, erbot er sich, die Wassermassen, die zwischen Schwarzwald und Vogesen ein Meer bildeten, abfließen zu lassen. Mit seinen starken Armen zerteilte er im Norden die Felsblöcke, die den Abfluss verhinderten. Es entstand dadurch ein Spalt, wo das Wasser abfließen konnte. Der Wasserspiegel sank tiefer und tiefer, bis plötzlich links und rechts des Rheinstroms ein fruchtbares Land auftauchte. Auf der einen Seite das Elsass, auf der anderen das heutige Badische Land ...

Der Rhein war, bis die Germanen kamen, keine Grenze; keltische Stämme siedelten dies- und jenseits des Rheins in Vogesen und Schwarzwald. Viele Orts-, Fluss- und Bergnamen sind in den beiden Gebirgen gleich. Die germanischen Sueben unter der Führung von Ariovist müssen den Kelten einen großen Schrecken eingejagt haben. So kam es, dass die keltischen Fürsten die Supermacht Rom um Hilfe baten und Julius Caesar sich auf den Weg machte, um die Lage vor Ort zu untersuchen.

Dies sollte der Auftakt für die Niederwerfung der keltischen Stämme werden – und nicht der Sueben! Es war der Vorabend des gallischen Kriegs, bei dem Caesar einen knappen Sieg errang und seine Macht bis zum Rhein ausdehnen konnte. Seither ist der Fluss Grenze geblieben. Heute haben die Elsässer immer noch Angst vor den Schwaben (Sueben) und bezeichnen meistens im Scherz alle Bewohner auf der anderen Seite des Rheins gerne als »Schwobe« (Schwaben).

Woher das Wort Elsass kommt, wird noch gerätselt. Eine der Thesen ist, dass es etwas mit dem Fluss Ill zu tun hat. Die Ill fließt parallel zum Rhein, bis sie bei Straßburg in diesen mündet. Der Name Ill wird auch von Al und El abgeleitet. Einige Forscher nehmen an, dass sich alemannische Siedler zwischen Ill und Rhein Alsassen oder Elsässer nannten.

Unzählige Völkerscharen sind seit dieser Zeit durch das Land gezogen, haben geplündert, verwüstet und erobert. Geblieben ist der keltisch-alemannische Geist, der sich bis heute als widerstandsfähig erweist. Regiert wurde das Elsass meist von fremden Herrschern. Oft wurde es zum Spielball zwischen Deutschland und Frankreich.

Der Elsässer, ein Hybride?

Das Elsass gehört heute zu Frankreich. Seine Kultur wurde von den Alemannen geprägt; leider verfallen seine Sprache und Identität zunehmend. Lange galten die Elsässer als deutsche Bürger Frankreichs.

1675 ging das alte Elsass im blutigen Massaker von Türckheim unter, wo elsässische Widerstandskämpfer, ganz im Sinne der alten Kelten, sich tapfer gegen die Übermacht der französischen Soldaten zur Wehr setzten. Vergeblich, denn Frankreichs Könige führten einen Krieg mit der Taktik der verbrannten Erde, wie ihn bereits die Römer gegen die Kelten geführt hatten. Ziel König Ludwigs des XIV. war es, die habsburgischen

Lande im Elsass zu erobern. Auch die bis dahin freie Reichsstadt Straßburg musste sich dieser Gewalt beugen. Mit diesen rigorosen Methoden der gewaltsamen Einverleibung nach Frankreich begann die wechselvolle Geschichte der Elsässer.

Paradoxon
Was seid ihr nun?
Het de schwob gfroit:
Franzosen oder Elsässer?
Elsasser
het de elsasser xait
also seid ihr keine Franzosen
het de schwob xait
un esch d deer nüsgföjje.
André Weckmann

(Was seid ihr nun?/Hat der Deutsche gefragt:/Franzosen oder Elsässer?/Elsasser, hat der Elsässer gesagt/also seid ihr keine Franzosen/hat der Deutsche gesagt/und ist zur Tür 'rausgeflogen.)

Immer wurden sie hin und her gezerrt zwischen Frankreich und Deutschland. 1871 annektierten die Preussen – nach ihrem Sieg – das Gebiet und nannten es »Reichsland Elsass-Lothringen«. Im 20. Jahrhundert wird es noch zweimal hin und her gerissen zwischen den beiden Ländern. Vielleicht ist das einer der Gründe, weswegen Straßburg heute der Sitz des Europaparlaments ist – kein anderes Volk hat diese Zerrissenheit innerhalb Europas so am eigenen Leib zu spüren bekommen wie die Elsässer.

Die Franzosen haben ihre Geschichte dem Land auferlegt und verschwiegen lange die andere, nämlich die von deutscher Kultur geprägte Geschichte vor 1675.

Die Epoche zwischen 600 und 1600 n. Chr. wurde von Frankreich bis vor kurzem offiziell ignoriert, obwohl man im Elsass diesen Zeugen vergangener Kultur in Form von alten Kirchen und Burgen auf Schritt und Tritt begegnet. Nirgendwo ist das bauliche Erbe in alten Städten und Dörfern so stark vertreten wie hier am Oberrhein.

Seit dem 7. Jahrhundert hält die heilige Odilia schützend ihre Hand über das schöne Land am Fuße der Vogesen. Der iroschottische Mönch Columban gründete um 724 das berühmte Kloster Murbach. Die erste

Volksbibel schrieb im 9. Jahrhundert Otfried von Weißenburg in rheinfränkischer Sprache. Siefritzbrunnen am Fuße des Odilienbergs erinnert an die Nibelungensage. Weltberühmte Minnesänger lebten im Elsass, wie Gottfried von Straßburg (13. Jahrhundert), der durch sein Versepos über Tristan und Isolde ein literarisches Meisterwerk einer keltischen Liebesgeschichte schuf. Dann Sebastian Brand (um 1500), der – im Zeitalter des aufkommenden Buchdrucks – mit seinem Buch »Das Narrenschiff« den ersten Bestseller im deutschsprachigen Raum schrieb. Auch der Weihnachtsbaum kommt nachweislich aus dem Elsass und war dort bereits im 16. Jahrhundert bekannt …

Wir denken an Matthias Grünewalds (zirka 1460–1528) Altarbild – der Isenheimer Altar in Colmar. Ebenso an Jörg Wickram – Autor des ersten bürgerlichen Romans in deutscher Sprache mit dem Titel »Goldfaden«.

Solche Namen und Begebenheiten wurden offiziell ausgelöscht. Denn die Geschichte des Elsasses beginnt mit dem Westfälischen Frieden (1648), bei dem den Franzosen die elsässischen Besitztümer zugesprochen wurden. Den Rest des Gebiets verleibten sie sich in den darauf folgenden Jahren bis 1675 durch militärische Raubzüge ein (Jean 1976). Bekannt sind der Nachwelt eher die leidvollen Jahre des ersten Weltkriegs, wo sich deutsche und französische Soldaten einen brutalen Stellungskrieg am Hartmannsweilerkopf lieferten, der Tausenden sinnlos das Leben kostete.

Eine neue kulturelle Welle entstand in den siebziger Jahren des vorigen Jahrhunderts, als sich elsässische und badische Bürgerinitiativen zusammenschlossen und gemeinsam den Bau des Atomkraftwerks in Wyhl und den Bau eines Bleiwerks in Markolsheim verhinderten. Damals entstand in den Freundschaftshäusern der besetzten Bauplätze ein neues Bewusstsein für die Region am Oberrhein. Viele Künstler traten dieser Bewegung bei, und es wurde gesungen und gedichtet wie zu den alten Zeiten der Minnesänger. André Weckmann, Roger Siffer, Walter Mossmann, Jean Dentinger, Francois Brumbt, Roland Engel, Manfred Marquardt, Roland Burkardt (Buki), Manfred Bosch, Eberhardt Beck, Ernst Born und viele andere gehörten dazu. Es entstanden eigene Plattenfirmen, Verlage und Zeitungen. Eine neue kulturelle Zeit erblühte im Dreieckland zwischen Elsass, Baden und der Nordwestschweiz.

»Än alte Stammesgeischt isch im Dreyeckland ufgwacht. Elsässer, Schwiizer, Badner und Vorarlberger hänn gemeinsames wieder entdeckt.

Ohne Grenzi hämmr jo mol einscht glebt …«

(Ein alter Stammesgeist ist im Dreyeckland wieder aufgewacht. Elsässer, Schweizer, Badener und Vorarlberger haben Gemeinsames wieder entdeckt. Ohne Grenzen haben wir doch mal einst gelebt. Aus: Roland Kroell, Scho sit duusig Joohr, Langspielplatte, 1980.)

Die freie Volkshochschule »Wyhler Wald« wurde gegründet und bot ein Forum für Theaterleute, Mundartdichter, Liedermacher, Umweltforschern, Indianer und andere.

Keltische Lure: Hirten- und Alphornblasen im Schwarzwald

Im Schwarzwald waren es früher die Hirten, auch Herter genannt, die auf einem zirka 1,50 Meter langen, gebogenen Hertenhorn zum Viehauf- und abtrieb spielten. Jeder Hirte konnte seine Viehherde mit einem eigenen Hornruf zusammenführen. Das schwer zu blasende Horn, das aus Birkenrinde hergestellt wurde, erinnerte mit seinen Tönen an das doppelt so große Alphorn der Schweizer Sennen. Im Gegensatz zu den Hertern durften die Geißhirten nur ein halblanges Blechhorn, die Sauhirten ein Kuhhorn und die Herterbuben ein kurzes Blechhorn benutzen.

Kuhreigen blasen gegen die Pest

An Heiligabend wird in Villingen ein alter Brauch begangen. Ein Hornbläser zieht gegen 22.30 Uhr vom Friedhof aus, durch das Stadttor, bis zum Marktplatz, wo er mit dem mitternächtlichen Glockenschlag endet. Über fünfzig Mal bläst er dieselbe Melodie, einen Kuhreigen, auch Kuhreihen genannt, der aus dem 17. Jahrhundert überliefert ist. Im Jahre 1765 soll dieses Ritual durch die fromme Glaubenszuversicht der Menschen die Stadt vor der Pest gerettet haben. Der heute noch geblasene Hornruf soll von den Franziskaner-Minoriten eingeführt worden sein.

Von 1864 bis in die achtziger Jahre des 19. Jahrhunderts ist der Schuhmacher Fridolin Hirth als Kuhreigen-Bläser bezeugt. Von ihm übernahmen der Hafner August Singer, der Lokomotivführer Alber Fischer und schließlich Vater und Sohn Fritz Rösch die Tradition. Heute ist das Horn im Besitz der Familie Liebermann.

Ein ähnlicher Brauch ist auch in Norddeutschland erhalten geblieben. In der Vorweihnachtszeit werden in Bentheim Middewinterhörner über einem Brunnen geblasen. Dabei dient der Brunnenschacht als Schallverstärkung. Man wollte damit Geister und Spukwesen austreiben und gleichzeitig den Sieg der Sonne über die Finsternis verkünden.

Der Ursprung dieser großen Hörner geht auf prähistorische Zeiten zurück. In der Bronzezeit wurden Luren gespielt (1400–800 v. Chr.), welche die beachtliche Größe von 2,38 Meter erreichten. Carnyx hieß die Kriegstrompete der Kelten. Die Römer verwendeten ein Signalhorn, Lituus genannt. Die älteste urkundliche Erwähnung des Alphorns stammt aus St. Gallen aus dem Jahre 1050 von dem Mönch Ekkehard IV.

Carnyx, die keltische Kriegstrompete. Kessel von Gundestrup.

Es gibt viele Namen für das krumm gebogene Langrohrinstrument. Man bezeichnet es auch Wurzelhorn, Wurzhorn, Waldhorn oder Büchel. Für das Bogenstück werden extra krummgewachsene Bäume benötigt, die nur an steilen Felshängen zu finden sind. Fast in allen Bergregionen unseres Planeten haben sich ähnliche Instrumente entwickelt.

Archaisches Singen

Klänge verändern einen Raum, einen Ort und einen selbst. Wenn wir tönen, schwingen wir uns in eine andere Welt ein. Singen ist harmonisierend. Unsere Zellen laden sich auf, und wir entspannen uns. Mit unserer Stimme können wir experimentieren und unseren Körper als Klang- und Resonanzraum nutzen. Durch archaisches Singen einzelner Vokale entsteht eine Öffnung zu unserem Inneren. Dieses Einlassen auf Klänge und Töne macht Spaß und verleiht Freude.

Einem Ort der Kraft können wir ganz einfach etwas schenken, indem wir unsere Stimme erklingen lassen. Bereits leises Summen bietet ein enormes Spektrum an Vibrationen.

An Kraftorten singe ich oftmals das Mantra »Om« oder »Aum«. Beginnen Sie mit einem leisen »Hm«, das lockert die Stimmbänder. Das »Hm« ist wie ein Balsam für die Stimme und den Ort, an dem Sie sich befinden.

Meditatives Wandern

Meditativ wandern ist ein Sicheinlassen auf eine innere Welt. In diesem Zustand enthüllt uns die Natur Visionen über uns selbst sowie Bilder über Vergangenheit und Zukunft. Um ein solches Erleben zu intensivieren, ist es notwendig, sich zu Beginn der Wanderung einzustimmen und innezuhalten.

Wir suchen einen Platz in der Landschaft, der uns anzieht, der ein angenehmes Gefühl in uns auslöst. Hier bleiben wir für etwa fünf bis zehn Minuten stehen. Mit unseren Augen wählen wir einen Punkt, zum Beispiel einen Baum, Berg, See oder Ähnliches, und versuchen unseren Blick zu defokussieren, das heißt auf »unendlich« zu stellen. Dazu atmen wir fünfmal tief ein und aus. Absichtslos lassen wir alle Gedanken im Geiste vorbeiziehen und lauschen dem Augenblick – bis wir unser tiefes Wesen, unsere Einzigartigkeit erspüren können. Vielleicht fließen in solchen Momenten Tränen in den Augen. Wir lassen alle Gefühle zu, wie Traurigkeit, Freude, Angst, Lust, Ausgelassenheit.

Dieses Geschehenlassen ohne Kontrolle vertieft unsere Wahrnehmung der Wirklichkeit. Plötzlich hören wir die Stimmen der Landschaft viel intensiver: das Zwitschern der Vögel, die Geräusche des Windes, das Plätschern eines Bächleins, aber auch den Fluglärm oder Autogeräusche. Vielleicht erleben wir einen Moment der absoluten Stille, und wir können unseren Atem bewusst wahrnehmen.

Das einzigartige Wesen, das wir sind, wird ganz präsent, und wir nehmen uns immer tiefer und klarer wahr. Dadurch öffnen wir uns ganz langsam für die unsichtbaren Schwingungen der Natur. Ein Geborgensein und eine tiefe innere Ruhe umgeben uns. Wir freuen uns, hier sein zu dürfen an diesem Platz, den wir uns ausgewählt haben.

Diese Tiefe des Augenblicks erfasst uns durch und durch. Vergangenheit und Zukunft fallen zusammen und werden in der Gegenwart als lebendiges Sein erlebt. Dieser Moment der Ewigkeit lässt uns eins werden mit der Geschichte der Erde, die seit Millionen von Jahren besteht, lässt uns eins werden mit den Mineralien, mit Pflanzen und Tieren. Dann spüren wir die Geschichte des Platzes, erahnen möglicherweise, was andere Menschen hier bereits erlebt haben. Vielleicht spüren wir auch Leidvolles, und es kann so erscheinen, als würde ein bewaffnetes Heer vorbeiziehen. Oder wir fühlen Menschen, die hier auf dem Feld gearbeitet haben. Oder wir sehen einen Einsiedler, der einst hier diesen Platz behütet hat. Je mehr Raum wir solchen Gedanken und Empfindungen geben bzw. diese auch zulassen können, desto mehr erfahren wir, wie sehr wir verwoben sind mit dem gesamten Universum, von Anbeginn bis zum Ende aller Zeiten. Eine höhere geistige Welt nimmt uns auf, der wir uns anvertrauen können. Sie gibt uns Schutz und Führung. Nach dieser kleinen Auszeit kommen wir wieder zurück und beenden die Landschaftsmeditation mit einigen kräftigen Atemzügen.

Um sich einzulassen auf eine meditative Wanderung ist es wichtig, einmal mit den Händen den Boden zu berühren, das Gras zu streicheln, einen Stein anzufassen, eine Blume zu pflücken. Sollte eine Quelle oder ein Bach in der Nähe sein, ist es sinnvoll, eine Hand voll Wasser zu schöpfen und ein paar Tropfen des kühlen Nass auf die Stirne zu streichen. Es ist eine sehr schöne Vorstellung, in diesem Augenblick mit allen Wassern der Erde verbunden zu sein. Vielleicht denken wir an die großen Flüsse, wie Ganges, Amazonas, Mississippi, Donau oder Rhein. Die Wolken bringen uns Regen, der aus fernen Teilen der Erde stammt.

Der Weg zu einem Ort der Kraft ist meistens wichtiger als das Ziel. Er ist bereits ein Teil des Ganzen. Durch das Laufen reinigen sich Körper und Seele. Die frische Luft und die gleichmäßige Anstrengung tun einfach gut. Das Aufnehmen von unterschiedlichen Landschaftsbildern macht unser Gemüt leicht. Freude entsteht, wenn wir das ganze Zusammenspiel von Blumen, Felsen, Bäumen, Wiesen, Pflanzen und Bächen in allen Facetten wahrnehmen. Der Pfad, auf dem wir gehen, verwandelt sich und es scheint, als hätte eine Fee einen goldenen Faden gesponnen.

Wenn wir einen Ort der Kraft erreicht haben, bleiben wir eine Weile und erspüren seine Ausstrahlung. Was berührt er in meinem Inneren? Wie ist seine Beschaffenheit? Gibt es besondere Pflanzen oder Bäume? Was für eine Botschaft hält er auf meinem Lebensweg für mich bereit?

Bäume, die einen Drehwuchs aufweisen, sind Indikator für einen Ort von besonders hoher Energie und Kraft. Manche Plätze können uns ganz in ihren Bann ziehen und berühren uns tief in unserer Spiritualität. Andere wiederum wirken einfach kraftspendend und aufbauend. Dann gibt es solche, die möglicherweise verwunschen sind und wo wir uns plötzlich schlecht fühlen können, weil hier Dinge geschehen sind, die bis heute eine unheilvolle Ausstrahlung besitzen. Wir haben immer die Freiheit, den Platz zu verlassen oder ihm unsere Hilfe anzubieten, damit er wieder geheilt wird.

Ich möchte meine Leserinnen und Leser ermutigen, genau hineinzuspüren und sich der Verantwortung bewusst zu sein, die wir solchen Plätzen gegenüber haben.

Planen Sie zu den Zeitangaben in diesem Buch zusätzlich Verweilzeiten mit ein.

Lichtwässer als wertvolle Begleiter

Eher zufällig entdeckte die Biologin Enza Maria Ciccolo (geb. 1941) das Phänomen der Lichtwässer.

Erstmals im Lourdeswasser entdeckte sie das gesamte Lichtspektrum der sieben Farben des Regenbogens. Seither experimentiert sie mit zahlreichen Proben von Heilstätten aus der ganzen Welt. Die Wässer, die für die Forscherin in die engere Wahl kamen, stammen alle von Orten, die bekannt sind für Marienerscheinungen. Enza Maria Ciccolo nannte sie Lichtwässer; auf einfache Art – wegen der hohen elektromagnetischen Schwingung – können sie den Organismus ausbalancieren und die Zellen wirksam aufladen.

Es ist relativ simpel, Lichtwässer zu vervielfältigen. Einem Liter frisches Quellwasser werden neun Tropfen eines Lichtwassers beigemengt. Zur Entfaltung der vollständigen energetischen Wirkkraft ist es ratsam, das Wasser vierundzwanzig Stunden stehen zu lassen. Hierzu braucht es ebenso die Kraft des Sonnenlichts, weswegen das informierte Wasser an einen sonnigen Platz gestellt werden sollte.

Bisher wurden folgende Lichtwässer entwickelt:

Lourdes, Montichiari, Medjugorje, San Damiano, Fatima, Santa Maria alla Fontana, Efeso und Loreto.

Die besten Zeiten zum Ansetzen sind von 3 bis 11 Uhr morgens für Fatima, Lourdes, Santa Maria alla Fontana und Efeso; mittags bis nachmittags, von 11 bis 19 Uhr, für Fatima, Montichiari, Santa Maria alla Fontana und Efeso; für die Abend- und Nachtzeit, von 19 bis 3 Uhr, Fatima, Medjugorje, San Damiano, Santa Maria alla Fontana und Efeso.

Allen Lichtwässern werden besondere Heileigenschaften zugeordnet. (Siehe hierzu auch: Gudrun Dalla Via, Lichtwässer und ihre Heilkräfte, AT Verlag, 2004; die Basistropfen können zum Vervielfältigen über den AT Verlag bezogen werden.)

Ich habe diese Lichtwässer zu den meisten Wanderungen mitgenommen und damit interessante Erfahrungen gemacht. Das Zusammenspiel von Lichtwasser und Gesang oder dem Spiel auf meiner Flöte hat die Aura des Ortes positiv aufgeladen. Des Öfteren gab es eine besondere Begegnung mit Tieren. An einigen Orten begann plötzlich ein Vogel in einer besonderen Art und Weise zu singen oder zu klopfen. Gemsen, Rehe und Wildschweine kamen sehr nah heran.

Blick vom Hochblauen.

Südschwarzwald

Steinkreise und Feenfelsen auf dem Behlen bei Holzen

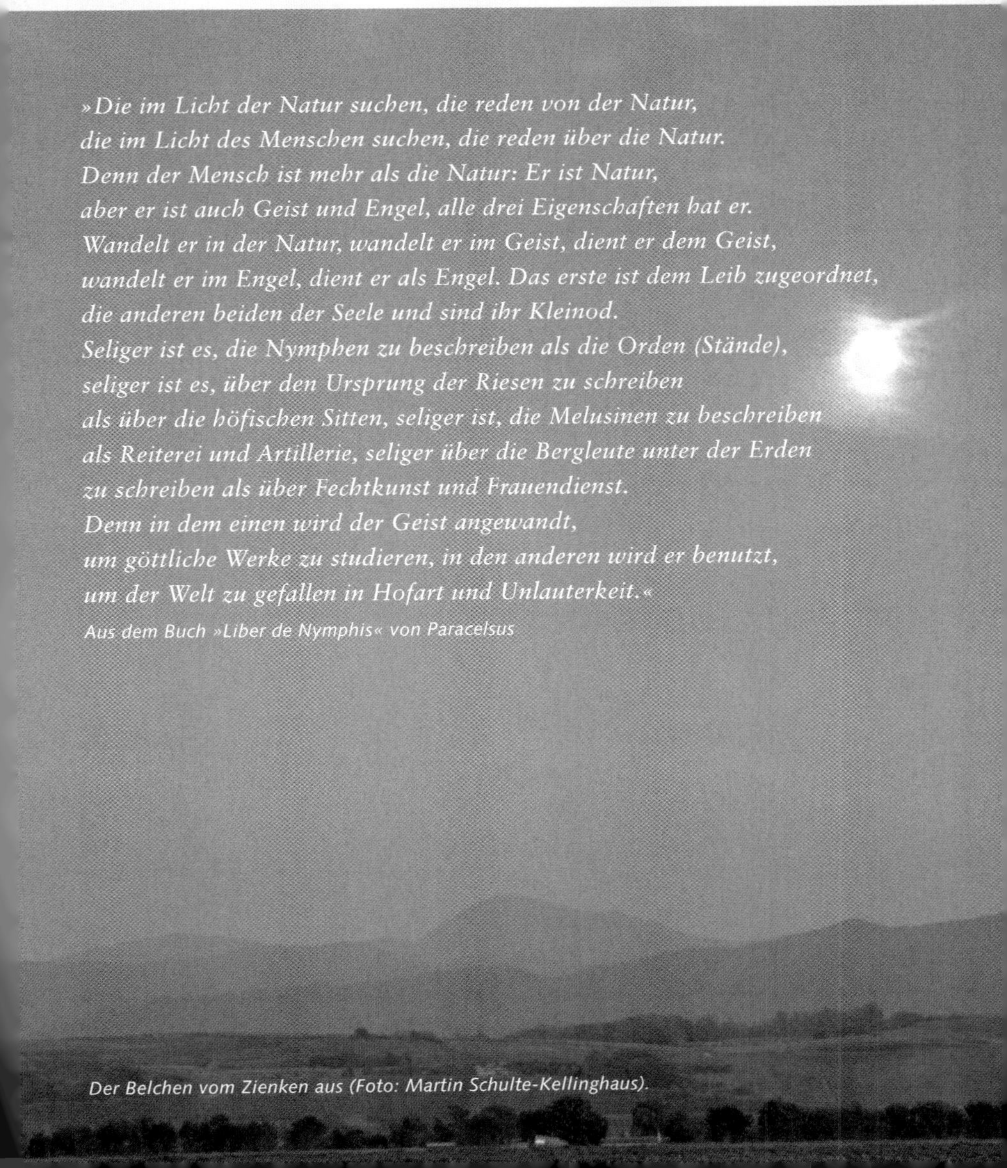

*»Die im Licht der Natur suchen, die reden von der Natur,
die im Licht des Menschen suchen, die reden über die Natur.
Denn der Mensch ist mehr als die Natur: Er ist Natur,
aber er ist auch Geist und Engel, alle drei Eigenschaften hat er.
Wandelt er in der Natur, wandelt er im Geist, dient er dem Geist,
wandelt er im Engel, dient er als Engel. Das erste ist dem Leib zugeordnet,
die anderen beiden der Seele und sind ihr Kleinod.
Seliger ist es, die Nymphen zu beschreiben als die Orden (Stände),
seliger ist es, über den Ursprung der Riesen zu schreiben
als über die höfischen Sitten, seliger ist, die Melusinen zu beschreiben
als Reiterei und Artillerie, seliger über die Bergleute unter der Erden
zu schreiben als über Fechtkunst und Frauendienst.
Denn in dem einen wird der Geist angewandt,
um göttliche Werke zu studieren, in den anderen wird er benutzt,
um der Welt zu gefallen in Hofart und Unlauterkeit.«*

Aus dem Buch »Liber de Nymphis« von Paracelsus

Der Belchen vom Zienken aus (Foto: Martin Schulte-Kellinghaus).

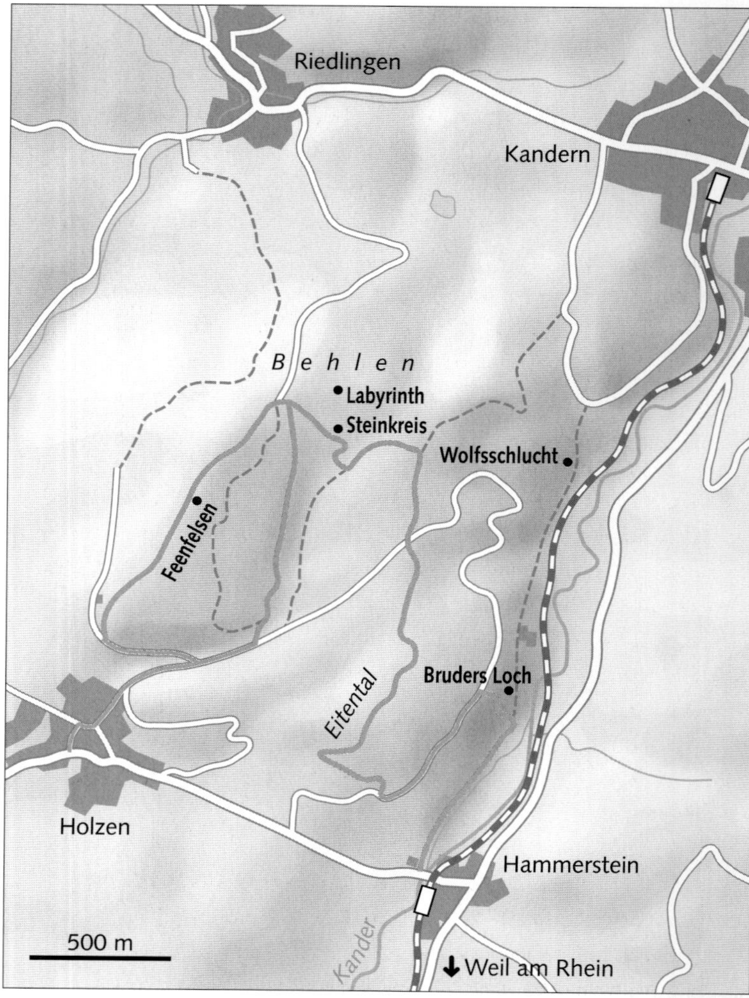

Anfahrt: Wir fahren durch das Kandertal bis Hammerstein (etwa 3,5 Kilometer entfernt von Kandern). Hier links abbiegen nach Holzen. Im Ort besteht vor dem Rathaus eine Parkmöglichkeit.

Öffentliche Verkehrsmittel: Bus bis zur Haltestelle Hammerstein. Oder Museumsbahn »Kanderli« von Haltingen nach Kandern (mit Anschluss an Badischer Bahnhof Basel). Fährt sonn- und feiertags vom 1. Mai bis Ende Oktober.

Wanderung 1.Variante: Holzen–Büttental–Behlen–Rüttiweg–Holzen: 3 Std.
In Holzen biegen wir vor dem Gasthaus Hirschen links in die Brunnenstraße ein. Vorbei an einem Dorfbrunnen, halten wir uns wieder links und gehen durch die Behlenstraße, die hinter dem Dorf in den Behlenweg übergeht. Ein alter Steinbruch aus Jurakalk ist von Bäumen, Büschen und Pflanzen zugewachsen. Seltene Pflanzen wie Hirschwurz, Aufrechter Ziest, Sandfingerkraut oder Runder Lauch sind hier noch zu finden. Links führt der Panoramaweg auf die Anhöhe des Suffern. Wir gehen hier geradeaus und kommen ins Büttental. Nach weiteren zweihundert Meter nehmen wir den Weiherweg, der uns zwischen zwei Bergfalten hinaufführt auf die Anhöhe des Behlen. Auf der linken Seite sind die etwas ausgetrockneten Umrisse kleiner Seen zu sehen. Waren hier einst einmal Wassergärten angelegt? Oben gehen wir rechts; auf der linken Seite, nach zirka fünfzig Metern, zeigt sich der erste Steinkreis. Die Kalksteinfelsen sind hier natürlich durch Erosion entstanden. Um zum Labyrinth zu gelangen, müssen wir uns derzeit durch einen Urwald »kämpfen«. Wir gehen anschließend wieder auf dem Weg zurück, den wir gekommen sind. Nach hundertfünfzig Meter kommen wir zu einer großen Wegkreuzung. Hier zweigt der Behlenweg nach rechts und der obere Suffertenweg nach links ab. Geradeaus geht es zum Rüttiweg-Holzen. Vor dem Schild wandern wir links hinauf zum Kammweg (keine Beschilderung). Die erste Felsgruppe mit dem Schacht ist bald sichtbar. Vorbei an mehreren Felsgruppen mündet der Pfad auf den Weg oberhalb der Weinberge in den Rüttiweg. Wir halten uns links und erreichen wieder den Ausgangspunkt am Behlenweg.

Wanderung 2.Variante: Bahnhof Hammerstein–Bruders Loch–Eitental–Holzener Ruh–Büttenmattweg–Bahnhof Hammerstein: 3 Std.
Vom Hammerstein aus gehen wir vorbei an der Hammersteiner Mühle Richtung Wolfsschlucht. Nach zehn bis fünfzehn Minuten erreichen wir die kleine Berggrotte Bruders Loch. Vor der kleinen Klause folgen wir dem Waldweg, der oberhalb der Felsen bergauf führt, und folgen dem Schild »Holzen über Schützenhaus«. Beim Schützenhaus halten wir uns rechts, hier beginnt das Eitental. Wir bleiben auf diesem Weg und lassen uns nicht von dem kreuzenden Rundweg »Kandern-Behlen-Holzen« irritieren. Die nächste Station heißt »Holzener Ruh«, ein Rastplatz mitten im Wald. Der Weg führt ins Büttental; über den Büttenenmattweg erreichen wir die Steinkreise.

Wenn man mit dem Auto das untere Feuerbachtal von Efringen-Kirchen hinauffährt, sieht man die weit ausladenden Berggipfel des südlichen Schwarzwalds. Der markanteste Bergrücken ist der Hochblauen. Wie eine große Göttin breitet er seinen Mantel hier in der Südwestecke des Gebirges aus und schützt die sonnigen Dörfer des Markgräfler Landes gegen die rauhen Nordostwinde des Schwarzwalds. Vor unseren Augen wird ein kleinerer, pyramidal zulaufender Berg, der sich genau vor der Mitte der Bergwand des Hochblauen erhebt, sichtbar. Das ist der Behlen von Holzen. Allein der Name des Bergs verrät, dass es sich hier um einen

Feenfelsen am Behlen.

altkeltischen Platz handelt. Die Kelten siedelten vor über zweitausend Jahren um Basel und gaben Flüssen, Bergen und Gewannen erste Namen, die auch später von den einfallenden Germanen übernommen wurden. Belenos ist die Bezeichnung des keltischen Sonnengottes. Es wurden im Dreiland zahlreiche Münzen gefunden, die seinen Kopf, umgeben von einem Strahlenkranz, darstellen. Keltische Priester, die Druiden, verehrten auf den Belchenbergen ihren Sonnengott. Sie gehörten zu den Stämmen der Helvetier, die einst den Schwarzwald und Odenwald bis zum Main besiedelten, bevor sie weiter nach Süden, in die heutige Schweiz zogen. Im südlichen Schwarzwald waren es die Rauriker und Tulinger. Die Sonne galt bei den alten Völkern als ein göttliches Symbol, das stets Leben spendet. Zu Ehren des Belenos wurden große Feuer angezündet, Beschwörungen und Rituale vollzogen.

Der Frühling drängt unaufhaltsam ins Land. Die Krokusse blühen, hier und da Osterglocken, der Storch auf dem Kirchturm steht steif auf seinem Nest in der Kühle des aufziehenden Morgens. Wir wandern hinauf zum Platz der Feen. Überall liegen frisch geschlagene Buchenstämme am Wegesrand, der Duft des Holzes dringt in unsere Nasen. Teppiche von weiß blühenden Anemonen breiten sich rechts und links des Wegs auf dem Waldboden aus und schwingen sich sanft die Hänge hoch. Dazwischen leuchten vereinzelt Schlüsselblümchen, gibt das Blau der Veilchen lustige Farbtupfer ab. Eine Landschaft für Feen und Zwerge tut sich auf. Das Gebrumm vom Blütennektar berauschter Hummeln durchwebt die Lüfte.

Vom Rathaus in Holzen aus hatte ich mich auf den Weg gemacht, um etwas über die Geheimnisse einer längst vergangenen Kultur zu erfahren. Es ist eine Reise nach innen, die zu den Ursprüngen unserer europäischen Seelengeschichte führt. Liegt hier der Schlüssel, um auf den mystischen Pfad zu gelangen, der uns noch zu dem Belchen im Elsass und in Baden, zum Odilienberg, zum Berg der Götter, dem Taennchel und zum Großen Loch im Nordschwarzwald führen wird?

Stehen alle diese Plätze zwischen Schwarzwald und Vogesen in einem unsichtbaren geistigen Gitternetz in Verbindung? Wie könnte diese Landschaft vor zweitausend Jahren ausgesehen haben, als der Rhein in unzähligen Wasserarmen durch den Oberrheingraben floss, umgeben von Urwäldern? Fragen über Fragen. Was wird man hier erleben? Hat die Neuzeit noch etwas von dem magischen Flair vergangener Zeiten unangetastet gelassen?

Wir wandern weiter durch das Büttental hinauf zum vierhundert Meter hohen Gipfel des geheimnisvollen Bergs. An einer großen Wegkreuzung verlassen wir den Wanderweg und erreichen über einen kleinen Pfad den westlichen Höhenkamm des Behlen, wo – wie auf einer Perlenschnur aufgereiht – zwölf Feenfelsen im Verborgenen stehen.

Der erste Feenfelsen hat einen vorgelagerten Platz. Dort befindet sich eine Art steinerner Druidenstuhl. Saß hier einst der Meister und gab den Initianten Anweisungen, wie sie sich mit den Kräften des Feenfelsens verbinden konnten? Es gibt dort eine kleine Grotte, wo es sich empfiehlt, hineinzukriechen, um sich ganz von der Energie des Steins umschließen zu lassen. Der Felsen hat zwei gegenüberliegende Teile und gleicht einem Liebespaar – mit einem weiblichen und einem männlichen Part, wie Tristan und Isolde. Es ist ein prickelndes Gefühl, wenn man mit den Händen den zarten Moospelz der steinernen Feenwesen berührt. Man könnte glauben, durch dieses sanfte Anfassen eine verzauberte Prinzessin oder einen verzauberten Prinzen wieder zum Leben erwecken zu können.

Jede Felsgruppe scheint hier ihren eigenen Charakter zu haben. Das saftig grüne Moos auf den Felsen lädt geradezu ein, sich an die Steine zu kuscheln. Lehrten hier die keltischen Priester, die Druiden, ihre Schüler die Kunst der Weissagung und der Magie? Es empfiehlt sich, langsamen Schrittes von einem Platz zum anderen zu gehen, die Energie des Ortes zu erspüren. Vielleicht gelingt es, sich in einen meditativen Zustand, in die Anderswelt der Kelten hineinzuversetzen. Die Welt jenseits unserer Gedanken bezeichneten die Alemannen Ähnedra.

Die Felsen haben in der Neuzeit keine expliziten Namen erhalten, wie es von den Romantikern auf dem Felspfad am Taennchel oder am Odilienberg im Elsass geschehen ist. Vermutlich haben die Kelten den steinernen Gestalten Namen gegeben, doch sind solche nicht überliefert worden. Einige Flur- und Wegenamen schenken uns vielleicht einen Anhaltspunkt wie »Suffern« oder »Palmboden«.

Und so taufe ich die zweite Felsgruppe »Lichtfelsen«. Die nächste Formation besticht durch einen vorgelagerten großen Steinsitz, der an die Gestalt eines riesigen Bären erinnert, nennen wir ihn »Artusstuhl«. Die vierte Felsgruppe hat Ähnlichkeit mit einer Festung, es ist sozusagen die »Zauberburg«. Dann kommen wir zu den »Engelsteinen«. Ein steinernes Tor ist am »Walpurgisfelsen«, dann erscheinen die »Titanenfelsen« und schließlich die »Zwillingsfelsen«. Am Ende der Steingalerie erhebt sich das steinerne Felsgesicht des »Alten Weisen«. Wie ein Hüter der Schwelle

Feenfelsen.

bewacht er seit Tausenden von Jahren diesen sagenumwobenen Ort. In wie viele Gesichter mag er schon geblickt haben? Es ist, als ob Feen einen unsichtbaren Faden gesponnen hätten, dem wir ganz unbewusst folgen können und der uns über diesen märchenhaften Pfad führt.

Wir kommen nun an einen größeren Platz, an dem sich der Wald öffnet und der Blick frei wird ins weite Dreiland. Im Westen die hohen Berge der Vogesen, wo sich der große Belchen (Grand Ballon) markant aus der Bergkette erhebt. Im Süden die langen Bergrücken des Jura.

Hier am Rüttiweg wird alljährlich am Funkensonntag ein großes Scheibenfeuer abgebrannt.

Vor uns liegt der alte Ort Holzen. Auf dem Kirchturm nisten im Frühjahr die Störche. Seit vielen Jahren hat man hier eine Zuchtstation für Störche aufgebaut. Der Storch – Symbol für Fruchtbarkeit und Frühling – gehört seit alters her in diese Gegend.

Wir stehen jetzt oberhalb der Weinberge. Der zauberhafte Ausblick über die von Obstbäumen, Gärten und Feldern geprägte Landschaft erinnert an einen Paradiesgarten – ein Land, in dem Wein und Honig fließen.

Der erste Steinkreis liegt nahe dem Weg im lichten Wald. Trotzdem ist er leicht zu übersehen, da Moos und Pflanzen die Steine überwuchern. Behutsam steigen wir hinab zu den Steinen. Sie hüllen den Besucher geradezu ein. Hier ist die Anwesenheit starker geistiger Kräfte spürbar. Wir können uns in die Felsen stellen und die reinigende Energie wahrnehmen.

Um zum Labyrinth zu gelangen, müssen wir uns regelrecht durch das Unterholz schlagen. In den letzten Jahren sind massenhaft junge Buchen aufgeschossen. Sie bilden einen fast undurchdringlichen Wald. Einst war das Gelände noch frei zugänglich, heute sind mehrere Teile dieser Steinkreise völlig von der Natur absorbiert worden. Es scheint fast so, als wolle sich diese Anlage schützen.

Steinkreis am Behlen (Foto: Ben Ludwig).

Die erste Felsgruppe, die auf der rechten Seite auftaucht, die »Sphinx«, wirkt wie ein mächtiger liegender Löwe. Dann kommt der wunderschöne »Hinkelstein«, der ganz mit Efeu zugewachsen ist. Schließlich folgt das eigentliche Labyrinth. Ein steinerner Ring bildet das Zentrum. In acht Bögen schließt sich der Kreis. Wie eine Kapelle, nicht von Menschenhand geschaffen, sondern von der Natur geformt, mutet dieser Platz an. In der Mitte steht eine Buche und überdacht das kleine Rund. Als Gegenpart steht ein zirka drei Meter hoher Fels mit einem Absatz, dessen Spitze die Form eines Hinkelsteins hat. Die Strahlen der Abendsonne scheinen streifenförmig von Westen durch die hohen Buchen auf diesen magischen Platz und erzeugen ein Gefühl von absoluter Harmonie. Dieser Ort lädt ein, den inneren Stimmen zu lauschen. Können wir die sphärischen Klänge der Elfen hören?

Möglicherweise wurde das Gelände von den Kelten als Bergwerk genutzt. Der Menhirforscher Josef Schneider zeigte mir einige Stellen, wo offensichtlich Löcher in die Felsen gehauen wurden, um Hölzer einzuspannen. Daran wurden vermutlich Kübel gehängt und in einen Schacht hinuntergelassen. Die Menschen fanden auf dem ganzen Berg verteilt an vielen Stellen Erzklumpen und andere Metalle, die sie im Tagebau gewannen. Noch heute erinnern die vielen Erdlöcher im Wald, so genannte Erzlöcher, an jene Zeit.

Vielleicht fanden die Kelten hier sogar Gold, das zur Herstellung der schönen Fibeln und Äxte diente, welche derzeit in der Keltenausstellung im Museum der Barfüsserkirche in Basel zu bestaunen sind? Gold im materiellen Sinne führte seit je zum Verderben, während das Herstellen von Gold im geistigen Sinne zu Erkenntnis und ewigem Leben führen konnte. Das wusste man bis ins Mittelalter, und es wird von den Alchemisten, wie beispielsweise in den Schriften des Paracelsus, anschaulich beschrieben.

Sage von der Fee in der Büttenenmatt

Im Behlenwald soll einst ein weibliches Wesen, das Behlenfräulein, gegeistert haben. Die Sage deutet es als tanzendes Irrlicht, das auf den kleinen, nassen, sumpfigen Wiesen des Büttentals in Vollmondnächten gesehen wurde. Dies ist vielleicht auch ein Hinweis auf die weibliche keltische Gottheit Belena, die oft im Zusammenhang mit Wasser oder mit der Verehrung einer Quelle stand.

Die kleine Berggrotte Bruders Loch hat noch immer eine märchenhafte Ausstrahlung.

Eine in den Fels gehauene Treppe führt hinauf zur Klause, einer kleinen Höhle. Der Innenraum ist etwa fünf Meter lang, zwei Meter breit und bis zu drei Meter hoch. Eine länglich nach oben laufende Felsspalte hat die Form eines Kamins. Man kann noch die Öffnung eines früheren unterirdischen Ganges, der einst zur Hammersteiner Mühle führte, in der Felswand erkennen

Der Heimatforscher Rudolf Reime berichtet in seinem Buch über die Ortsgeschichte Holzen: »Der vorerwähnte unterirdische Gang beginnt in

Bruders Loch.

der Hammersteiner Mühle (Zugang seit etwa 50 Jahren zugemauert) und war zur Jahrhundertwende (um 1900) noch etwa 60 Meter begehbar, von der Decke hingen Tropfsteine herab. Auch soll ein Dachshund von der Mühle aus in den Gang hineingetrieben worden sein, der in Bruders Loch wieder herausgekommen wäre. Ferner soll ein unterirdischer Gang von des Bruders Loch nach der Wolfsschlucht geführt haben. Schließlich sei, wie Pfarrer Hitzig sagt, noch erwähnt, dass sich die Christen in den Verfolgungszeiten in die Felshöhle wie in den unterirdischen Gang geflüchtet hätten, so dass hier für Vertriebene ein Sicherheits- und Zufluchtsort war« (Reime 1975: 409).

Pfarrer Hitzig aus Lörrach-Tumringen gehörte damals zu der Geheimloge, dem Proteuserbund von Johann Peter Hebel, deren Zirkelsprache Belchismus genannt wurde (siehe Kapitel »Belchismus«, Seite 78).

Der Sage nach soll hier vor langer Zeit einmal ein Eremit gelebt haben. Im Laufe seines Lebens hatte sich der bärtige Mann viele Kenntnisse über die Mineralien und Erzvorkommen des Behlen erworben. Er war ein Alchemist und experimentierte mit allerlei Gesteinsproben, die er verstreut am Berge fand. Eines Tages soll er versucht haben, Gold herzustellen. Nach langem Experimentieren gelang es ihm, das edle Metall zu gewinnen. Außerdem hatte er einen Schatz gefunden, den ein großer, schwarzer Pudel Tag und Nacht bewachte. Eines Tages nahm er einen Klumpen Gold und begab sich mit diesem nach Basel. In der Rheinstadt gab es dann Streit, und der Eremit ließ sich durch sein Verhalten etwas zu Schulden kommen. Von da an hat man nie mehr etwas von ihm gehört.

Diese Sage erinnert an den berühmten Arzt und Alchemisten Paracelsus, der um 1527 in Basel als oberster Stadtarzt wirkte. Damals war Basel zur Reformation übergetreten und galt als das Zentrum des Buchdrucks. Der eigensinnige Arzt Paracelsus legte sich bald mit vielen Kaufleuten, Apothekern und Gelehrten der Stadt an und musste bei Nacht und Nebel aus Basel fliehen, da man ihn sonst umgebracht hätte. Gerne lebte der umtriebige Wanderarzt mit den Fahrenden, den Händlern und Zigeunern und teilte mit ihnen auch sein Nachtlager in versteckten Höhlen.

Eine andere Version der Sage von »Bruders Loch« berichtet, dass der fromme Waldbruder einst aus Venedig gekommen sei. Dies ist ein Hinweis auf die legendären Venediger, die als mineralkundige Prospektoren, als Gold- und Erzschürfer durch die Lande zogen, um die begehrten Metalle nach Venedig zu bringen, wo diese unter anderem zum Färben des Glases auf der Glasinsel Murano gebraucht wurden.

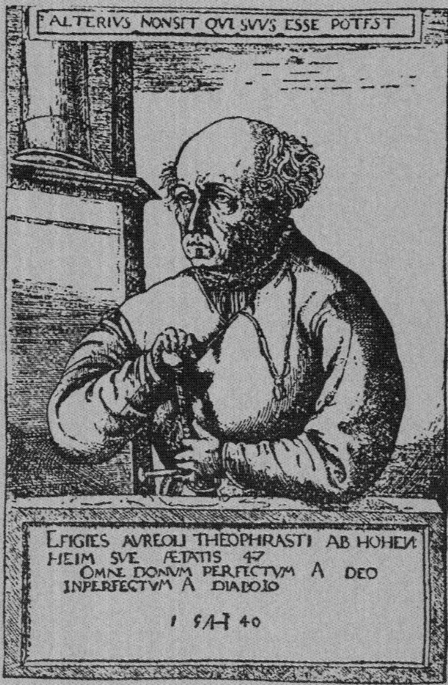

Paracelsus, Stich von 1540

Paracelsus

In den Werken des Erneuerers der Heilkunde, Theophrastus Bombast von Hohenheim, genannt Paracelsus (1493–1541), ist zu lesen: »Das ist Alchemie: zu Ende bringen, was noch nicht vollendet ist. Sie allein ist das, was das Unreine durch Feuer zum Reinen bereitet. Wiewohl nicht alles Feuer brennt, so ist doch alles Feuer und bleibt Feuer.« Die später als Alchemie bezeichnete Lehre entstand schon im alten Ägypten. Sie baut auf ein Natur- und Weltbild, das unsichtbare Kräfte, den Geist und die Seele in den Prozess der Wandlungen einbezieht. Paracelsus hatte die Idee, die Welt zu verändern, sie zu verbessern. Er wollte den Kranken helfen und sie von den Leiden des Körpers und der Seele befreien. Dabei ging er gegen alle anerkannten Praktiken der damaligen Ärzte vor. Neben dem Studium der Astrologie und der Beschäftigung mit Kräutern und Mineralien experimentierte Paracelsus in der Alchemistenküche, um seine Arcanumsubstanzen zu brauen. Der »Stein der Weisen« war das geistige Produkt der alchemistischen Umwandlungsprozesse, denn es ging in den Laboratorien nicht nur um die Verwandlung der Substanzen, sondern auch um neue Erkenntnisse der Lebensgesetze.

Kurzbiografie

1493 Theophrastus Bombastus von Hohenheim, genannt Philippus Aureolus Theophrastus Paracelsus, wird bei Einsiedeln in der Schweiz geboren

1515 Promotion in Ferrara; danach Wanderschaft durch fast alle europäischen Länder

1527 Stadtarzt in Basel mit dem Recht, Vorlesungen zu halten

1528 heftige Auseinandersetzungen mit der Basler Fakultät; Flucht nach Salzburg

1541 Tod in Salzburg unter nicht geklärten Umständen

Die bekannte Schweizer Geobiologin und Autorin Blanche Merz schreibt: »Ohne vornehmen Rahmen, doch in einer harmonischen natürlichen Umgebung, kann ein Kraftort auch durch die Gegenwart eines einzelnen Menschen entstehen, den man einen Weisen nennen könnte. Er ist ein Mann mit natürlichem, weitem Horizont, der zweifelsohne mit angeborener Weisheit auf die Welt gekommen und zu einem höheren Bewusstsein vorgestoßen ist. Unter der Vielzahl von Möglichkeiten kann so ein einziger Mensch einen Ort der Kraft von hohem Wert erschaffen, der auf die Aura wirkt« (Merz 2000: 30).

Da für die Kraft der Gedanken Raum und Zeit kein Hindernis darstellen, können wir uns hier an einen Kraftstrom anbinden, der uns mit dem universellen Denken alter Kulturen verbindet.

Es waren weise Männer des Schwarzwalds, die mich in diese geistigen Sichtweisen eingeführt haben. Hervorheben möchte ich den Naturphilosophen und Dichter Manfred Marquardt aus Lörrach, den Maler und Keltenforscher Theo von Möller aus Aitern am Belchen, den Entdecker des Belchensystems Walter Eichin aus Lörrach, den Menhirforscher Josef Schneider aus Freiburg und den Mythenforscher und Schriftsteller Thomas Lehner.

Wolfsschlucht und Wolfserde

Auf dem Wanderweg von Hammerstein nach Kandern kommen wir zu einer weiteren Felsengruppe, die als Wolfsschlucht bezeichnet wird. Dieser Name erinnert an eine Zeit, in der noch Wölfe in der freien Wildbahn des Schwarzwalds leben konnten. Es ist über hundert Jahre her, als man hier den letzten Wolf erlegte und das Tier für immer in die Welt der Sagen und Legenden verbannte. Der Wolf war nicht nur ein gefürchtetes Tier ... Zigeuner berichten in ihrer Heilkunde von der so genannten Wolfserde. Eine alte Zigeunerin erzählte mir in Kandern von der Heilwirkung der Wolfserde. Lange bevor die moderne Medizin die Desinfektion entdeckte, kannten die Zigeuner eine Heilmethode, die dieselbe Wirkung erzeugte. Wenn ein Wolf in eine ihm von Menschen gestellte Falle tappte und sich schwer an seinen Pfoten verletzte oder gar eine verlor, humpelte das Tier durch den Wald und war auf der Suche nach einem Ort, wo es Linderung finden konnte. Die Zigeuner beobachteten ein solches Tier und folgten ihm. Jene Stelle im Wald, wo der Wolf seine verletzte, blutige Pfote in den Boden tauchte, nannten die Zigeuner Wolfserde. Man grub die Wolfserde aus und bewahrte sie in einem Tuchsäcklein auf – für den Fall, dass einer aus der Familie eine schwere Verletzung an Armen oder Beinen erlitt; ein Umschlag aus Wolfserde sollte zur Heilung führen.

Die Höhle an Bruders Loch diente den Fahrenden zeitweise als Unterschlupf – war man hier doch in einem sicheren Abstand zu den umliegenden Dörfern, mit denen man gut allerlei Tausch- und Heilgeschäfte machen konnte.

Es gibt im Schwarzwald öfter den Flurnamen Wolfsboden.

Teufelskanzel

Zwischen Bruders Loch und der Wolfsschlucht ist ein großer Steinbruch. Hier muss einst die Teufelskanzel gewesen sein, sie fiel dem Abbau der Steine zum Opfer.

Folgende Sage ist von Pfarrer Karl Mündel in dem Büchlein »Das Blauengebiet« (Markgräfler Nachrichten GmbH, Müllheim) erdichtet worden: »Der Freiherr Raimund von Hammerstein hatte eine Tochter, Rosamunde, die sich in den Jäger Konrad verliebte. Der Vater duldete aber diese Liebe nicht. Als der Jäger darüber schier am Verzweifeln war, erschien ihm der Teufel und versprach ihm die Jungfrau, wenn ihm der Jäger dafür seine Seele verschreibe. Konrad willigte ein; doch schnitt er in der Wolfsschlucht in verschiedene Bäume kleine Vertiefungen ein, die er mit Weihwasser füllte. Der Teufel hielt sein Wort und führte Rosamunde zu dem Jäger in die Nähe der Wolfsschlucht. Als ihr Konrad von seinem Pakt mit dem Teufel erzählte, stürzte sich die Jungfrau über die Felsen in die Tiefe. Konrad wollte ihr folgen; der Teufel, der auf dem nahen Felsen auf Konrads Seele gelauert hatte, lachte schon laut auf. Da erschien plötzlich ein mächtiger weißer Hirsch mit einem gewaltigen Kreuz zwischen dem Geweih. Konrad kam zur Besinnung, tauchte die Hand in Weihwasser und stieg hinab, die Jungfrau zu suchen. Ihren Leichnam legte er heimlich vor das Tor der Burg Hammerstein und zog in die Fremde. Nach vielen Jahren kam er zurück und lebte fortan als Einsiedler in Bruders Loch. Der Teufel aber nahm aus Wut über die entgangene Seele die Felsen und warf sie so durcheinander, wie sie heute liegen« (Reime 1975: 410).

Feuerbrauch: Scheibenschlagen am Funkensonntag

Das Scheibenschlagen ist einer der ältesten erhaltenen Volksbräuche, der – von Tirol über Süddeutschland bis ins westliche Frankreich – noch heute verbreitet ist. Erstmals ist der Feuerbrauch im Jahre 1090 erwähnt worden. Eine Woche nach der offiziellen Fasnacht, am Funkensonntag, wird der alte Feuerritus zelebriert. Der badische Volkskundler Emil Baader schrieb dazu: »Man will durch das Feuer die Dämonen des Winters vertreiben, man will Glück und Fruchtbarkeit wecken, dem Frühling zum Siege verhelfen« (Reime 1975: 410).

Das Scheibenschlagen ist ein Relikt des keltisch-germanischen Heidentums. An den langen Winterabenden werden immer noch die für den Brauch notwendigen Scheiben aus Buchenholz geschnitzt. Sie sind viereckig und in der Mitte gelocht. Nach ihrer Fertigstellung werden die eckigen Glücksbringer getrocknet und auf Schnüren oder Draht zu einem Kranz zusammengebunden. Manche jungen Burschen bemalen ihre Scheiben mit alten keltischen Symbolen und Zeichen.

Der Feuerplatz, in Holzen auch »Schiebebuck« genannt, wird schon Wochen vor Funkensonntag hergerichtet. Aus dem ganzen Dorf werden Holzabfälle aller Art gesammelt und zu einem großen, zirka vier bis fünf Meter hohen Scheiterhaufen zusammengefügt. Nun muss der Platz, einige Tage vor dem Funkensonntag, Tag und Nacht bewacht werden, denn oft zünden Burschen aus dem Nachbardorf den Holzstoß einen Tag vorher an – und das Feuerfest muss mangels Material ausfallen. Um dem vorzubeugen, werden Wachen aufgestellt. Diese Aufgabe übernimmt von alters her die Dorfjugend.

Wenn es dann Abend wird am Funkensonntag, entsteht eine fast mystische Stimmung rund um den Feuerort. Bei Anbruch der Dunkelheit wird der Holzstoß entzündet, und rasch übernehmen die Flammengeister das Regiment und lodern haushoch dem Firmament entgegen. Tausende kleiner Feuersalamanderfunken sausen durch die Lüfte.

Die jungen Leute haben sich die Scheibenkränze umgehängt und tragen einen Haselnussstecken in der Hand, den sie sich zuvor aus einem großen Strauch geschnitten haben. Es stehen mehrere kleine Feuerstellen bereit, wo nun die Scheiben, die man zuvor auf den Haselstock gesteckt hat, im Feuer zum Glühen gebracht werden. Wenn eine Scheibe ausreichend glüht, geht man damit zur Scheibenbank, die wie eine kleine Holzschanze aussieht. Die glühende Scheibe wird nun seitlich über dem Kopf geschwungen. Es gilt, die Scheibe im rechten Moment, mit genügend Schwung, über die kleine Holzschanze hoch zu schleudern. Oft gibt es erst mehrere Fehlschläge, bis sich plötzlich eine Scheibe in den Nachthimmel erhebt und in einem weiten Bogen über den Hang hinuntergleitet und eine leuchtende Bahn in den dunklen Himmel schreibt. So folgt eine Scheibe nach der anderen.

An manchen Orten wird ein alter alemannischer Vers dazu gerufen:

»Schibi, Schibo,
Wem soll die Schibe goh?
Die Schibe fahrt d'r Rai ab
Und schlaht im Ankehafe s'Bei ab.«

Oder:
»Die Schibe soll suure
im (Namen eines Bekannten,
zum Beispiel Hansueli) uf d'Schnuure.«

Je höher und länger die Scheibe fliegt, desto besser. Mancherorts im Schwarzwald gibt es sogar Meisterschaften im Scheibenschlagen.

Es ist ein wunderbares Bild, auch auf den anderen Berghängen diese großen Feuer zu sehen.

Von den Quellen, Bächen und Flüssen am Behlen

Zwei größere Flüsse umfließen den Berg und bilden mit ihren glitzernden Wässern ein Schutzband um den Behlen. Im Osten das Kandertal, im Westen das Feuerbachtal.

Der Schwarzwald ist die wasserreichste Region in Deutschland. Das wussten die Menschen in allen Zeitepochen sehr zu schätzen. Für die Kelten war das Element Wasser heilig. Jede Quelle wurde als eigenständiges Wesen betrachtet. Wasser galt als Medium und Mittler zur Anderswelt. Hier war ein Tor, um mit einer Göttin in eine spirituelle Verbindung zu treten. Die Bedeutung der Göttinnen ging in späteren Zeiten auf die Feen über, was zahlreiche Feensagen im Schwarzwald bezeugen. Auch die Namen, die man den Quellen gegeben hat, klingen wie heilige Worte: Aitarra, Belen, Amhuain, Wiesna, Kandera.

Es ist nicht verwunderlich, dass im Laufe der Zeit an solchen Orten Badeeinrichtungen entstanden sind, da viele Quellen eine besonders starke Heilwirkung hervorriefen und Kranke wieder gesunden ließen. So wurden aus heiligen Quellen so genannte Heilquellen und Heilkurorte. Mit dem edlen Nass werden bis heute Blutkrankheiten, Herzleiden, Rheuma, Blutdruckstörungen, Frauenkrankheiten und Erkrankungen der Verdauungsorgane behandelt. In alter Zeit wurde an diesen Orten ein kleines Naturbecken für die Badegäste ausgehoben – war doch die Ausstrahlung des gesamten Platzes entscheidend für den Heilvorgang. Meist waren es Frauen, die als Heilerinnen ein Quellheiligtum betreuten. Diese Funktion hatte am Behlenberg das Riedlinger Bad, das an der Straße von Holzen nach Riedlingen liegt. Die einstigen Badegebäude sind heute in ein Schulinternat umgewandelt worden. Hier fließt der Feuerbach munter dahin. Er schlängelt sich westwärts um den Behlen.

Badebild, 1566.

Auf der anderen Seite des Bergs mäandert die Kander in vielen Windungen der Rheinebene zu. Kandera ist ein altkeltisches Wasserwort für »hell dahinfließend«. Gemeint ist hier der leuchtende Fluss im Osten.

Nil heißt der Dorfbach im Süden. Und wer, wie in Afrika, den Nil überschreitet, ist im Ortsteil Ägypten angelangt. Keiner weiß mehr im Dorf, wie es zu dieser Namensgebung kam. Ob diese Bezeichnung mit den um den Behlenberg tätigen Alchemisten und Mineralkundigen zu tun hat?

Zahlreiche Quellen und Brunnen sind rund um den Berg zu finden.

Das Eitental im Süden ist ein kleiner Taleinschnitt, der hinter dem Holzener Schützenhaus beginnt. Hier gab es einst mehrere Quellen, die wieder versiegt sind. Meiner Meinung nach handelt es sich um die keltische Wassergöttin Aitera, deren Quelle wir beim Badischen Belchen am Ostabhang des Bergs finden (siehe Kapitel »Belchen, der König der Schwarzwaldberge«, Seite 69).

Geologische Verhältnisse

Die Hauptbodenart im Markgräfler Land ist der fruchtbare Lössboden. Löss ist eine aus Lehm, Sand und Kalk gemischte Bodenart. Diese Böden sind je nach Alter und Grad der Verlehmung verschieden stark kalkhaltig. Die Wald- und Rebhänge stehen auf Jurakalk. Unterhalb des Rüttiwegs liegt mit Ton vermischter Muschelkalk. Früher hat man hier viele Versteinerungen gefunden. Kalksandsteinvorkommen gibt es Richtung Hammerstein am Hamberg.

Im örtlichen Bergbau wurde bis vor hundertfünfzig Jahren Bohnerz gefördert; der Abraum enthielt auch zahlreiche Jaspisknollen. In der ehemaligen Erzwäsche wurde auch Ocker entnommen. In den fünfziger Jahren des vorigen Jahrhunderts versuchte man hier, nach Öl und Uran zu bohren. Die Ergebnisse fielen jedoch negativ aus.

Die drei heiligen Frauen am Hochblauen

Stockberg am Hochblauen.

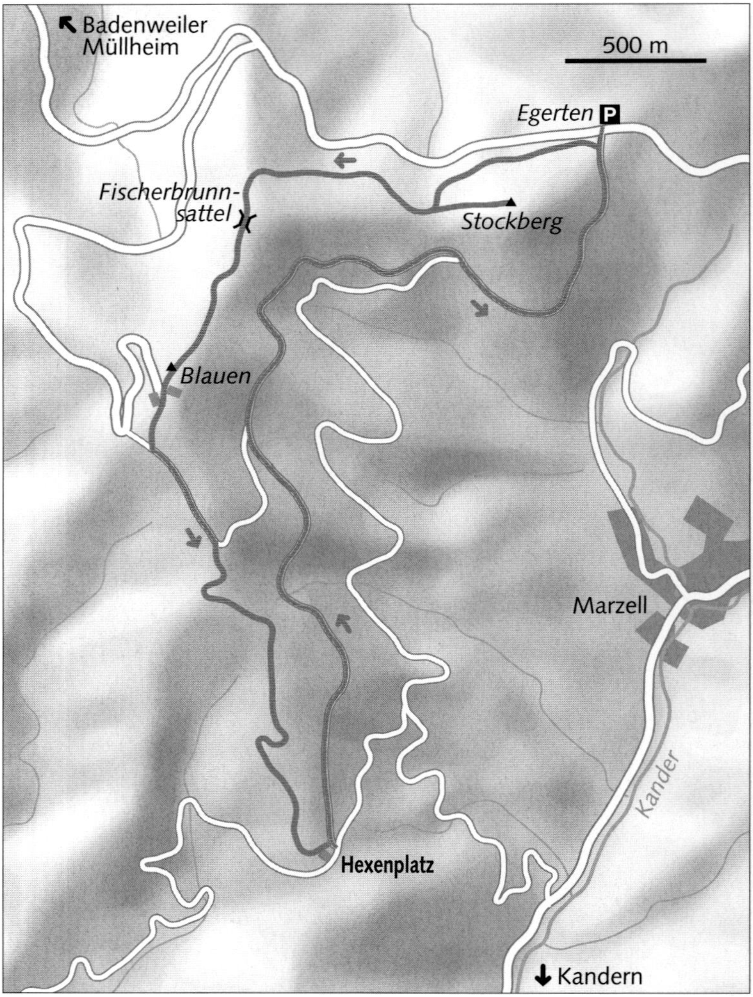

Anfahrt: Von Kandern nach Malsburg-Marzell bis zur Abzweigung Badenweiler-Tegernau. Hier links abbiegen; nach zirka drei Kilometern – vorbei an den Reha-Kliniken – kommt an der linken Seite der Waldparkplatz Egerten (925 Meter).

Wanderung: Egerten–Stockberg–Fischersbrunnsattel–Blauen–Hexenplatz–Egerten: 4–5 Std.

Die Rundwanderung beginnt am Hexenplatzweg. Von hier ist der Hexenplatz 4,5 Kilometer entfernt, Schloss Bürgeln 9,5 Kilometer, der Hochblauen 2,5 Kilometer und Kandern 12 Kilometer. Wir nehmen zunächst den aufsteigenden Stockbergweg (rote und gelbe Raute). Dieser breite Waldpfad führt an der nördlichen Seite hinauf zum pyramidenförmigen Stockberg.
Nach zirka einem Kilometer links abbiegen und dem kleinen Bergpfad folgen (kein Schild). Wir durchqueren Steinhalden; an einigen Stellen kann der Blick bis zu den Vogesen schweifen.
Nach einem weiteren Kilometer kommen wir zu einer großen Waldkreuzung. Hier scharf links abbiegen; auf einem alten Schild steht: »300 Meter steiler Aufstieg, 700 Metern Stockberg«. Nehmen wir den steilen Aufstieg. Oben auf der Keltenburg empfiehlt sich ein Rundgang.
Wir gehen denselben Pfad zurück bis zur Waldkreuzung. Von hier aus wandern wir nach zirka vierhundert Metern rechts (kein Schild) in Richtung Fischersbrunnsattel (1070 Meter); wir halten uns wieder an den Aufstieg zum Hochblauen und folgen dem Westweg (rote Raute).
Bis zum 1167 Meter hohen Gipfel des Blauen ist es nur noch ein kurzes Stück.
Der Abstieg erfolgt in südlicher Richtung unterhalb des Bergrestaurants auf dem Westweg. Kandern ist von hier in zweieinhalb Stunden zu erreichen, nach Schloss Bürgeln werden zwei Stunden veranschlagt.
Im Wald Richtung Streitblauen befinden sich schöne Steinplätze.
Es geht recht steil bergab, und wir folgen dem kleinen Bergpfad – auch wenn große Wege kreuzen, etwa der »Neue Blauenweg«. Nach zirka zwei Kilometern erreichen wir eine große Waldlichtung; ein Schild weist den Weg zum Hexenplatz. Der Hinweis »Jetzt gang i ans Brünnele« deutet auf eine Wasserstelle im Wald hin. Nach einem längeren Abstieg erreichen wir den Hexenplatz. Von hier führt der Hexenplatzweg wieder zurück zum Ausgangspunkt am Waldparkplatz Egerten.

Der Hochblauen mit seinen drei Gipfeln von der Rheinebene aus.

Bereits der erste Aufstieg zum Stockberg hat etwas Erhabenes. Es ist ein Gang in eine andere Welt. Hier oben sind Reste einer keltischen Ringanlage zu bestaunen. Hohe alte Bäume beschützen die steinernen Wälle. Kleine Steintürmchen stehen wie Wächter und begrüßen stumm den Gast. Der Ort hat etwas Magisches, Kraftvolles.

Das Massiv des Hochblauen hat drei rundliche Erhebungen. Der Stockberg ist eine Art Gralsberg, der wie ein Kelch wirkt. Nicht jeder kann sich dieser Burg nähern – so heißt es in den Märchen. Nur der, der das Rufen des heiligen Grals vernimmt, hat hier Zutritt. Denn sonst können sich die wilden Frauen in Kriegerinnen verwandeln, um gegen die feindlich gesinnten Eindringlinge vorzugehen. Sie wollen das Heiligtum ihrer Mondgöttin (vor den Römern) verteidigen. Fällt der Blauen in die Hand der Gegner, so ist das eine Entweihung der heiligen Stätten auf dem Schwarzwald…

Eine Abordnung von Mayapriestern und -priesterinnen besuchte im Sommer 2004 den Stockberg. Sie sahen in diesem Berg eine weibliche, ovale Pyramide. In der Mayasprache heißt ein solcher Platz *ku* und entspricht einer weiblichen Gottheit. Der Stockberg steht auf einer Leylinie mit dem Ungersberg in den Vogesen, der ebenfalls die Form einer Pyramide hat.

Schlangenritual am Stockberg.

Frau Luna mit ihren Kindern, um 1480.

Alte Baumstämme liegen wie alte Geschütze da, die längst ihre Funktion verloren haben. Geheimnisvolles raunt dem Besucher hier entgegen. Der große Ringwall sieht aus wie eine Burganlage. Oder hat hier oben vielleicht eine Keltenfürstin residiert?

Lange bevor die ersten Burgen im frühen Mittelalter entstanden, wurde der ganze Bergkopf umgestaltet und zu einer großen Steinburg ausgebaut. Die hohen Bäume lassen keine Aussicht zu. Es lohnt, hier zu verweilen und die Kraft des Ortes aufzunehmen. Mehrere runde Steinplätze laden zu einer meditativen Rast ein.

Gerne spiele ich hier eine langsame Melodie auf meiner Flöte und lausche den verhallenden Tönen nach. Eine wohltuende Ruhe kommt auf.

Der Pfad führt weiter zum zweiten Bergkopf, dem Fischerbrunnsattel. Kreuz und quer liegen verstreut Äste und Zweige, die an Hirschgeweihe erinnern. Der Name Fischerbrunn wirkt geheimnisvoll. Wir wissen, dass Parzival auf der Suche nach der Gralsburg Mundsalvaesche auf einen Fischer in einer einsamen Gegend traf. War auf dem Stockberg einmal eine Gralsburg? Wurde hier vielleicht der gehörnte keltische Waldgott Cerunnos verehrt?

Auf den Pfaden um den Hochblauen werden wir immer wieder mit traumhaften Ausblicken beschenkt. Unterhalb des Gipfels öffnet sich der Wald, und mein Lieblingsberg, der Belchen, zeigt seinen Elefantenbuckel in voller Pracht.

Die dritte Erhebung galt einst als Höhepunkt einer Blauenwanderung. Heute ist der Gipfel eher zu meiden, denn ein großer Fernsehturm beherrscht die Szenerie. Autotouristen strömen umher, und es empfiehlt sich, unterhalb des Restaurants wieder den Schutz des Waldes zu suchen.

Nach kurzer Wegstrecke gelangen wir an einen wunderschönen Steinplatz, den versteckten Kraftplatz am Gipfel. Es scheint ein Mondplatz, Frauenplatz, Feenplatz zu sein ... Große Steinbrocken säumen den Weg. Hier ist ein guter Ort, eine Rast einzulegen und der Berggöttin die Ehre zu erweisen. An diesen Hexensteinen fühlt man sich sehr wohl. Ich lege etwas Tabak und Kräuter auf den Stein, bevor ich hinabsteige vom Mondberg.

Nach einem längeren Abstieg erreichen wir den Hexenplatz (897 Meter). Mächtige Tannen umstehen den mystischen Waldort. Eine Wanderhütte dient hier nicht nur den Hexen als Zufluchts- und Rastort. In dieser schönen Atmosphäre spiele ich gerne einen irischen Feentanz, »King of the fairies« (König der Feen).

Gestärkt wandern wir auf einem gut ausgebauten Waldweg zurück zum Parkplatz Egerten.

Belchen, der König der Schwarzwaldberge

»Die Menschen, die die große Flut überlebt hatten, nannten die Belchen noch immer bei ihrem Namen, der in der alten Sprache so viel wie ›Sonnenstein‹ bedeutete, weil die Sonne zu bestimmten Zeiten des Jahres über ihren Gipfeln auf- oder untergeht.«

Thomas Lehner

Das Gipfelkreuz auf dem Belchen.

Anfahrt: Wir fahren durch die Stadt Schönau, bis zum Schönauer Ortsteil Schönenbuchen. An der folgenden Kreuzung links Richtung Belchen ins Aiternertal abbiegen. Aitern, Holzinshaus, Multen. Richtung Obermulten/ Wiedenereck fahren. Nach zirka einem Kilometer links befindet sich ein kleiner Parkplatz. Wir sind am alten Bergpass Krinne (1117 Meter).

Wanderung: Krinne–Knappengrund–Feuersteinfelsen–Hohkelchsattel–Belchen–Belchenhaus–Aitaraquelle–Krinne: 6–8 Std.
Ausgangspunkt ist der Brunnen am Bergpass Krinne. Nach zirka dreihundert Metern Richtung Westen nach Untermünstertal befindet sich eine große Wegekreuzung. Rechts geht es zum Heidstein, links zum Belchen (Direktweg 2,5 Kilometer). Wir gehen geradeaus und folgen dem Wanderzeichen gelbe Raute (Richtung Untermünstertal).
Der breite Wanderweg führt zirka vier Kilometer leicht bergab, und wir umlaufen die steilen Westhänge des Belchen. Nach zirka einem Kilometer haben wir einen schönen Ausblick ins Münstertal und zum Belchengipfel. Achtung, Mountainbikefahrer können auftauchen.
Wir erreichen den Knappengrund (860 Meter). Links zweigt der Wanderweg zum Feuersteinfelsen (1,4 Kilometer), Hohkelchsattel (2,5 Kilometer) und Belchengipfel (4 Kilometer) ab.

Der Belchen vom Tuniberg aus (Foto: Martin Schulte-Kellinghaus).

Ein steiler Aufstieg in Serpentinen folgt. Bis zum Feuersteinfelsen sind es zirka eineinhalb bis zwei Stunden Aufstieg. Durch große Blockhalden geht es weiter zum Hohkelchsattel. Hier halten wir uns links zum Belchengipfel. Wer abkürzen möchte, geht Richtung Belchenhaus (ohne Gipfelbesteigung). Ansonsten ist es ein alpiner, steiler, kleiner Pfad, der nicht im Winter zu begehen ist, da hier Lebensgefahr durch Absturz besteht! Schließlich kommen wir zum Franz-Schlageter-Weg, einem Gipfelrundweg.
Von hier schlängelt sich der Pfad in zweihundert Metern zum Gipfel.
Abstieg: Wir gehen zum Belchenhaus und steigen hinab zur Aitaraquelle: zunächst Richtung Multen/Talstation Seilbahn; der Weg führt unter der Seilbahn durch, bis wir die Straße erreichen. Hier gehen wir einige Meter nach rechts bergan und sehen links die Quellbrunnen.
Von hier zurück über die Straße, zirka 1,5 Kilometer. Dann überqueren wir links einen kleinen Platz und kommen zum Wanderweg, der direkt vom Belchengipfel zur Krinne führt. Nach zirka eineinhalb Kilometer sind wir wieder an der Krinne.

Einmal in ferner Zukunft, nämlich dann, wenn das Mittelmeer durch die Burgundische Pforte einströmen wird und ein Meer zwischen den beiden Gebirgen wogt. Die Bergkuppen wären dann wie Inseln, die herausschauten aus den vielen Wässern. Ein Fährmann würde uns vom Belchen im Schwarzwald hinüberrudern zum Grand Ballon in den Vogesen ... So beschreibt der Schriftsteller und Dramaturg Thomas Lehner in seinem Fantasy-Roman »Die Prinzessin der versunkenen Stadt« diese Stimmung am Belchen.

Aitera Belna Kaltwasserquellen

Die Quelle
Lebensborn
Leben spendend
kostbares Wasser
verwandlungsfähig
... bleibend
... in unterschiedlichen Formen
mit dienstbarem Geist
... aufnahmebereit
... für heilende Botschaften, Schwingungen
... LICHT-WASSER heiliger
heilender Quellen
zur Stärkung, zur Heilung
Irmgard Clotz

Dieses Bild entsteht, wenn im Herbst der Oberrhein im Nebel versinkt und nur die hohen Berggipfel von Schwarzwald und Vogesen wie Inseln aus einem wogenden Meer herausschauen.

Am alten Bergpass zur Krinne beginnt unsere Wanderung um den königlichen Berg.

Wo einst ein Gasthaus die Fuhrleute mit Speisen und Getränken versorgte, ist heute nur noch eine kleine Hütte. Das ehemalige Gasthaus ist vor Jahren einem Blitzschlag zum Opfer gefallen und vollständig abgebrannt. Gegenüber der Hütte sprudelt frisches Quellwasser in einen Brunnen. Es lädt uns ein, den heiligen Berg – über das Element Wasser – zu begrüßen. Wir können den Strahl des kalten Wassers über die Unterarme laufen lassen, Gesicht und Nacken betupfen und dabei das keltische

Götterpaar Aitera und Belenos »rufen«. Gleichzeitig ist es eine Einstimmung auf eine längere meditative Tageswanderung. Begrüßen wir also die Erd- und Wasserkräfte, damit sie uns gut um den Berg führen. Achtsamen Schrittes wandern wir Richtung Untermünstertal. Nach ungefähr einem Kilometer sehen wir den Gipfel des Mächtigen zum ersten Mal. Wir werden ihn bei dieser Wanderung nur noch ein weiteres Mal zu Gesicht bekommen. Wenn wir hier den Blick nach Norden um hundertachtzig Grad wenden, sehen wir auf der gegenüberliegenden Bergseite den markanten Heidsteinbuckel mit seiner großen Felskanzel, den Heidsteinfelsen. Das Licht der Sonne verleiht ihm einen besonderen Glanz. Unser Weg, der stetig bergab führt, liegt noch im Schatten. Mehrere Quellbäche haben an der Westwand des Belchen kleine Schluchten ausgewaschen. Die erste Vertiefung lädt zum Hineinklettern ein, denn der Bach hat hier eine größere Fläche freigeräumt.

Zu meinen Ritualen gehört es, an einem Bach, Brunnen, Quelle, Felsen oder einem anderen besonderen Ort kurz in aller Stille zu verweilen. Meist schenke ich dem heiligen Platz drei bis neun Tropfen Lichtwasser und widme ihm einen Gesang, ein Flöten- oder Dudelsackspiel; oder ich stehe nur staunend da und genieße die zauberhafte Natur. Insbesondere der Belchen lädt ein, die Schlangenkraft wieder zu erwecken, die so lange nicht mehr bedacht wurde …

Blick vom Belchen.

Belchendrache.

In der warmen Jahreszeit säumen Gräser, Huflattich, Brennnesseln den Weg. Bald kommen wir zur zweiten Bachquelle, die ebenso steil eine kleine Schlucht bildet.

Große Felsgruppen umgeben die dritte Bachschlucht. Die Felsschluchten werden immer mächtiger. Oberhalb der Schlucht hängt eine imposante Tanne über dem Abgrund und ragt in den weiten Himmel hinein. Bald erreichen wir die Abzweigung Knappengrund (860 Meter).

Wir betreten den kleinen Bergpfad, der uns einhüllt in die Stille des Hochwalds. Vereinzelt einmal kurze Ausblicke, dann nimmt uns der Wald wieder auf in seine meditative Ruhe und Dunkelheit. Wir durchqueren Blockhaldenfelder. Fast scheint es, als ob jeder dieser Felsbrocken fähig ist, negative Gedanken in sich aufzunehmen; nach einiger Zeit fühlt man sich durch diesen Vorgang gereinigt und spürt die eigene Mitte. Eine wohltuende Leere entsteht, die Flut der Gedankenfetzen verebbt langsam. Der Atem wird weiter und eine heilende Ruhe kann einziehen. Unwillkürlich ist die unbändige Kraft des Bergs zu spüren. Kein Mensch, keine Maschine, keine Hektik. Die Energie des Bergs vermag andere Qualitäten des Daseins in uns wachzurufen.

Nach etwa einer Stunde Aufstieg erreichen wir das kleine Felsplateau am Feuersteinfelsen. Der kleine schmale Bergrücken bietet eine zauberhafte Aussicht. Wie aus einem Adlerhorst können wir unsere Blicke in die weite Bergwelt schweifen lassen. Zum zweiten Male zeigt sich uns der Gipfel des erhabenen Belchen. In der Mitte dieser Bergnase ist eine

Drachenvision am Belchen

Felsplateau am Feuersteinfelsen. Vor uns liegt ein morscher Baumstamm, der die Gestalt eines kleinen Drachen hat. Im Laufe der Zeit versuchen wir, das Holztier, das hier für uns als Symbol der Erdschlange liegt, in irgendeiner Weise zu gestalten. Es hat plötzlich ein Auge, das wir durch einen roten Stein markieren. Wir schmücken unseren Belchendrachen, der hier so friedlich vor uns liegt, streicheln über den Stamm, sagen Danke für sein Vorhandensein. Es ist unsere intuitive Kraft, die man uns so lange geraubt hat, die wir hier berühren. Der Drache möchte frei sein und von keinem Speer auf den Boden gebunden werden. Er möchte wieder leben und sich auf der Erde entlang schlängeln, uns den Weg zeigen, der uns so lange verstellt wurde. Unsere Energien wollen wieder fließen. Innere Bilder steigen in mir auf; ich denke an die brutale Jahrhunderte lang anhaltende Vergewaltigung unserer Erde. Die Schreie des Drachen sind wie die Schreie der Frauen auf den Scheiterhaufen, sind die Schreie von Mutter Erde, Gaia. »Hört endlich auf mit dem zerstörerischen Denken und Handeln«, möchte ich von hier oben hinunterrufen, damit es über die Rheinebene hinaus bis zu den Vogesen schallt und von dort aus sich über die Welt verbreiten möge. Mit starkem Atem blase ich Luft in die Bordunrohre meines Dudelsacks, und das ganze Bergrund wird vom Klang meiner Sackpfeife erfüllt. Der ewige Ton steigt hinauf zum Allerhöchsten, zum Altar des Belenos, dem Sonnengott der Kelten, und hinab zur Aitera, der Quellgöttin. »Aitera, Belen!« ist unser Mantra, das wir dem Gipfel entgegensingen.

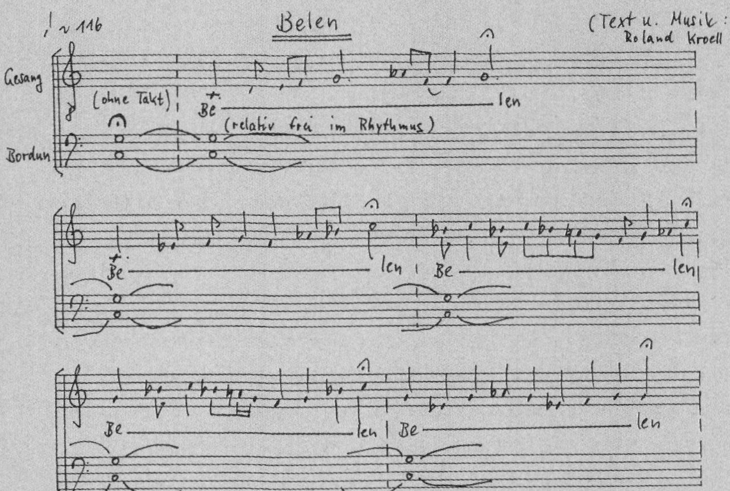

kleine Steinburg. Eigenartige Wälle und Gräben umgeben den Berggrat. Ab und zu zeigen sich an der steilen Berghalde Gemsen. Einst waren hier Bären, Wölfe und Adler zu Hause. Hier können wir verweilen, die Stille und Weite genießen. Oder unserem inneren Krafttier begegnen…

Noch 1,4 Kilometer bis zum Hohkelch. Der Aufgang über die Westseite ist der schönste Aufstieg am Belchen. Durch große Blockhaldenfelder, vorbei an mächtigen Ahornbäumen, kommen wir zum Hohkelchbrünnele (1203 Meter), das im Jahre 2000 neu gefasst und von den Bergfreunden aus dem Münstertal errichtet wurde. Nun ist es nicht mehr weit zum Hohkelchsattel – eine kleine Bergwiese mit Rastmöglichkeiten. Alte Grenzsteine aus dem Jahre 1790 stehen hier oben. Ein Schild zeigt eine alte Grenzmauer Richtung Neuenweg auf.

Hier verzweigen sich die Wege; wir wandern weiter Richtung Belchen. Durch ein Gatter verlassen wir die Wiese und folgen dem Pfad, der links bergauf führt.

Nach kurzer Wegstrecke können wir nun nach rechts zum Belchenhaus abbiegen. Vom Belchenhaus aus ist es möglich, mit einer neuen Seilbahn zurückzufahren zur Talstation am Gasthaus Jägerstüble in Multen. Jeder, der sich jetzt ungern mit Touristen und neuzeitlicher Technik vermischen will, sollte sich jedoch links halten. Ein alpiner, steiler Aufstieg führt oberhalb der großen Bachschluchten in Richtung Gipfel. Aber Achtung, liebe Wanderfreunde, dieser Weg kann nur in der schneefreien Zeit begangen werden, da hier erhebliche Absturzgefahr besteht. Auch für nicht Schwindelfreie ist dies kein guter Aufstieg! Man kann auch in Richtung Belchenhaus auf einem gemütlichen Gipfelweg zum höchsten Punkt gelangen.

Allerdings ist es wirklich ein wunderschöner Pfad, der sich die letzten Meter hinauf zum Gipfel schwingt. Ab dem Franz-Schlageter-Weg besteht keine Gefahr mehr. Von hier sind es noch zweihundert Meter zum Gipfelkreuz des Belchen. Wir kommen plötzlich aus dem Hochwald heraus und erleben diese große Helligkeit und Weite des Belchen. Wir sind dem Licht näher gekommen. Über uns der weite Himmel, das (hoffentlich strahlende) Gold der Sonne, eine Hochzeit von Belen und Belena, dem keltischen Götterpaar, das sich hier immer wieder neu das Jawort gibt. Der grandiose Ausblick ist ein Hochgenuss. Kaum ein Berg hat diese solitäre Präsenz wie der Belchen. Vor unserem Auge erstreckt sich die gesamte Alpenkette vom Montblanc bis zur Zugspitze. Gegenüber grüßen Eiger, Mönch und Jungfrau aus dem Berner Oberland, im Westen die

Vogesen, im Norden der Nordschwarzwald bis zur Hornisgrinde, im Osten Hochkopf, Blössling, Herzogenhorn.

Jetzt heißt es erst einmal rasten und genießen. Hier können wir das große Ausatmen und Loslassen üben.

Wir folgen nun dem Gipfelrundweg und erreichen nach kurzem Abstieg das Belchenhaus. Von hier gehen wir Richtung Talstation/Seilbahn-Jägerstüble. Wir steigen eine große Wiese hinab, die uns zur alten Fahrstraße bringt. Unweit ist die Quelle der keltischen Göttin Aitera. Aus einem Brunnen können wir das frische Wasser schöpfen. Wir gehen wieder zurück auf unseren Weg, der uns wieder zum Ausgangspunkt an der Krinne führt.

Zur Geologie

Im Gipfelbereich sind mehrere interessante Tafeln aufgestellt, die den Wanderer zu verschiedensten Themen informieren. Eine Tafel, die mir besonders auffiel, erläutert die Geologie: »Seit der frühen Erdenzeit lassen gewaltige Spannungen im Erdinnern den Oberrheingraben auf dreißig Kilometer Breite einbrechen. Unvorstellbare Gesteinsmassen sanken teilweise mehr als dreitausend Meter in die Tiefe, während Schwarzwald und Vogesen um bis zu zweitausend Meter nach oben stiegen. Dabei zerbrach die Erdkruste in viele Schollen. Der Kaiserstuhlvulkan brach aus. Je mehr der Schwarzwald angehoben wurde, desto tiefer schnitten Wildbäche und Flüsse ihre Täler ein. Im Laufe der Erdenzeit haben sie Kalke und Sandsteine des Erdmittelalters abgetragen und so den Graben weitgehend gefüllt. Der Oberrheingraben sinkt auch heute noch jährlich um – Millimeter ab. Im Verlauf von ›nur‹ einer Million Jahren ergibt dies fünfhundert Meter.«

Belchen vom Wiesental aus.

Ähnlich wie Johann Wolfgang von Goethe den Brocken im Harz als Hexenberg für sich entdeckte und durch seine Betrachtungen den Kult der Walpurgisnacht neu kreierte, versuchte der bekannte alemannische Dichter Johann Peter Hebel um 1810 den Belchen zu mystifizieren.

Johann Peter Hebel.

Hebel wurde am 10. Mai 1760 in Basel geboren. Er war Sohn armer Dienstboten. 1774, nach dem frühen Tod der Eltern, ermöglichten ihm Gönner den Besuch des Gymnasiums in Karlsruhe. 1780 studierte er Theologie in Erlangen und arbeitete danach als Hauslehrer und Vikar in Hertingen. 1798 bis 1808 erhielt er eine Professur der Dogmatik und war anschließend von 1808 bis 1814 Direktor am Gymnasium in Karlsruhe. 1819 wurde er evangelischer Prälat der badischen Landeskirche in Karlsruhe. Johann Peter Hebel starb auf einer Dienstreise am 22. September 1826 im Alter von 66 Jahren in Schwetzingen.

Hebel war der Belchen unter allen Schwarzwaldhöhen der liebste. Hier oben war sein Altar, und er verglich ihn mit dem Straßburger Münster. Der Gipfel war für Hebel die Kathedrale, das Allerheiligste, der Altar des Proteus, des griechischen Gottes der Verwandlung.

Proteuserbund in Lörrach.

Er gründete damals eine Geheimloge in Lörrach, den Proteuserbund. Die Mitglieder verehrten den Belchen im Schwarzwald, und Hebel erfand dazu eine eigene Sprache, die er »Belchismus« nannte. So bedeutete beispielsweise »belchisch«: »wesentlich«. Zur damaligen Zeit war die keltische Kultur noch nicht wieder entdeckt worden, sonst hätte Hebel sicherlich seine Freude gehabt und seiner Loge den Namen »Belenosbund« gegeben. Er hielt die antiken Götter für würdig, sie wieder neu zu beleben.

Dieses Gedankengut, eine Mischung aus griechischer Mythologie und Aufklärung, wird zu einer Art neuen esoterischen Naturfrömmigkeit. Das wahre Sein ist das Nichts, und die erste Station von der Erde zum Himmel ist auf dem Belchen zu finden.

Was genau bei diesen Männerzusammenkünften gemacht wurde, ist nicht überliefert. Einiges gibt Hebel preis in einem Briefwechsel mit seinem Freund Friedrich Wilhelm Hitzig. Lörrach wird hier als Proteuserstadt bezeichnet.

»Auf Ramsperger, entzeuch dich der Kleider, entrinkle die Sohlen, schneide die Nägel ab und tunke dich dreimal im Brunnentrog, dreimal im Brunnentrog sprich: Im heiligen Namen des Proteus! Dass ich dich weihen möge dem hohen belchischen Zauber. Salbe dich iez mit Dinten, und puder die Locken mit Streusand. Stell dich hinaus in die Nacht, den Blick zum Belchen gewendet ... « (Möhring 1982: 47).

Hitzig hieß Zenoides, Hebel nannte sich Parmenides. Damals brauchten Hebel und seine Freunde noch einen ortskundigen Bergführer, um auf den Belchen zu kommen. Es gab noch kein Wegesystem wie heute.

Belenos – strahlender Prinz

Tain, bellan beltain
En strahlende Prinz im goldene Gwand
stiegt uf sin Thron
un legt sini Krone uf dä Belche.
En strahlende Prinz veschwindet obends i dä Vogese,
e goldenes Glimmere im Geistermeer.
O Mondenacht im Erderich los,
dä Geistergsang
au d'Sterne singet liisli mit,
hörsch die wundersami Sphäreklâng?
Mond und Sterne wachet über di finschtere Nacht,
bis dä Prinz Belenos wieder chunnt,
en neue Morge glüttet am Horizont
un wenn dä Tag chunnt,
gang langsam drin inne.
Du un di ganz Welt wird jede Morge
mit siinem Liicht
wieder neugebore.

Roland Kroell

Durch die Zeit der Aufklärung, in die er hineingeboren wurde, war seiner Meinung nach die europäische Landschaft entseelt oder, wie er sagte, »entgeistert« worden. Hebel erfand in seinen Werken neue Geister für den Schwarzwald wie den bekannten Dengelegeist. Bis heute ist Hebel der bedeutendste alemannische Dichter geblieben. Er hat seine Gedichte um 1803 eigentlich aus Heimweh nach seiner Heimat im Wiesental verfasst.

Heute erinnern der Hebelbund in Lörrach und das jährliche Hebelfest in Hausen an den berühmten Dichter. Alle zwei Jahre (seit 1935) wird der Hebelpreis für Literatur vergeben. Die Vergabe erfolgt an deutschsprachige Schriftsteller aus dem alemannischen Sprachgebiet, die sich um Hebel verdient gemacht haben.

Belchensystem

Die Belchen im Dreiland stehen in einem besonderen System zueinander. Verbindet man drei von ihnen, so bilden sie ein rechtwinkliges Dreieck: der Schwarzwaldbelchen, der Jurabelchen und der Elsässerbelchen (Ballon d'Alsace). Wenn die Strahlen der Nachmittagssonne an der Kukulcan-Pyramide in Chichen Itzá (Maya) zur Tagundnachtgleiche zwei steinerne Schlangen des Lichts zur Erde bringen und im Straßburger Münster die Sonnenstrahlen um zwölf Uhr mittags in den Innenraum der Kathedrale

Sonnenaufgang 21.3. am Schwarzwaldbelchen vom Ballon d'Alsace betrachtet.

scheinen, dann geschieht auch bei den Belchen etwas Besonderes. Wer am Morgen bei Sonnenaufgang auf dem Ballon d'Alsace steht, sieht die Sonne über dem Belchen im Schwarzwald aufgehen.

Am Abend geht die Sonne, betrachtet vom Schwarzwaldbelchen aus, über dem Ballon d'Alsace unter. Die Sonne schlägt also den Bogen von einem Belchen zum anderen.

Das Gleiche geschieht auch zur Wintersonnenwende. Dann nämlich geht die Sonne über der Belchenflue im Schweizer Jura auf und schlägt auch den Bogen zum Ballon d'Alsace. Es waren zwei Männer, die fast zeitgleich dieses System wiederentdeckt haben, nämlich der Keltenforscher Walter Eichin aus Lörrach und der Kantonsarchäologe Rolf D'Aujourdhui aus Basel (siehe hierzu auch Kroell 2000).

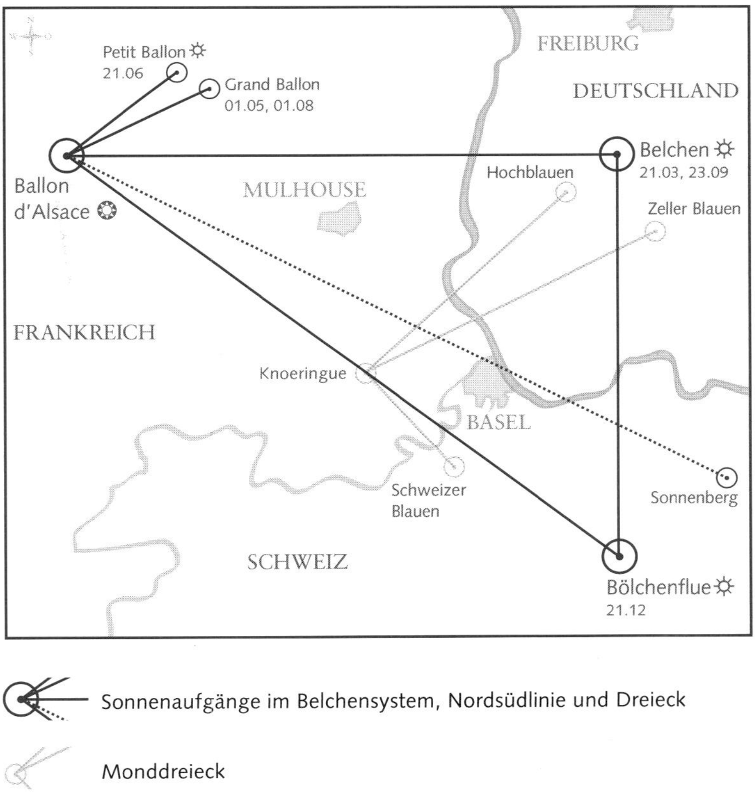

Keltischer Baumkreis in Staufen

Stein, keltischer Baumkreis, Staufen.

Anfahrt: Von Staufen aus Richtung Münstertal fahren. Zwei Kilometer nach Staufen rechts abbiegen nach Grunern. Nach hundert Metern links abbiegen, noch zirka zweihundert Meter weiterfahren und parken. Wir gehen den geteerten Feldweg, der hinauf zum Waldrand führt (zirka vierhundert Meter). Hier befindet sich der keltische Baumkreis.

Mit der Pflanzung eines keltischen Baumkreises im Jahre 2000 wollte die Stadt Staufen an die Ureinwohner des Oberrheins, an die legendäre keltische Bevölkerung und ihre Riten erinnern. Es wurden die dreizehn Bäume des keltischen Beth-Luis-Nion-Kalenders gepflanzt sowie sechs Bäume für die Winter- und Sommersonnwende, die Tagundnachtgleichen und einen Schalttag. Die Einteilung erfolgte nach dem Buch »Die weiße Göttin« von Robert Ranke-Graves.

Lange bevor römische Soldaten unsere Landschaft am Oberrhein, Gallien und später Britannien besetzten, lebten hier keltische Stämme. Die Verehrung der Natur hatte einen hohen Stellenwert, besonders die Beziehung zu den Bäumen wurde mancherorts mit heiligen Zeremonien gefeiert. Von alters her war es Sitte der Klans und Sippenverbände, alles Erlebte und Wissenswerte in Verse zu bringen. Daraus entstanden die ersten Gesänge, die von Generation zu Generation wie ein Schatz weitergegeben wurden. Die alten Weisen wurden Druiden, Ovaten oder Barden genannt.

Ein Druide galt als eine Art Universalgelehrter des Stammes, er war Philosoph, Richter, Heiler, Berater des Königs, Sänger und Dichter in einer Person. Im Laufe der Zeit wurden die Druiden sehr mächtig und konnten mit ihrer geistigen Macht zwei sich bekriegende Stämme zum Frieden zwingen. Das Tragen von Waffen lehnten sie ab.

Die Ovaten zogen als Gelehrte und Heiler durch die Lande, während die Barden als Sänger und Musikanten die alten Epen zu festlichen Anlässen vortrugen.

»Wie alle archetypischen Symbole durchläuft auch das Baumsymbol mit der Zeit eine gewisse Bedeutungsentwicklung, welche sich vom ursprünglichen Sinn des Schamanenbaums weit entfernt hat, wenn schon gewisse wesentliche Grundzüge sich als unveränderlich erweisen.
Die durchschnittlich häufigsten, auf den Sinn bezüglichen Assoziationen sind wohl Wachstum, Leben, Entfaltung der Form in physischer und geistiger Hinsicht, Entwicklung, Wachstum von unten nach oben und vice versa, der Mutteraspekt (Schutz, Schatten, Dach, Früchte zur Nahrung, Lebensquelle, Festigkeit, Dauer, Verwurzelung – auch nicht von der Stelle können), Alter, Persönlichkeit und schließlich Tod und Wiedergeburt.
Der Baum als Stein. Der Stein der Weisen ist also aus sich und wird in sich selber vervollkommnet. Er ist nämlich der Baum, dessen Zweige, Blätter, Blüten und Früchte aus ihm und durch ihn und für ihn sind, und er ist selber ganz oder das Ganze und nichts anderes. Der Baum ist also identisch mit dem Stein, dem Lapis, und ein Ganzheitssymbol wie dieser.«

C. G. Jung

Die Druiden entwickelten eigene Schulen. Eine Ausbildungszeit dauerte oftmals zwanzig Jahre. Ihren Schülern vermittelten Druiden vor allem ein geheimes, den Bäumen abgelauschtes Alphabet. Das älteste Baumalphabet ist das Ogham- oder Beth-Luis-Nion-Alphabet, das in Irland bereits um 600 v. Chr. entstanden ist. Es bestand aus fünfundzwanzig Buchstaben, die man in fünf Gruppen unterteilte. Jeder Buchstabe wurde mit einem Baum, einer Pflanze oder mit einem der Naturelemente, wie Blitz und Meer, in Verbindung gebracht.

Vor einiger Zeit wurden auch bei Haselbourg in den Nordvogesen Sandsteinritzungen entdeckt, die Ähnlichkeiten mit den Oghamzeichen aufweisen.

Die keltischen Stämme lebten mit den Jahreszyklen, und die Verbundenheit mit der Natur spielte eine zentrale Rolle, waren doch große Teile der britischen Inseln mit Wäldern überdeckt. Tausendjährige Eichen oder Eiben waren keine Seltenheit. So verwundert es nicht, dass man einen hohen Respekt vor diesen Baumweisen entwickelte.

Das keltische Jahr war in dreizehn Monate eingeteilt, und jeder Monat hatte einen speziellen Baum als Regent, zum Beispiel stand die Birke am Anfang des keltischen Jahres, das am 1. November begann. Beith, die Birke, versinnbildlichte das Neue, die Wiedergeburt, die Wandlung aller Dinge.

Den Höhepunkt des Jahres bildete das Beltanefest am 1. Mai. Hier wurde die lichte, helle Jahreszeit mit großen Feuern, den so genannten Belfeuern, gefeiert. Es wird berichtet, dass man in England zwischen zwei großen Feuern durchtanzen musste. Durch dieses Ritual glaubten die Kelten, ein ganzes Jahr vor Unglück und Krankheit geschützt zu sein. Auch trieb man das Vieh durch diese Feuer hindurch, um es ebenfalls gegen jegliches Unheil zu schützen. Duir, die Eiche, leitete diesen Monat ein, deren Eigenschaften als aufbauend, kräftig, stark und fruchtbar galten.

Es war Brauch, die Lettern der Baumzeichen in Form von Kerben auf Holzbrettchen zu ritzen. Man hat auch kleine Holzkästchen mit Oghamzeichen gefunden, die an Gebetsmühlen der Tibeter erinnern und ähnlich wie diese gedreht werden konnten.

Die Bäume waren in verschiedene Kategorien eingeteilt. Es gab Häuptlinge, Bauern und Sträucher. Dazu enthält der sagenumwobene Text des walisischen Barden Taliesin, das berühmte »Cad Goddeo« (Der Kampf der Bäume, entstanden 600 n. Chr.), Hinweise. Hier heißt es: »Die mächtigen Buchen, starke Häuptlinge im Krieg ...« oder: »Die schnell schreitende Eiche, vor ihr zittern Himmel und Erde, mannhafte Wächter gegen den

Feind, lautet ihr Name in allen Landen ... « oder: »Der Brombeerhag verbirgt in seinem Schatten ein Heer von Gespenstern ... « (Lehner 1985: 130).

In allen Teilen Europas entwickelten die keltischen Stämme verschiedene Baumkalender und richteten sich nach den Bäumen, die in diesen Gegenden vorkamen. So ist es nicht verwunderlich, dass mehrere Kalendersysteme zu diesem Thema unabhängig voneinander entstanden. Das Ogham war in Irland bis 700 n. Chr. im Gebrauch.

Die meisten Überlieferungen stammen aus dem Buch von Ballimote und anderen mittelalterlichen Manuskripten, die im 14. Jahrhundert aufgeschrieben wurden. Vor ungefähr hundert Jahren übersetzte der Keltenforscher Professor George Calder von der Universität Glasgow diese alten Texte und brachte sie in einen neuen Zusammenhang, galt doch keltisch-irisches Kulturgut im großen britischen Weltreich bis dahin als rückständig.

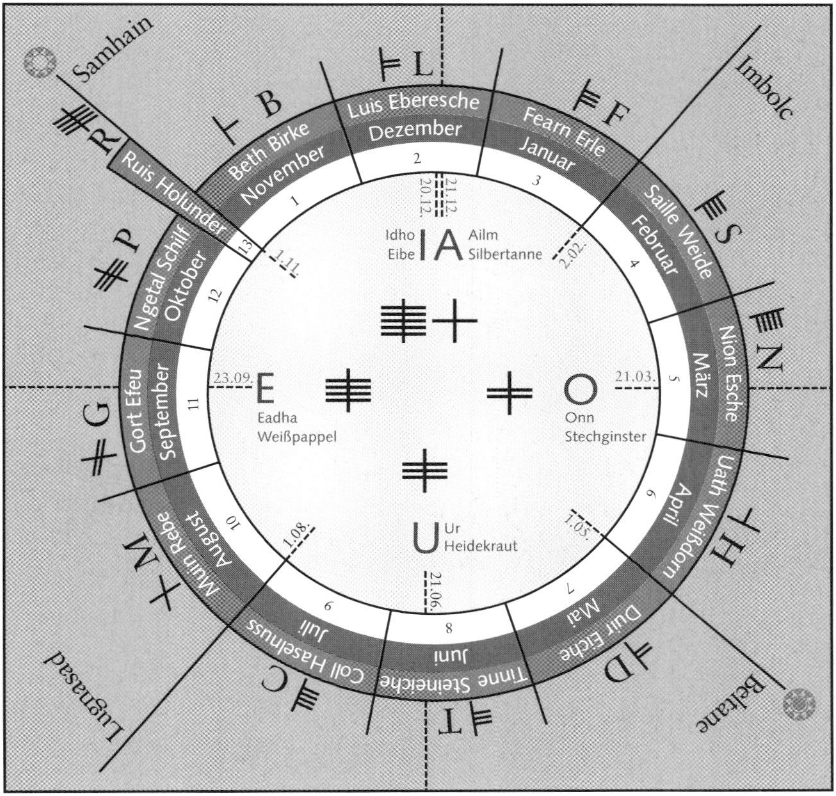

Keltischer Baumkalender nach Liz und Colin Murrag.

Die Menschheitsgeschichte ist in allen Weltkulturen sehr eng mit den Bäumen verknüpft.

Als Baum des Lebens oder auch des Todes konnten Bäume als Heilsbringer oder als Richtstätte dienen. Wachstum, Leben, Entfaltung, Festigkeit, Dauer, Verwurzelung, Alter, Persönlichkeit, Tod und Wiedergeburt versinnbildlichte der Baum.

Geburt des Adonis.

Sogar manche Götter wurden aus Bäumen geboren, wie der griechische Gott Adonis oder der indische Gott Vishnu, der durch einen Feigenbaum das Licht der Welt erblickte. Der Paradiesbaum vermittelte die Erkenntnis über Gut und Böse: »Gott, der Herr, ließ aus dem Ackerboden allerlei Bäume wachsen, verlockend anzusehen und mit köstlichen Früchten, in der Mitte des Gartens aber den Baum des Lebens und den Baum der Erkenntnis von Gut und Böse« (Gen. 2,9–2,10).

Der Islam verehrte den Tuba-Baum. Die Blätter waren aus Seide und Brokat, die Zweige bestanden aus Chrysolith, der Stamm war aus Rubin und die Wurzeln aus Perlmutter.

Die Essener kannten einen Lebensbaum mit sieben Wurzeln und sieben Zweigen.

Im Buddhismus gab es den Bodhi-Baum – ein heiliger Feigenbaum, unter dem Buddha seine Erleuchtung erfahren hatte. Die Wurzeln des heiligen Baums (Ficus religiosa, in Indien Pipul genannt) wachsen in den Himmel und die Krone mit ihren Blättern in die Erde. Die Eigenart dieses Baums liegt darin, dass er aus den Ästen Schösslinge treibt, die bis zum Boden wachsen, wo sie erneut Wurzeln bilden und zu einem neuen Baum werden (Strassmann 1986).

Jesus-Tritt von Todtmoos-Lehen

»Es geht um eine Kultur der inneren Erfahrung, die nur das Ergebnis eines Übens sein kann, das sich nicht auf besondere Übungen beschränkt, sondern den alten Spruch wahrmacht: Jeder Augenblick ist die beste aller Gelegenheiten.«

Graf Dürckheim

Mit Wünschen geschmückter Baum für Belfeuer.

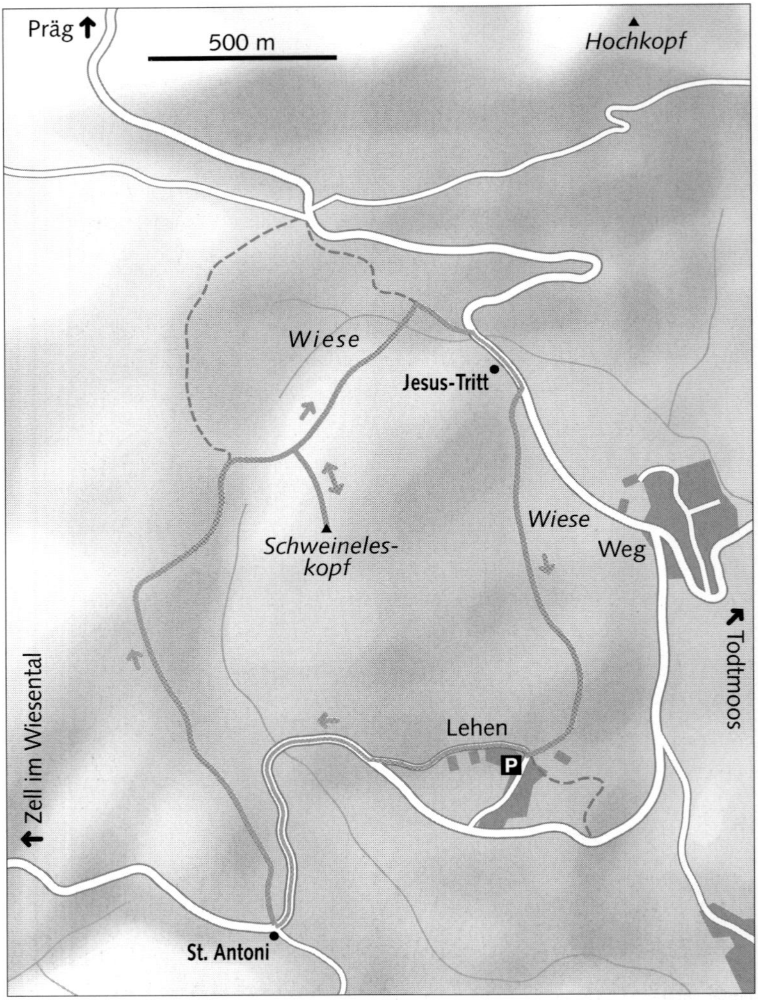

Anfahrt: Nach Todtmoos-Lehen fahren, in der Alpenblickstraße von Lehen parken.

Wanderung: Todtmoos-Lehen – St. Antoni – Schweineleskopf – Jesus-Tritt – Todtmoos-Lehen: 2½ Std.

Ausgangspunkt ist das Haus Amala in der Alpenblickstraße. Der Wanderweg ist mit der gelben Raute gekennzeichnet.

Am letzten Bauernhof biegt der Weg links ab, kreuzt die Verkehrsstraße und führt rechts in den Wald. Der Feldweg schlängelt sich vorbei an kleinen Bächen durch Wiesen, die unter dem Flurnamen Kaltwasser bekannt sind.
Wir erreichen nach fünfzehn Minuten Gehzeit den Bergpass St. Antoni, auf Alemannisch *Antöni*. Dem Heiligen wurde hier eine Kapelle geweiht, damit er die Wanderer gut über die nicht ungefährlichen Bergwege führt.
Wir biegen hinter der Kapelle rechts ab und folgen dem Wanderzeichen rote Raute. Nach hundertfünfzig Metern verzweigt sich der Weg im Wald – wir wandern Richtung Hochkopfhaus in halbrechter Richtung weiter.
Nach zirka zwanzig Metern verläuft der Weg steil nach links. Dieser Weg führt uns rund um den Schweineleskopf. Der Weg zum Gipfel ist nicht ausgeschildert, aber gut begehbar. Wir überqueren den Schweineleskopfrundweg und gehen geradeaus, den verwachsenen Waldpfad zum Gipfel.
Wir wandern zurück auf dem Hauptweg. Dieser geht nun leicht bergab zum Hochkopfhaus. Am Hochkopfhaus rechts in den Wiesenweg abbiegen, der ins Tal führt (Wanderzeichen blaue Raute).
Wir sind hier auf dem alten Pilgerweg, der von Schönau über Herrenschwand nach Todtmoos zur Marienwallfahrtskirche führt. Unmittelbar hinter dem Hochseilgarten, noch vor der Verkehrsstraße, biegt ein Wiesenweg rechts in den Wald ab (keine Beschilderung). Nach zirka fünf Minuten Gehzeit sind wir bereits am Ende des Waldes angelangt; wir kommen zum Jesus-Tritt, der links des Weges liegt und mit Heidekraut teilweise bedeckt ist.
Der Weg führt über die Hochweiden nach Lehen zum Ausgangspunkt zurück (blaue Raute).

Moorwiese.

Wenn wir durch den kleinen Ort Lehen gehen, können wir alte Schwarzwaldbauernhöfe bewundern. In diesem Bergort kann man sich ausgezeichnet erholen. Idyllische Dorfambiente, kleine Pensionen, Pferde und ein Netz mit ausgedehnten Wanderwegen lassen die Sorgen aus der hektischen Welt der Städter schnell vergessen. Liebevoll sind die alten Häuser hergerichtet, und die Bauern- und Kräutergärten sind sehenswert. Hier hat sich noch altes Wissen um die Kultur des Schwarzwalds bewahrt. In Lehen werden noch Holzlöffel gefertigt. Die Kräuterfrau Calixta zeigt gerne ihren Bauerngarten und lädt die Gäste zu einer Kräuterwanderung ein. Selbstgebrannte Schnäpse, Liköre, Salben, Tees und Hausmittel für alle Lebenslagen kann man da in der alten Schwarzwälderstube bestaunen und erwerben. Im Haus Amala wird erstklassig vegetarisch gekocht. Ein Ort zum Wohlfühlen. Der Gipfel des Hausbergs ist bewaldet. Durch orkanartige Stürme sind zahlreiche Bäume gefällt worden. Die Reste dieser Sturmschäden sind noch zu sehen.

In Todtmoos-Lehen soll der Legende nach Jesus erschienen sein und seinen Fuß- und Ellenbogenabdruck hinterlassen haben.

Schweineleskopf.

Kraftquelle Jesus-Tritt

Der älteste Teilnehmer unserer Wandergruppe – er ist 86 Jahre alt – fragt, ob er sich in den Stein legen dürfe, um kraftvolle Energie zu erhalten. Der alte Herr kommt aus dem Elsass und wohnt nahe des Odilienbergs, den er noch in seinem hohen Alter wöchentlich aufsucht. Wir helfen ihm vorsichtig, sich mit dem Rücken auf den Stein zu legen. Nach einer Weile summen wir ein leises »Om«; wir lenken die Aufmerksamkeit auf den Liegenden. Tränen der Berührung füllen unsere Augen, es ist eine hohe Herzensenergie spürbar. Das Gesicht des alten Mannes verjüngt sich, er fühlt sich wohl und geborgen. Wir können hier einem älteren Menschen, der unser Vater sein könnte, etwas geben. Warum haben wir in Europa solche Rituale verlernt? Und wie einfach es doch sein kann, zeigt diese Erfahrung. Behutsam helfen wir ihm wieder auf die Beine – er ist von Ruhe und Kraft sichtlich gestärkt.

Als ich zum ersten Mal in Todtmoos einen Vortrag über magische Orte im Schwarzwald hielt, kam am Ende der Veranstaltung die Kräuterfrau Calixta Maier auf mich zu und sagte mir, es gebe da einen besonderen Stein im Ortsteil Lehen, doch niemand wisse mehr, wo dieser sei. Ein Jahr später war ich wieder in Todtmoos und leitete ein Seminar zum Thema »Orte der Kraft«. Ich erinnerte mich an die Aussage der Kräuterfrau und bohrte etwas nach, ob nicht jemand wisse, wo dieser Stein sei. Nach zwei Tagen hatten wir plötzlich eine Spur. Ein hundertjähriger Mann aus dem Ortsteil Lehen wusste noch, wo der Stein zu finden war. Mit Hilfe seiner Enkelin und moderner Ausrüstung wie Handy gelang es uns am nächsten Morgen, den Jesus-Tritt wieder zu finden.

Am Jesus-Tritt von Todtmoos-Lehen sind drei Vertiefungen zu sehen. Diese Abdrücke von Knie, Ellenbogen und Hand soll Jesus hinterlassen haben. Viele Pilger aus dem Wiesental zogen früher hier vorbei auf der Wallfahrt nach Todtmoos. Der Jesus-Tritt war einer der letzten Stationen vor der Marienwallfahrtskirche.

Zahlreiche Bachläufe kreuzen jetzt den Wiesenweg. Wir werden belohnt mit wunderbaren Blicken auf das Todtmooser Tal mit seinen Ortsteilen Strick und Weg.

Was bedeuten solche Knie-, Finger-, Hand- oder Ellenbogensteine? Wie kamen diese Trittspuren in den Stein?

Solch eine hohe Energie, die Steine flüssig machen kann, konnte nach Meinung der Gläubigen nur von Jesus, von einem Heiligen wie Fridolin, vom Herrgott oder vom Teufel stammen. Nur sie waren in der Lage, dem harten Fels ihr Zeichen einzubrennen. Von der ländlichen Bevölkerung wurden sie gerne Herrgottstritt, Marienschritt, Heidentritt, Hexentritt oder Teufelstritt benannt.

»Das wurt der Josue, das ist ein kunig uß dem Schwartzwald, der mit 14 Fässern voll Leid ... So hat Jhesus, unser seligmacher, bestetigt, do er spricht: es wirt ein wisser alter kummen von mitternacht in alle land. Das ist uss dem gnodrichen land des herzen Europa, das ist zwischen Bingen und Basel ... Es wird ein frummer Mann in den Garten der Jungfrauen das ist in dem Schwarzwald des Landes Elsass kommen.« – Dies berichtet der Oberrheinische Revolutionär, eine alte Handschrift aus dem 16. Jahrhundert aus der Bibliothèque de la ville de Colmar. Neu zusammengefasst und gedruckt wurde das Werk unter dem Titel »Das Buch der hundert Kapitel und der vierzig Statuten des so genannten Oberrheinischen Revolutionärs« 1967, herausgegeben von Prof. Dr. Max Steinmetz, VEB Deutscher Verlag der Wissenschaften.

Jesus, der »König aus dem Schwarzwald«, zog durch die Lande und hinterließ Spuren bei Leuten und Steinen, wie am Jesus-Tritt von Todtmoos-Lehen zu sehen ist.

Im Volksglauben der Menschen haben solche Vertiefungen in Steinen und Felsblöcken eine besondere Ausstrahlung. Man glaubte, dass hier übersinnliche Kräfte auf den Stein eingewirkt hätten. Es rührt her vom alten Glauben an die Energie der Erdströme. Auf diesen Spuren der Erdschlange reisten die Zigeuner jahrhundertelang, nicht nur durch den Schwarzwald, sondern quer durch ganz Europa. Ein Hauptort ist bis heute die Kathedrale von Chartres oder Saintes-Maries-de-la-Mer. In Chartres kann jedes Jahr, am 21. Juni, ein besonderes Schauspiel beobachtet werden. Dann nämlich, wenn die Sonne durch eine kleine Lücke in den Fensterscheiben Punkt zwölf Uhr mittags ihre Strahlen in das Innere des Gotteshauses schickt und diese Strahlen von einer goldenen Marke, die in einer weißen Steinfliese eingelassen ist, reflektiert wird. Viele Zigeuner gehen dann barfuß durch den Kirchenraum, um die Energie besser zu spüren. Einige werden bis zur Statue der Schwarzen Madonna gehen und dort im Gebet verweilen.

Jesus-Tritt, Todtmoos-Lehen (Foto: Thomas Clotz).

Von der »Krankheit unserer Zeit«

Prof. Graf Dürckheim ist der Begründer der Initiatischen Therapie in Todtmoos-Rütte. Dürckheim hat sich mit den Begriffen Objekt und Subjekt durch seine meditativen Erfahrungen in der Verbindung Zen-Meditation und christliche Mystik intensiv auseinander gesetzt. Ich erinnere mich an einen Vortrag, den Dürckheim zum Thema »Objektivität« Anfang der achtziger Jahre in Todtmoos-Rütte hielt.

Als Beispiel erwähnte Dürckheim die Vorlesung eines Studienprofessors über den Kammerton A. Er bezeichnete diesen Ton als eine objektive Schwingung von 444 Hertz. Dürckheim stand auf und sagte: »Aber Herr Professor, für mich ist der Kammerton viel mehr als nur eine bloße Zahl, das ist ein Gefühl, ein Erlebnis, ein unendlicher Klang!« Das sei »subjektiv«, entgegnete ihm der Gelehrte, »der Kammerton A habe 444 Hertz und sonst gar nichts«. Damit war der Einwand erledigt. Der Gedanke, dass der Kammerton A etwas anderes als die nackte Zahl 444 Hertz darstellte, wurde rigoros abgelehnt. Dürckheim nannte diese Geisteshaltung, die nur das Objektive im Auge hat, »die Krankheit unserer Zeit«.

Megalithkultur im Südschwarzwald

Dolmen, Degernau.

Überall, wo Megalithbauten in der Nähe oder direkt über quellenähnlichen, natürlichen Heiligtümern errichtet wurden, wird Folgendes deutlich. Ihren lokalen Ruf als Heilung oder Fruchtbarkeit bringend oder ihren Ruf als spirituelle Orte beziehen sie direkt aus dem Erdboden, auf dem sie stehen. So kann ein neben einem Heilbrunnen aufgestellter Stein, in etwa einem Akkumulator vergleichbar, als dauerhaft energiegeladener Ort dienen.

Jeder uralte, aufrecht stehende Stein ist dem Omphalos im Apollotempel zu Delphi ähnlich; jener war in den Kopf der tellurischen Schlangenströmung getrieben worden, damit die einst hin und her fließenden Energieströme fixiert und verstärkt werden konnten.

Damals merkten die Menschen, wie sich langsam ihre religiöse Kultur änderte, weil die Orakel der alten Gottheiten nicht mehr zutrafen, und mancherorts soll man zu immer grausameren Ritualen, wie Blutsopfer und Ähnlichem, übergegangen sein. Der griechische Philosoph und Dichter Plutarch beschreibt diesen kulturellen Niedergang, bei dem sich der Erdgeist aus den Heiligtümern zurückzog: »Es ist sehr wahrscheinlich, dass die mit der Erde in Verbindung stehenden Kräfte ihren Ort ändern, durch einen Impuls ihre Fließrichtung wechseln können, und dass sich im Erdinnern im Laufe der Zeit viele Drehungen zyklischer Prozesse abspielen. Desgleichen sollte dies auch für die geistigen Kräfte der Weissagung seine Gültigkeit besitzen; sie sollten nicht als ewig und zeitlos, sondern als den ewigwährenden Gesetzen der Veränderung ausgesetzt angesehen werden« (Michell 1981: 22).

Die Kulturepoche, die vor über viertausend Jahren die wundersamen Steinsetzungen von Menhiren, Steinkreisen, Steinreihen und Dolmen hervorbrachte, wird als Megalithkultur bezeichnet. Das Wort Menhir stammt aus dem Bretonischen und setzt sich aus verschiedenen Bedeutungen zusammen: *men* = Stein, *hir* = lang. Dolmen bedeutet *dol* = Tisch. Das Hauptverbreitungsgebiet ist Frankreich, wo über sechstausend Steinsetzungen bekannt sind. Die meisten Megalithanlagen sind in der Bretagne im Golf von Morbihan anzutreffen. Bekannt sind hier die Steinreihen (Alignements) von Carnac mit zirka zweitausendachthundert Menhiren, und der einst größte Menhir von Locmariquer, der einundzwanzig Meter in den Himmel ragte, bevor er vermutlich durch einen Blitzschlag vor dreihundert Jahren umfiel und in drei Teile zerbrach.

Wurden die Steine kreisförmig aufgestellt, so spricht man von Cromlechs (*crom* = krumm, *lech* = Stein) oder Circles. Die bekanntesten

Cromlechs befinden sich in Stonehenge bei Salisbury und in Avebury, in der englischen Grafschaft Wiltshire.

Die Erbauer dieser Anlagen können wir uns als eine Art Ureinwohner Europas vorstellen. Die spätere Kultur der Kelten hat oftmals die heiligen Plätze übernommen und diese in die eigenen Kulte integriert. Bekanntestes Beispiel ist Stonehenge.

Aber auch in anderen Teilen Europas sind zahlreiche Spuren der Megalithkultur zu finden wie zum Beispiel auf Korsika, in Spanien, Italien, Südfrankreich, Südskandinavien, Dänemark, in der Schweiz, in Norddeutschland, auf dem Balkan, im Kaukasus, von Persien bis Indien, in Nordafrika und auch in Mitteldeutschland und im Südschwarzwald.

Viele Sagen und Mythen ranken um diese geheimnisvollen Steine, die uns unsere frühen Vorfahren hinterlassen haben. Von Spuk und unheilvollen Geschehnissen zu Zeiten des Vollmondes wird berichtet. Es sollen Orte der Hexen, Geister, Sylphen und Nornen gewesen sein. Die Angst vor solcherlei übersinnlichen Wesen mag ein Grund dafür sein, dass diese alten Kulturdenkmäler überhaupt noch erhalten sind. Sicherlich wurden jedoch schon viele Steindenkmäler abgetragen, um ihre Steine zu Bauzwecken zu nutzen.

Steinkreis, Irland.

Es ist immer wieder faszinierend, vor einem jener Steinriesen zu stehen. Jedes Mal bin ich überwältigt von der Aura dieser Orte. Die Frage, wie die Menschen vor viertausendfünfhundert Jahren solche Steinkolosse bewegen konnten, ist bis heute nicht restlos geklärt. Rätsel türmen sich dem Menschen der Neuzeit auf. Warum wurden diese Steine errichtet? Was für einem Zweck dienten sie? Waren es Heiligtümer oder nur Begräbnisstätten von Fürsten oder Klans? Wie lange wurde daran gebaut? Warum gerade an diesem Platz? Welche Riten wurden hier zelebriert? Oder waren sie nur Landmarken und Wegweiser?

Da ich unweit eines Menhirs das Licht der Welt erblickte, habe ich wohl von klein auf eine besondere Beziehung zu den Langsteinen entwickelt.

Manche werden auch »Kindlisteine« genannt. Nach altem Volksglauben sollen die Hebammen die Säuglinge aus den Menhiren geholt haben. Manche Götter der Antike wurden aus Steinen geboren wie zum Beispiel Mithras.

In meiner Heimatstadt Tiengen steht der Langenstein unmittelbar vor einem Fußballplatz. Als Junge kletterte ich gerne ganz hinauf, denn von hier aus hatte man das gesamte Spielfeld im Blick. Es war, wie auf einem Steinthron zu sitzen.

Als ich später von Stonehenge erfuhr und von all den bekannten großen Steinsetzungen wie in Carnac in der Bretagne oder auf Korsika und Malta, fragte ich mich oft, ob es eine Beziehung zwischen all diesen Steinen gibt. Sind dies tatsächlich – wie so oft behauptet – »Akupunkturpunkte,« in denen die Steine wie Nadeln auf den Körper unserer Mutter Erde einwirken? Ich begann, Linien auf der Landkarte zu ziehen, und stellte immer wieder verblüfft fest, dass man daraus Systeme ableiten konnte.

Der Stein als Totendenkmal

Für die Menschen früherer Jahrhunderte oder gar Jahrtausende konnte ein Stein im religiösen Bewusstsein göttliche Kräfte bergen. Ein majestätischer Felsen oder Granitblock beispielsweise strahlte eine besondere Macht aus. Der Stein wirkte allein durch sein stilles, ewiges Sein. Eigentlich haben die Menschen solche Felsen nicht nur als Steine verehrt, vielmehr dienten sie ihnen als Instrumente zu magischen Zwecken, rituellen Handlungen, zur Verteidigung oder als Totensteine.

Totendenkmäler haben den Sinn, die Seelen der Verstorbenen festzuhalten, um ihnen eine vorläufige Wohnung in der Nachbarschaft der

Lebenden zu geben. Diese Steine verhindern, dass die Geister der Verschiedenen gefährlich werden oder umherirren können. Wenn es sich um einen gewaltsamen Tod handelt, werden bei vielen Völkern Monumente am Unglücksort errichtet, und jeder Vorbeiziehende wirft dann einen kleinen Stein dazu. Dieser Brauch ist heute noch in Frankreich anzutreffen. Der Stein wird die vorläufige Heimat des Verstorbenen (Eliade 2002).

Rutsch-, Gleit- und Fruchtbarkeitssteine

Frauen, die keine Kinder bekommen konnten, sollten in alten Kulturen über einen speziellen Stein herunterrutschen, um fruchtbar zu werden.

In Saint Renan (Bretagne) beispielsweise musste eine Frau, die ein Kind empfangen wollte, drei Nächte hintereinander auf einem großen Felsen schlafen. Auch Jungvermählte gingen nach der Hochzeit zu diesem Stein und rieben ihren Bauch dagegen.

In London galt das Umschlingen (bis etwa 1927) der Säulen der St.-Pauls-Kathedrale als Zeichen der Fruchtbarkeit.

Aus dem Mittelalter sind zahlreiche kirchliche Verbote belegt, die den Steinkult bekämpften.

Viele Megalithe wurden als Glücks- und Gesundheitsbringer angesehen. An einigen Dolmen trugen die Eltern ihre neugeborenen Kinder zu dem durchlöcherten Stein und reichten sie durch das Loch hindurch. Das Kind sollte durch diese Steintaufe vor Übel und Unglück geschützt werden. Der Stein galt als Mittler zwischen den Welten; er besaß eine fruchtbar machende Kraft. Für die Landbevölkerung wurden solche Plätze wie Dolmen, Stelen, Felsen als Zeugnisse der Riesen, Feen und außergewöhnlicher Helden betrachtet. Bis in die Neuzeit frönten sie, ungeachtet der christlichen Verbote, den alten, heidnischen Steinkulten.

Dolmen

In den letzten dreißig Jahren hat man in Europa an vielen Orten die zerstörten Dolmen wieder aufgerichtet und so originalgetreu wie möglich mit einem Erdhügel zugedeckt. Zahlreiche Knochenfunde in den Dolmen weisen daraufhin, dass es sich um Gräber handelt. Umstritten ist jedoch die Datierung dieser menschlichen Überreste. Jüngeren Datums seien die Knochen; die Dolmen seien etwa fünfhundert bis tausend Jahre älter, argumentieren einige Forscher.

So ist die eigentliche Bedeutung dieser Steinkammern bei vielen Prähistorikern in Frage gestellt worden. Zum einen gibt es viel mehr Dolmen im Freien als unter Grabhügeln. Das Argument, dass die Einflüsse der Witterung oder der Zugriff der Bauern auf die Erd- und Geröllmassen der Grabhügel Grund für die Entblößung der Steine seien, ist nicht sehr stichhaltig; denn es gibt Dolmen, die auf steinigem Boden errichtet wurden und in deren Umgebung keinerlei Reste von Geröll aufzufinden waren.

Somit muss zumindest die Unterscheidung getroffen werden zwischen Dolmen ohne Grabhügel und Dolmen mit Grabhügel.

Der Dolmen in Degernau wurde wiederaufgebaut und mit Erde und Geröll zugedeckt. An der Stirnseite ist die Steinplatte zu sehen, die eine runde Öffnung, das »Seelenloch«, aufweist. Dem Glauben an ein Weiterleben nach dem Tode dürfte diese Öffnung ihre Entstehung verdanken, durch das die Seelen der Toten ein und aus gehen konnten. Oder war es eine Stätte, an denen die Frauen ihre Kinder zur Welt brachten? Der Dolmen – ein weiblicher Platz?

Noch im letzten Jahrhundert glaubten die Menschen, dass die Steine eine Heilwirkung hatten. Kranke Glieder, wie Arme und Beine, wurden in diese Öffnung gelegt, in der Hoffnung auf Gesundung.

Portaldolmen, Irland.

Bei einem Menhir handelt es sich um einen einfachen, in die Erde gesteckten Stein. Oft transportierte man solche Monolithe über weite Strecken zu dem vorgesehenen Platz. Vertikal ragt der Stein in die Landschaft. Der meist lockere Unterboden lässt ihn häufig bis zu einem Drittel in der Erde verschwinden. Wir finden Menhire an allen erdenklichen Standorten, bevorzugt jedoch auf Anhöhen unbewaldeter Wiesen und Äcker.

Auch hierzulande hinlänglich bekannt sind die vielbesuchten megalithischen Denkmäler in der Bretagne. Ganze Scharen von Touristen pilgern unermüdlich zu den Dolmen von Carrowmore oder den Portaldolmen von Proleek in Irland. Der Steinkreis von Avebury in Wiltshire in England ist das größte uns bekannte Denkmal jener Epoche, die auf 2000–2500 v. Chr. datiert wurde.

Menhir von Degernau.

Ausgrabungen tieferer Schichten dieser geheimnisvollen Kultstätten legten Schmuckgegenstände aus Bronze und Kupfer frei, was auf die Übergangsperiode von der Jungsteinzeit zur Eisenzeit hindeutet.

Monolithe am Hochrhein

Es ist verblüffend, dass die Megalithkultur am Hochrhein so zahlreiche Spuren hinterlassen hat. Die Wissenschaftler streiten sich immer noch gern über die Zuordnung der Monolithe. Viele Thesen wurden aufgestellt, und manch ein Stein wartet noch auf seine Entdeckung oder Zuordnung.

So berichtet uns Egon Gersbach in seinem Beitrag zur Urgeschichte des Hochrheins von Menhiren und Monolithen, die einen Menhircharakter aufweisen: »Zu den eigenartigsten und zugleich auch problematischsten Erscheinungen unserer heimischen Vorzeit gehören ganz fraglos die Monolithe von Menhircharakter, die vom

Basler Rheinknie bis tief in den Klettgau hinein Terrassen und Höhenzüge auf der rechten Uferseite des Hochrheins in lockerer Streuung besetzen. Die gesamte linke Tallandschaft einschließlich der Muschelkalk- und Jurahöhen ist bisher völlig frei von diesen monolithischen Steinsäulen geblieben; eine höchst eigenartige Erscheinung, die dringend der Klärung bedarf, da sie aus den naturlandschaftlichen Bedingungen nicht, zumindest nicht befriedigend, zu verstehen ist« (Gersbach 1969: 167).

Fast alle Steinsäulen des Hochrheins bestehen aus gebietsfremdem Gestein. Das bedeutet, dass die Kolosse einst über weite Strecken bis zu ihrem Standort transportiert wurden. Einige Geologen sind der Ansicht, dass es sich bei den Menhiren um Steinblöcke handelt, die von den eiszeitlichen Gletschern an diese Stellen transportiert wurden, so dass die damaligen Menschen sie direkt am entsprechenden Ort aufgestellt hätten. Das Material der Steindenkmäler besteht meist aus verschiedenen Graniten, Sedimentgestein sowie aus Konglomerat. Einzig bei dem größten Menhir des Hochrheins, dem Langenstein von Tiengen, der aus diluvialem Nagelfluhgestein besteht, kann davon ausgegangen werden, dass er nur eine kurze Strecke von zirka fünfzig Meter transportiert wurde, da das Gestein in unmittelbarer Nähe in südöstlicher Richtung vorkommt. Wie viele Langsteine im Laufe der Zeit verschwunden sind, ist unbekannt. Studiert man auf alten Karten genauer die Flurnamen, so sind die Namen »Vom Langenstein« oder »Zum Langenstein« ein Hinweis, dass hier einmal ein Menhir oder Dolmen stand. Manche schlummern vielleicht noch in einem Dornengebüsch oder unter der Erde und warten auf ihre Wiederentdeckung.

Menhir von Happingen, Hotzenwald.

Dolmen bei Degernau

Anfahrt: Nach Degernau (bei Wutöschingen) fahren. Etwa fünfhundert Meter hinter dem Dorf Degernau an der Landstraße nach Erzingen ist auf der rechten Seite das Dolmengrab. Der Menhir steht zirka dreihundert Meter weiter oberhalb auf der Anhöhe und ist von weitem gut sichtbar.

Der Heidenstein

Anfahrt: In Schwörstadt (von Bad Säckingen kommend) in der Ortsmitte rechts halten und in die Schulstraße einbiegen. Der Stein steht neben der Grund- und Hauptschule (Niederschwörstadt).

Wir begegnen hier in Niederschwörstadt dem so genannten Heidenstein. Leider wurde die Anlage vor hundertfünfzig Jahren zerstört. Ursprünglich diente diese Grabkammer als Rebhäuschen. Heute ist nur noch eine einzige Steinplatte davon erhalten. Es handelt sich um eine Muschelkalktafel, die an der oberen Hälfte ein ovales Loch von fünfundvierzig Zentimeter aufweist, das so genannte Seelenloch. Einem Massengrab gleich, waren die menschlichen Gebeine übereinander geschichtet vorgefunden worden. Auch waren einige Knochenfunde von jungen Tieren dabei. Ein Hinweis auf mögliche Opferungen, da es sich hauptsächlich um Jungtiere gehandelt haben muss.

Heidenstein bei Niederschwörstadt.

Der Langenstein von Tiengen

Anfahrt: Waldshut-Tiengen, Ortsteil Tiengen. Von der Bundesstraße kommend, rechts abbiegen Richtung Stadthalle, Sportplätze. Der Weg führt über die alte Holzbrücke, die die Wutach überspannt zum Bürgerwald. Nun rechts fahren und nach hundert Meter wieder rechts abbiegen. Der Stein steht vor dem alten Fußballplatz.

Auf einer Sandterrasse zwischen Bürgerwald und Wutach erhebt sich der Langenstein von Tiengen. Der Nagelfluhpfeiler hat eine erstaunliche Höhe von 5,55 Meter. Er diente im Mittelalter als Richtstätte des kaiserlichen Landgerichts im Klettgau. Hier sind weder Touristen noch Anhänger des in England wieder auflebenden Druidentums anzutreffen. In Tiengen finden ganz andere Treffen statt ... Der Langenstein ist Hüter eines Sportplatzes.

Langenstein von Tiengen.

Hunnenstein von Niederdossenbach.

Der Hunnenstein

Anfahrt: Von Dossenbach Richtung Schwörstadt fahren. Im Ortsteil Niederdossenbach links hoch fahren zur Kapelle. Von der Kapelle führt ein Feldweg nach Osten Richtung Schwörstadt. Wir gehen hier zirka dreihundert Meter geradeaus und biegen dann nach links Richtung Wald ab. Vor dem Wald wieder links dem Weg folgen. Ab hier ist der Menhir ausgeschildert (zirka zwanzig Gehminuten).
Der phallische, leicht spindelförmige und an den Seiten kantengerundete, etwa 2,50 Meter lange Granitblock steht von Tannen umgeben wie ein Wegweiser im Krosilienwald. Mitte des 19. Jahrhunderts wurde auf der Breitseite des Menhirs der Schriftzug »Hunnenstein« eingemeißelt. War mit »Hunnenstein« ursprünglich etwa »Hünenstein« gemeint? Nach Meinung einiger Forscher steht der Stein nicht am richtigen Standort. Vermutlich haben bereits die Römer den Stein als Wegzeichen an eine Römerstraße gesetzt. Es wurden mehrere römische Scherben am heutigen Standort gefunden.
1953 wurde der Hunnenstein auf Veranlassung des Forstamts Säckingen wieder aufgerichtet. Auch dieser Menhir hat eine wechselvolle Geschichte hinter sich, da er mehrfach wegen seines harten Materials abtransportiert wurde, um daraus ein Monument zu machen.

Menhir im Flühwäldchen, Bad Säckingen.

Der Menhir im Flühwäldchen

Anfahrt: In Bad Säckingen liegt der Waldfriedhof westlich der Stadt, Richtung Basel: Auf der Bundesstraße an der letzten Straßenkreuzung am Ausgang rechts hochfahren (zirka dreihundert Meter) – bis zum Waldfriedhof im Flühwäldchen. Wir gehen durch den unteren Eingang. Von dort sind es zirka hundertfünfzig Meter bis zum Stein; er steht links, etwas unauffällig, gesondert an der Kante des Abhangs. Im Zuge der Neuanlage eines Waldfriedhofs westlich der Wohnsiedlung Obere und Untere Flüh in Bad Säckingen fand der Heimatforscher Egon Gersbach unter dichtem Gestrüpp einen Langstein aus feinkörnigem Granit.

Er ist rechteckig geformt und verjüngt sich nach oben hin kaum. An der Schmalseite sowie an den Breitseiten sind Spuren von Wasserschliff auszumachen. Er ist 1,50 Meter lang und misst an seiner Basis 0,75 mal 0,34 Meter. Auffallend ist auch hier, dass dieser aus Schwarzwaldgranit bestehende Steinblock in seiner Umgebung fremd ist.

Der Menhir von Nöggenschwil

Anfahrt: Der Menhir steht an der Straße nach Bierbronnen.
Inmitten eines großen Weizenfeldes ragt die Spitze des Langen Steines von Nöggenschwil zum Himmel empor. Er besteht aus Buntsandstein und ist 1,80 Meter hoch. Der Untergrund besteht hier aus Muschelkalk. Auf dem Gewann Bodenäcker östlich der Kapelle, die an einer Wegespinne der Straße Nöggenschwil-Weilheim liegt, soll einst eine weitere Steinsäule gestanden haben. Im Volksmund hieß er der »Kurze Stein« und hatte eine Länge von 1,20 Metern. Leider wurde er umgestürzt und vergraben, da er den Grundstücksbesitzer beim Ackerbau störte. So schlummert der Kurze Stein noch in der Erde und wartet auf seine Wiederentdeckung.

Abgegangene Menhire: Der Dolmen auf dem Lindenacker bei Untereggingen

Ferdinand Hasenfratz überliefert uns in seinem Buch »Der Krautbettjäger« folgende Sage: »Zwischen Untereggingen und Eberfingen, unterhalb der Landstraße und der Eisenbahn entlang, liegt der Lindenacker. Bis um 1870 standen auf dem Lindenacker in Quadrat-Ordnung vier gewaltige, säulenartig aufstrebende Felsblöcke. Eine mächtige Steinplatte lagerte wie eine Tischplatte darüber. Dieselbe wurde vor hundert Jahren abgenommen und als Deckel zu einer Brunnenstube verwendet. Auch die vier Säulen wurden später mit großer Mühe weggeschleppt und an den Wutachwehrbau genommen (...) Eine uralte, jetzt verklungene Sage meldete unseren Voreltern von gräulichen Gespenstern, die auf dem Lindenacker umgingen, von nächtlichen Feuern usw. Als der Dolmen noch stand, habe in mondhellen Nächten die ›Ruckjungfrau‹, jenes einst so berüchtigte ›Gauschemen‹ vom Schlosse Stühlingen, oft auf der Dolmenplatte gesessen und Schneckenhäuschen gezählt, umflattert von Eulen und Fledermäusen« (Hasenfratz 1984: 119f.).

Der Menhirforscher Josef Schneider (1899–1993)

Es war der Menhirforscher Josef Schneider, der mich immer wieder durch seine Forschungen anregte, den Menhiren treu zu bleiben. Ich besuchte den damals schon alten Herrn mehrere Male in Freiburg, um mich von der Ur -und Frühgeschichte inspirieren zu lassen.

Die Treppe zu seiner kleinen Mansardenwohnung in Freiburg-Zähringen hatte er mit Fotos von den Dolmen und Menhiren des Hochrheins geschmückt. Auf seinem Studiertisch lag bis zu seinem Lebensende eine Landkarte vom Hochrhein, wo er alle Megalithanlagen, auch jene, die zerstört wurden, eingetragen hatte. Ihn hatte diese Beschäftigung im wahrsten Sinne des Wortes jung gehalten.

Josef Schneider gehörte zu den begnadeten Findern archäologischer Denkmäler. Er konnte bereits vor dem Krieg, damals war er als Junglehrer in Degernau tätig, Sensationsfunde vorweisen: Kelten- oder Alemannengräber, römische Villen oder Dolmen und Menhire.

Als man Ende der fünfziger, Anfang der sechziger Jahre des vorigen Jahrhunderts damit begann, neue Wohn- und Industriegebiete zu erschließen, war Josef Schneider, der gerne mit dem Fahrrad unterwegs war, oft zur rechten Zeit an der richtigen Stelle. Gerne warf er einen Blick in die ausgehobenen Baugruben. Schneider hatte sich natürlich zuvor schon über die Gewannnamen informiert, und so mancher Baggerfahrer wurde von ihm veranlasst, sofort die Arbeiten einzustellen, da das Auge des Forschers schnell erkannte, dass dort ein Alemannen- oder Keltengrab zum Vorschein kam.

Den Denkmälern des Neolithikums schenkte Josef Schneider seine besondere Aufmerksamkeit. Ich erinnere mich gerne an eine der letzten Exkursionen des alten Herrn, an der ich auch teilnehmen durfte. Mit seinen damals 93 Jahren schritt der Forscher zielbewusst mit einem Spazierstock durch den Wald, und jeder Maulwurfshügel wurde von ihm sorgfältig aufgewühlt. Schneider nannte seinen Gehstock scherzhaft sein »drittes Bein.« Die Aura eines hellen Lichtes umgab den alten, weisen Mann; ein Strahlen ging von ihm aus, durch seine Anwesenheit wurden die Steinblöcke der Megalithzeit mit Leben erfüllt. Allein wie er die Menhire und Dolmen mit seinen Händen anfasste, sodann die Maße nach Länge,

Breite, Höhe bestimmte, war ein Erlebnis. Diese Steine waren im Laufe von Jahrzehnten seine besten Freunde geworden. Er kannte jeden Stein mit all seinen Geschichten. Manche, wie in Degernau, hatte er selbst wiederentdeckt.

In den zwanziger Jahren des vorigen Jahrhunderts schritt Joseph Schneider in Degernau im Wutachtal bereits Wiesen und Äcker ab, immer Ausschau haltend nach den steinernen Zeugnissen dieser uns bis heute immer noch recht unbekannten Völker. Über sechzig Jahre arbeitete Schneider in seiner Freizeit für das Freiburger Archäologische Institut für Ur- und Frühgeschichte.

Im Jahre 1954 war er mit einer Schulklasse unterwegs, als er im Dornengestrüpp jene Steine fand, die auch den kritischen Betrachtungen des Freiburger Archäologischen Instituts standhalten sollten.

Merlin erbaut Stonehenge.

Bei meinem Besuch erinnerte sich der alte Mann noch gut an seinen Sensationsfund: »Bei einem Schulausflug machten wir gerade eine Vesperpause. Auf einmal rief ein neunjähriges Mädchen: ›Au, ein manns länge langer Stein!‹ Ich ging hin mit Pickel und Schaufel und legte den ganzen Stein frei, der eine Länge von 2,70 Metern und eine Breite von 30 Zentimetern hatte.

Jetzt glaubte ich, den ›Langenstein‹ gefunden zu haben, den ich so lange gesucht hatte, aufgrund der beiden Flurnamen ›Vom langen Stein‹ und ›Zum langen Stein‹. Doch als wir noch etwas weiter gruben, kamen plötzlich Steinbrocken und eine Steinplatte mit einer Rundung zum Vorschein. Da ging mir ein Licht auf. Der Stein war nicht der gesuchte ›Lange Stein‹, sondern die Deckplatte eines Megalithgrabes ...«

Den von Schneider so lange gesuchten Menhir sollte er erst zwanzig Jahre später unweit des Steingrabes entdecken. Der Monolith misst 1,80 Meter in der Länge und ist etwa einen Meter breit. Von weitem ist er auf der Anhöhe des »Bühlhölze« zu erkennen. »So wie heute jedes Dorf seine Kirche hat, so hatte jede steinzeitliche Siedlung einen Menhir. Er war der Kirchturm der Steinzeit«, pflegte der Forscher zu sagen.

Dr. Wolfgang Pape vom Freiburger Archäologischen Institut hält die Kombination Menhir und Megalithgrab für außerordentlich beachtenswert. Nur in der Bretagne finden wir beide Anlagen beisammen auf einem Gelände. Ansonsten gibt es zahlreiche Dolmen und Menhire, die aber immer einzeln stehen. Bisher haben die Wissenschaftler noch keine ausreichende Erklärung für das Zusammentreffen von Menhir und Megalithgrab am Hochrhein gefunden.

Vom Bergsee zum Jungholzer-felsen bei Vollmond

Nachtluft

Nach vielen Stunden hört der Weg
plötzlich auf zwischen hohen Tannen.
Eine schwarze Katze schleicht
leise am Halbmond vorbei,
der eben aufging,
wie immer.
Sonst kein Laut.
Mein ruhiges Herz
Atmet Nachtluft
Aus fernen Räumen

Und vergisst –
Vergisst die rötliche
Narbe am Himmel,
dort wo die Sonne
längst unterging.

Linde Ludwig

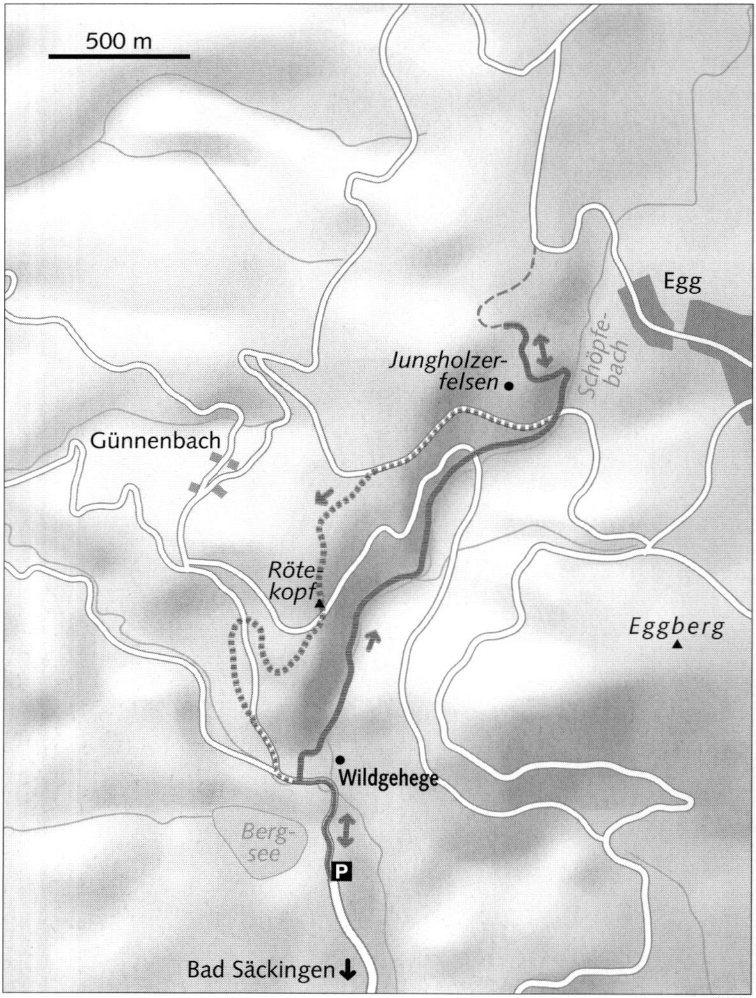

Anfahrt: In Bad Säckingen Richtung Egg, Bergsee abbiegen. Nach kurzer Strecke sich links halten und in eine kleine Straße zum Bergsee abbiegen (noch zirka eineinhalb Kilometer).

Wanderung: Bergsee–Schöpfenbachtal–Jungholzerfelsen–Rötekopf–Bergsee: 2 Std.

Ausgangspunkt ist der Bergsee. Wir gehen vor dem See rechts Richtung Günnenbach. Nach zirka hundertfünfzig Metern rechts abbiegen ins Schöpfenbachtal. Der Weg führt vorbei an einem Wildgehege, entlang einem kleinen Kanal. Nach zirka hundert Metern führt der Weg über eine kleine Brücke. Hier gehen wir links und folgen dem Bach bergwärts. Ein schöner Waldweg führt hinauf zum Hotzenwald. Nach zirka dreißig Minuten gelangen wir an eine Wegkreuzung. Hier gehen wir geradeaus und folgen dem Schild Jungholzerfelsen. Nach zirka fünfzehn Minuten steilem Aufstieg sind wir oben am Felsensemble.
Von hier wandern wir wieder zurück bis zur Wegkreuzung. Nun gehen wir nach rechts und nach zirka hundertfünfzig Metern wieder links hinein in den Wald Richtung Rötekopf. Dieser Waldpfad bringt uns ganz nach vorne zum Bergplateau am Rötekopf. Von hier aus wandern wir rechts Richtung Günnenbach. Ein schmaler Waldweg führt uns auf die kleine geteerte Straße, die nach Günnenbach führt. Hier gehen wir links hinunter und sind bald wieder am Waldparkplatz am Bergsee.

Bergsee, Bad Säckingen.

Der kleine zauberhafte Bergsee glitzert in der Abenddämmerung. Heute ist Vollmondnacht, und wir wollen der Mondgöttin unsere Ehre erweisen. Begleitet vom monotonen Klang meiner Obertonflöte geht die kleine Gruppe langsamen Schrittes entlang einem munter dahinfließenden Bach, der uns hinauf ins Schöpfenbachtal führt. Der Mond ist bereits aufgegangen und scheint in das wildromantische Tal hinein. Der Weg schlängelt sich entlang dem Gebirgsbach. Das murmelnde Plappern des Wassers und der Klang der Flöte verschmelzen zu einem meditativen sphärischen Tongebilde. Nach und nach vergessen wir unsere Alltagssorgen und stimmen uns im Schweigen auf die Mondenfrau Luna am Himmelszelt ein. Der Weg wird steiler, und ab und zu stolpern wir über Wurzeln. Ein Stück dunkler Tannenwald wirkt bedrohlich, bis vor unseren Augen die Jungholzerfelsen auftauchen und im fahlen Mondlicht wie zwei gestrandete Walfische aussehen. Wir stellen uns an den Bauch der Steinwesen und berühren sie mit unseren Händen. Wir verbinden uns mit den Feenwesen und spüren die Kraft des Mondes. Die weibliche Seite in uns wird zum Schwingen gebracht. Hier können wir loslassen und die Energie des Ortes in uns aufnehmen. Welch wunderbares Gefühl, all das mit einer kleinen Gruppe von Menschen zu teilen. Kerzen werden entzündet; das Licht halten wir in die Dunkelheit und singen ein gemeinsames »Om«. Wir visualisieren einen Wunsch. Unserer Sehnsucht nach einem erfüllteren Leben in den Bereichen Gesundheit, Liebe und Beruf können wir Ausdruck verleihen.

Auf dem Rückweg gehen wir über den Rötekopf, auf dem bereits die Kelten ihre Spuren hinterlassen haben. Als wir das kleine Bergplateau erreichen, empfängt uns der volle Mond mit seiner ganzen Leuchtkraft und gibt uns einen herrlichen Blick frei über das Hochrheintal. Unter uns sehen wir den Bergsee, in dem sich die goldene Kugel der Mondgöttin spiegelt. Es ist sehr erhaben, hier oben stehen zu dürfen in dieser lauen Sommernacht. Schweigend gehen wir zurück zum dunklen Bergsee, wo wir zuletzt einen Blick hineinwerfen, um etwas über unsere Zukunft zu erahnen.

St. Fridolin

Fridolinsfest in Bad Säckingen.

Bad Säckingen geht auf eine alte Klostergründung des iroschottischen Mönchs Fridolin zurück. Der christliche Sendbote ließ sich auf einer kleinen Rheininsel nieder. Von hier aus missionierte er den südlichen Schwarzwald mit der neuen christlichen Lehre. Heute sind Reliquien des heiligen Mannes in der Fridolinskapelle im Münster in einer eigenen Gebetskapelle aufbewahrt.

Der barocke Schrein ist aus Silber und Glas. Im Inneren leuchtet eine goldene Krone mit Edelsteinen. Ein rotes Tuch zeigt ein Bildnis von Fridolin, worauf er in der einen Hand einen Bischofsstab hält und mit der andern ein Totengerippe führt. Daneben ein weiteres Bild, wie er als Gründer das Modell des Münsters in seinen Händen hält. Die kleine Kapelle hat eine gute Ausstrahlung und gilt als Ort der Kraft.

Der Heilige hat auch im Schweizer Glarnerland seine Spuren hinterlassen. In der Legende erfahren wir, dass Fridolin, um sein Kloster finanzieren zu können, in der Person des reichen Glarner Legaten Ursus einen besonderen Gönner gefunden hatte. Doch nach dessen Tod versuchte der Bruder des Verstorbenen, Landolph, die Schenkungen an sich zu ziehen.

Mit Hilfe von bezahlten Zeugen gelang es Landolph, vom Landgericht in Rankweil zu erwirken, dass die Forderungen des Klosters Säckingen für nichtig erklärt wurden.

Daraufhin war der Mönch sehr traurig und ging in seiner Verzweiflung in den Wald, nahe des Bergs Hochgastern. Hier ließ sich der fromme Mann auf einem Stein nieder. Plötzlich begann alles zu wanken und schwanken, und der Stein wurde unter den Knien Fridolins wachsweich, so sich die Abdrücke von Knien und Armen abzeichneten. Bei diesem Ereignis erhielt er eine Vision, nämlich, dass er den verstorbenen Ursus lebendig machen und ihn in den Zeugenstand nach Rankwil bringen sollte. Einen Tag danach zog Fridolin zum Grab des seligen Ursus und vollzog allerlei Beschwörungen, bis Ursus aus dem Grabe auferstand – mittlerweile war er zwei Jahre tot gewesen – und mit Fridolin mitging. Sie liefen ungefähr sechs deutsche Meilen bis nach Rankweil zum Landgericht. Vor dem Richter bezeugte Ursus seine Schenkung an das Kloster Säckingen. Der zu Tode erschrockene Bruder Landolph rief: »Oh lieber Bruder, heilig verspreche ich, dass ich nicht nur diesen Teil der Güter dem Kloster zustellen werde, sondern ich werde ihm mein ganzes Eigentum schenken.«

Daraufhin brachte Fridolin seinen Gönner zurück nach Glarus, wo er ihn in sein Grab zurücklegte. Durch diese Schenkung kam Glarus schließlich in den Besitz des Klosters Säckingen. Fridolin ist der Landespatron des Kantons und in seinem Wappen verewigt.

Dieser Stein ist heute in der Fridolinskapelle in der Wallfahrtskirche auf dem Liebfrauenberg zu Rankweil zu bewundern. Fridolin starb im Jahre 514, sechzehn Jahre nach dem Wunder (Schumacher 1998).

Bad Säckinger Fasnacht

Cerunnos, der keltischer Hirschgott.

Das Hirschlaufen

In Bad Säckingen ist das Fasnachtsgebäck namens Hirshörnle – was so viel wie Hirschhörnle bedeutet – eine Erinnerung an den Hirschgeweih tragenden Keltengott Cerunnos. Bis ins 16. Jahrhundert gab es den Brauch des Hirschlaufens. Zu Jahresbeginn (meist am 6. Januar) kleidete man sich in Tierfelle mit einem Hirschgeweih auf dem Kopf und zog in Begleitung der »Vetula«, der alten Vettel durch die Straßen. Diese Darstellung erinnerte die Kirchenoberen an heidnische Rituale, und sie wurde daher immer wieder verboten. Abt Pirmin von der Insel Reichenau kämpfte um 720 in seinen Predigten gegen das Hirschlaufen: »Cervulos et vetulas in Kalendas (Januarii) vel aluid tempus nolite ambulare! – Streift nicht am Jahresanfang oder zu einer anderen Zeit als kleiner Hirsch oder Vettel umher!« Nur schwer konnte man den alten

Brauch ausrotten. Selbst junge Kleriker trieben gerne als Hirsch verkleidet am Aschermittwoch ihr Unwesen. Der Elsässer Prediger Geiler von Kaisersberg schrieb 1510 verärgert: »Es ist unzulässig, sich so aus dem Bild, das Gott zuteilte, in der Gestalt eines Tiers oder Dämonen umher zu wandeln.«

Römer-Sichenmännle-Maisenhardtjoggele

Die älteste Narrenfigur in Bad Säckingen ist der »Römer«, dessen Herkunft sich auf eine Komödienmaske der einstigen römischen Wehrstadt Kaiseraugst bei Basel zurückverfolgen lässt. An den Brauch der Saturnalien, dem ausschweifenden Frühjahrsfest der Römer, soll hier erinnert werden. Das Gewand besteht aus einer weißleinenen, hoch gegürteten Tunika Die Holzmaske ist von blauen, geschorenen Plüschhaaren umhüllt. In der rechten Hand hält die Figur das Narrenzepter.

Die alte Schreibweise für »Fasnacht« – Vasnaht, vasnacht, fasnach, fasnecht – ist seit 1428 in Säckinger Schriften zu finden und hat sich bis ins 18. Jahrhundert erhalten. Den ältesten Beleg für dieses Wort finden wir um 1210 in einer Verszeile von Wolfram von Eschenbachs Ritterepos Parzival: »... an der vasnaht nie baz bestriten.«

Narrenfigur, Siechenmännle.

Narrenfigur, Römer.

Es erstaunt nicht, dass die zweite Narrengestalt, das »Siechenmännle«, eine lange Tradition aufzuweisen hat und bereits in einem Stadtwappen um das Jahr 1000 abgebildet ist. Die Figur stellt ein leprakrankes Männlein dar, das mit seinem Heilwasserkrug auf Genesung hofft.

Einen wilden Waldschratt verkörpert die dritte Narrenfigur, der »Maisenhardtjoggele«. Er gehört zu den wilden Männern, die im Hotzenwald lebten und früher die Gegend unsicher machten. Es wird berichtet, dass einer dieser boshaften Gesellen den Stadtleuten stets den falschen Weg wies und sie in die Irre führte. Seit 1550 gehört der Joggele zur Säckinger Fasnacht.

Viktor Scheffel entdeckte die Figur für seinen Gesangsepos »Der Trompeter von Säckingen«. 1850 zeichnete Scheffel nach seinen Vorstellungen ein Joggele. Heraus kam eine Darstellung, die einen freundlichen, jungen Hotzenwälder in Tracht zeigte und nichts mehr mit dem wilden Mann vom Walde zu tun hatte. Aus diesem Impuls entstand eine neue Gruppe von Maisenhardtjoggeles, die heute ein zweiteiliges, graugrünes Gewand mit Blättern verschiedener Farben tragen.

Der Böög wird verbrannt

Am Fasnachtsdienstag verwandelt sich die große Narrenschar in ein Heer von »Hüülern«, die mit weiß gemalten Gesichtern und einem Leichentuch bedeckt an Pestopfer erinnern wollen. Im Jahre 1611 wurden 192 Bürger von der furchtbaren Krankheit hinweggerafft.

Der Ritus der Verbrennung des schwarzen Mannes, einer Strohpuppe, auch »Böög« genannt, vollzieht sich im langsamen Schritt eines Trauermarsches, bei dem Narren mit flackernden Fackeln gespenstisch die Toten nachahmen. Die bösen Geister sollen gebannt werden, indem die Hüüler – nach der Verbrennung des Böög auf dem Münsterplatz – sich anschicken, die Ecken an den Häusern auszulaufen. Dabei geht jeder Narr schweigend alleine seinen Weg durch die Gassen der Stadt und nimmt auf diese Weise Abschied von der frohen Fasnachtszeit.

Solfelsen

Solfelsen.

Anfahrt: Von Wehr kommend, Richtung Bergalingen fahren. Kurz vor dem Ort (zirka einen Kilometer) geht ein kleines Sträßlein rechts zum Spatzenhof. Von hier aus ist der Solfelsen ausgeschildert: vorbei am Spatzenhof, nach hundertfünfzig Metern rechts halten. Über einen kleinen Waldpfad erreichen wir nach zweihundert Metern den Solfelsen (20 Min.).

Einer der markantesten Eckpunkte des Hotzenwaldes ist der Solfelsen bei Bergalingen. Versteckt unter Eichen, Buchen, Tannen und Ebereschen ruht der Steinriese geheimnisvoll auf einem Felssockel. Der Ort strahlt eine besondere Ruhe aus. Im Umfeld sind weitere Steinformationen, die zusammen wie ein großer Felsgarten wirken. Eine Art Heidenmauer erstreckt sich nordwärts und ist mit Unterbrechungen noch zirka drei Kilometer erhalten. Sie wird auch Letzemauer genannt und soll im Mittelalter als Verteidigungswall gedient haben. Der ganze Platz besitzt eine magische Ausstrahlung und eignet sich gut für eine Baummeditation. Fast alle Bäume des keltischen Baumkalenders sind hier anzutreffen.

Die drei schönen Damen vom Zeller Blauen

Karfreitagsei

D'Großmueder winä Mondgöttin
di wiise lange Hoor weihet im Morgewind
ä Eili usm Hühnerschtall gschwind
bevor as d'Sunn ufgoht
I dä dunkle Chuchi e heilige Schtimmig
Hantiere mit em Ei
vo dä Paula im Liebligshuhn
Gmurmelti Gebetsfetze durchweihet di alti Kammere
Kerze brennet
Weihwasser schprützt
s'Füür chrachlet im Herd
Drei Krüüz ufs Ei gmolt
Derno würds i Zittigspapier igwicklet
un i d Schublade gleit
De Deig isch ferti
s'Karfriitigsei vum ledschde Joohr
würd ufschlage is Häfeli
s'hett no ganz guet usgseh
S'nöchschti Joohr gschiiht nüt Schlimms
D'Großmueder hätt domit Erfahrig
wine Göttin ebe
Dä Gugelupf am Oschtersunntigmorgä
hätt allene guet gschmöckt

Roland Kroell

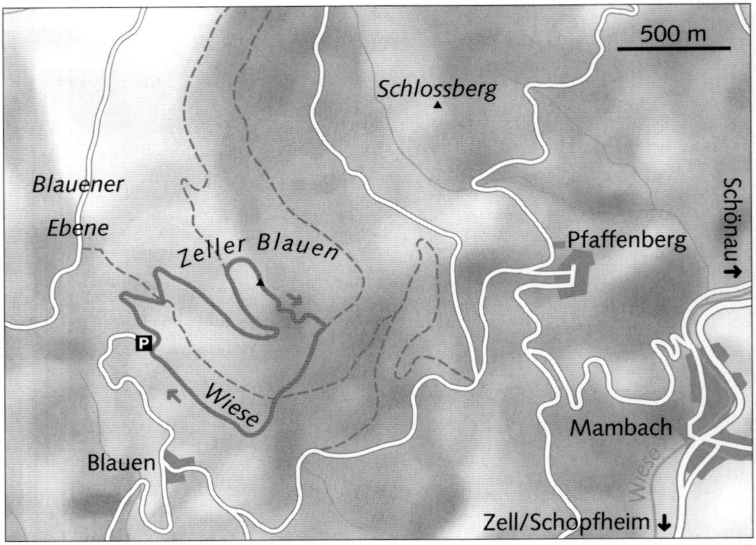

Anfahrt: Von Zell im Wiesental nach Adelsberg fahren. Im Ort links abbiegen nach Blauen (zirka drei Kilometer). Am Ortseingang links abbiegen, bis zum Waldparkplatz.

Wanderung: Waldparkplatz, Blauenrundweg–Blauener Ebene–Zeller Blauen–Waldparkplatz, Blauenrundweg: 4–5 Std.

Der Waldparkplatz liegt auf einer Höhe von 830 Metern. Wir gehen den Blauenrundweg mit dem Wanderzeichen orangefarbener Kreis (neun Kilometer) und gehen nach links weiter auf dem geteerten Sträßlein Richtung Oberblauen/Blauener Ebene (sechshundert Meter). (Ein Problem stellen die vielen Schilder von verschiedenen Organisationen dar.)
Es sind von hier zweieinhalb Kilometer bis zum Blauengipfel. Kurz nach der Blauener Ebene, nach zirka hundert Meter, zweigt nach rechts ein Waldweg ab.
An einem Baum hängen zwei alte Schilder, ohne Beschriftung, lediglich mit einem blauen und gelben Dreieck versehen. Hier biegen wir ab und lassen uns in vielen Schlangenlinien und Windungen hinauf zum Mondberg führen. Nach zirka fünfhundert Metern links halten und dem Wanderzeichen blauer Kreis folgen. Wir haben plötzlich nach Westen fantastische Ausblicke auf die beiden Gleichenberge und den Meierskopf. Nach zirka einem

weiteren Kilometer rechts abbiegen. Bald erreichen wir an einer Weggabelung einen kleinen freien Waldplatz. Wir folgen dem Weg geradeaus und gelangen zu einer Bank, an welcher der alte Grenzweg nach links Richtung Wolfsacker abzweigt. (Wer hier zirka hundert Meter weiter wandert, kann einen schönen Ausblick auf den Hochblauen genießen.) Wir halten uns an der Bank geradeaus und folgen dem Wanderzeichen blauer Kreis.
Auf dem Waldpfad ist nach zirka fünfzig Metern linker Hand ein kleiner Heidentisch zu entdecken. Nach weiteren zweihundert Metern kommen wir in den Gipfelbereich des Bergs, der aus drei großen Felsburgen besteht.
Der Abstieg erfolgt nach Süden, bis wir auf einen Rundweg mit dem Wanderzeichen orangefarbener Kreis gelangen. Hier können wir nach rechts gehen und erreichen bald wieder den schönen freien Waldplatz. Oder wir gehen nach links in Richtung Käsern; dann kommen wir nach zirka eineinhalb Kilometer auf die große Blauenwiese, wo wir einen herrlichen Rundblick genießen können. Der Weg ist gut ausgeschildert und bringt uns wieder zurück zum Waldparkplatz.

Mondheiligtum am Zeller Blauen.

Mondheiligtum.

Zum Zeller Blauen

Nahezu ideal für eine Wanderung zum Zeller Blauen sind die warmen Novembertage.

Gleich zu Beginn lädt ein kleiner Bach zur Begrüßung ein. Wir können uns auf den Berg und seine Geheimnisse einstimmen und den stressigen Alltag hinter uns lassen. Das Fließen des Wasser hat etwas Reinigendes und inspiriert, ganz im Hier und Jetzt zu verweilen. Schon bald nimmt uns der Wald ganz auf…Der Zeller Blauen verströmt eine weibliche Kraft. Ein Frauenberg?

Beim Durchstreifen des Waldes wird plötzlich der Blick frei zu dem großen Schwesterberg, dem Hochblauen. Wie schöne Frauen ragen sie aus der Bergkette und behüten mit ihrem weiten Bergmantel die Eingänge von Schwarzwald, Jura und Vogesen. Die schönste Madame ist für mich allerdings der Zeller Blauen – oder auf alemannisch das Zeller Maidli. In langen Schleifen ahmt der Weg die Bewegung der Erdschlange nach. In der Abgeschiedenheit der Bergwelt kann sich fast mühelos eine mythische Kraft entfalten.

Der freie Waldplatz an einer Weggabelung lädt zu einer Rast ein. Traumhafte Ausblicke über das Dreiland verleihen ein erhabenes Gefühl. Der Weg führt weiter bis zu einer Bank, wo sich ein alter Grenzweg Richtung Wolfsacker auf dem Höhenkamm erstreckt. Hier war einst die Grenze zwischen dem Großherzogtum Baden und Österreich. Alte Grenzsteine aus der Zeit um 1800 sind stumme Zeugen der Vergangenheit.

Der Weg zum Blauengipfel geht nach Süden; ein dunkler Tannenwald empfängt uns. Nach wenigen Meter liegt links des Weges ein kleines Steinensemble. Einer davon hat die Form eines Heidentischs. Derartige Steintische wurden früher von den Fahrenden benutzt, um Feste zu feiern. Nicht selten gab sich ein Brautpaar an einem solchen Ort das Jawort vor versammelter Sippe; zumal Zell ein alter Ort der Fahrenden ist, dürfte es nicht ausgeschlossen sein, dass hier an diesem weiblichen Berg solche Rituale stattfanden. Nach weiteren zweihundert Meter gelangen wir zu einer ersten Felsburg von insgesamt dreien. Oben auf den bemoosten und teils von Büschen umwachsenen Steinquadern ist eine Art Steinkrone auszumachen. Unwillkürlich entsteht das Bild der drei Bethen, Göttinnen, die vielleicht hier früher verehrt wurden – ähnlich wie am Hochblauen oder am Odilienberg im Elsass. Der erste Platz ist meines Erachtens der Erdgöttin Ambeth geweiht. Die zweite Felsenburg steht für die Mondgöttin Wilbeth. Etwas einsam zwischen den Felsburgen steht das Blauen-Gipfelkreuz als christlicher Impuls. Die letzte Stein-

Mondheiligtum am Zeller Blauen.

burg des dreiteiligen Gipfels liegt direkt an der Kante des Bergabhangs. Sonnenstrahlen werfen ein klares Licht auf die wie Riesenschildkröten daliegenden Steinwesen. Dies scheint der Platz der Lichtgöttin Borbeth zu sein. Ein herrlicher Blick hinüber zur Belchenflue im Schweizer Jura wird frei.

Dieser Bergort verzaubert im wahrsten Sinne des Wortes. Insbesondere lohnt es sich, von hier aus den Sonnenuntergang zu genießen – wenn in rotem Glanz die Alpenkette aus dem Dunst auftaucht und ein grandioses Szenario vollzieht: Die Alpen ähneln einer fast heiligen Himmelsmauer, und viele weiße Zacken glühen am Horizont im Licht der untergehenden Sonne. Es sind jene Augenblicke, in denen sich die große Harmonie und Schönheit der Landschaft tief in die Seele einschreiben.

Bildsteinfelsen am Schluchsee

Zu gutem Meister –
Felsen gesetzter
Flußstein nicht ausruht
Sondern nur
Ruht
Tausendund-
Keine
Nacht
Lang.

Marcel Hoffmann

Foto: Martin Schulte-Kellinghaus.

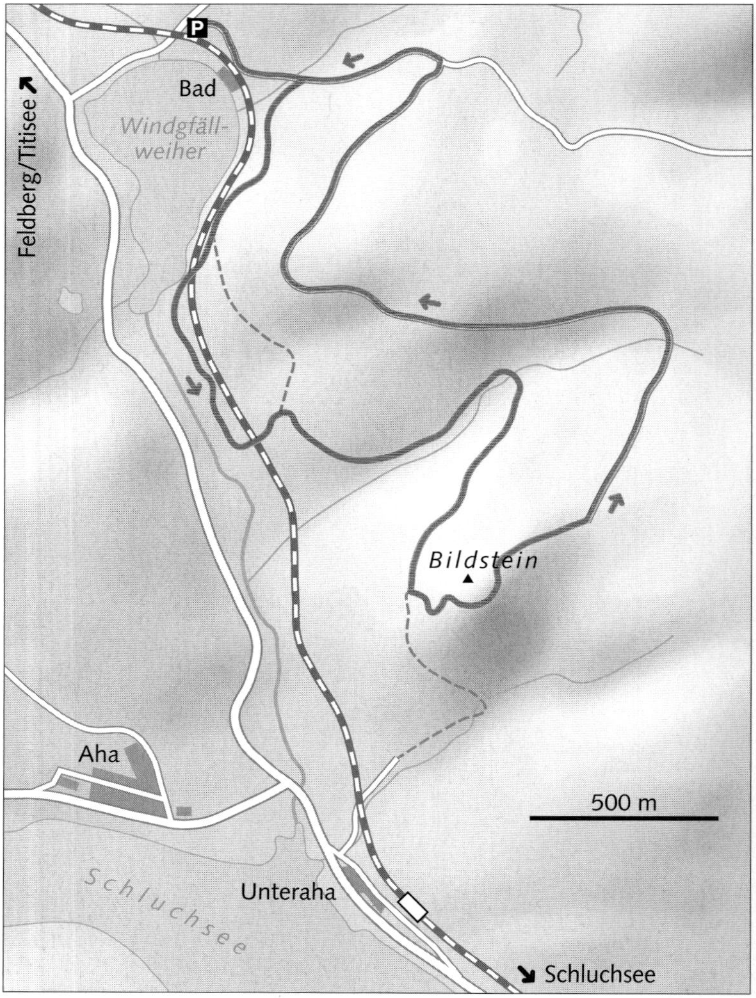

Anfahrt: Landstraße, die von Schluchsee nach Altglashütten führt.
Am Windgfällweiher rechts in die Kreisstraße, die nach Raitbuch und Lenzkirch führt, abbiegen. Wir parken am Seerestaurant/Windgfällweiher.

Wanderung: Windgfällweiher–Bildstein–Känermoos–Windgfällweiher:
1 ½ Std.

Vom Windgfällweiher aus wandern wir zwischen Seeufer und den Bahngleisen der Dreiseenbahn. Nach zirka eineinhalb Kilometer überqueren wir die Eisenbrücke und gelangen zu einer Wiese. Wir gehen zunächst links, nach hundertfünfzig Metern rechts und folgen schließlich dem Weg, der oberhalb der Wiese am Waldrand entlangführt. Nach zirka einem Kilometer kreuzt ein großer Holzabfuhrweg, der Prinz Eugen-Weg. Wir gehen geradeaus (keine Wegmarkierung) und steigen den Waldweg empor zum Bildstein. Dann kommt das erste Schild »Bildstein-Fischbach«, und wir folgen dem Wanderzeichen blaue Raute. Der Wanderweg führt am Bildstein vorbei. Rückweg: Wir gehen ein kurzes Stück auf dem Wanderpfad mit der blauen Raute, bis wir an eine große Waldkreuzung kommen. Geradeaus geht es nach Fischbach. Wir nehmen den Weg, der nach unten führt – links halten (keine Markierung). Auf diesem Weg bleiben wir und gehen zirka zweieinhalb Kilometer, bis wir am Känermoos auf den Wanderweg stoßen, der vom Windgfällweiher nach Raitbuch führt. Von hier sind es zirka fünfhundert Meter bis zum Ausgangspunkt.

Blick vom Bildstein, Aha.

Windgfällweiher.

Bildstein – Thron der Naturgötter

Wir befinden uns im schönsten Seengebiet des Schwarzwalds. Titisee, Schluchsee, Windgfällweiher und Ursee liegen in einer beschaulichen Landschaft, umgeben von dunklen Tannenwäldern und Hochmooren. Der größte See des Schwarzwalds ist der Schluchsee. Einer der schönsten aber ist der moorige Windgfällweiher.

Wer vor dem dunklen Nass keine Angst hat, dem sei ein Erfrischungsbad empfohlen. Hier kann man sich schöne Wassernixen vorstellen … Heute sind es vor allem die Libellen, die als Feen verkleidet über dem Wasserspiegel des Sees ihre tollkühnen Flugkünste vorführen.

Ein kleiner Zauberweg führt uns durch grüne Mosspolster, vorbei an kleinen Bachläufen. Das legendäre Seeungeheuer am Windgfällweiher ist seit vielen Jahren der heranbrausende Zug der Dreiseenbahn, die in Seebrugg am Schluchsee endet. Ginsterbüsche säumen den Waldpfad. Die typischen Wegbegleiter sind Farne, Schachtelhalm, Holunder und Huflattichstauden. Die Haut des Waldes nimmt uns allmählich auf. Wir steigen hinauf zum heiligen Felsplatz. Schilder weisen jetzt die Richtung, und wir kommen zu einem Steinquader, der einem Menhir sehr ähnlich sieht und neben dem Bergpfad liegt. Er hat eine Höhe von zirka eineinhalb Metern, Breite etwa siebzig Zentimeter, Tiefe etwa fünfzig Zentimeter. Von der Form her ähnelt er einem Kurzenstein – im Gegensatz zu den Langensteinen.

Sodann erreichen wir ein erstes Felsplateau, das uns ein sagenhaftes Schwarzwaldpanorama bietet. Am Eingang steht wie ein Wächter unter einer Tanne versteckt ein weiterer markanter Felsstein, der die Form eines schlafenden Vogels einnimmt. Er erinnert mich an einen riesigen Felskoloss im südfranzösischen Sidobregebiet, der dort, wegen seines Aussehens, Vogelstein genannt wird.

Der letzte Aufstieg auf den kahlen steinigen Berg ist wie ein Gang hinauf zu einer großen Pyramide. Die Treppen führen zu einem Thron der Naturgötter. Der Bildstein bietet ein überwältigendes Panorama. Wir stehen erhöht inmitten der Bergwelt und werden reichlich belohnt von der einmaligen Aussicht. Unter uns der Schluchsee. Im Sommer tummeln sich dort Hunderte von Segelbooten wie kleine Fähnchen auf der Wasseroberfläche. Vor uns die Bergrücken über dem Schluchsee, die Schnepfhalde, der Kapellenberg. Im Westen grüßen die langen Buckel des Feldbergmassivs.

Feine Schwingungen gehen von dem Kraftort aus. Man kann sich hier gut Einweihungsriten der Vorzeit vorstellen. Ein Platz der Wandlung, ein lichtumfluteter Ort, der zu einem Sonnengebet einlädt.

Vogelfelsen am Bildstein.

Ursee

Farbenprächtige Blumenwiesen umranken im Sommer das Hochmoorgebiet am Ursee.

Die Wasserfläche ist kaum auszumachen. Ganz versteckt hinter Moorbirken liegt der Quelltopf, der eine Wassertiefe von zwölf Meter aufweist.

Ein idealer Platz für geheimnisvolle Sagengestalten. Lauschen wir dem Wind, so tauchen zwei Gestalten auf, der Dengelegeist und der Dubacksbue. Diese zwei Spukfiguren werden oft in Vollmondnächten gesehen. Der Dengelegeist ist ein lieber Geselle, denn es wird berichtet, dass er den Bauern manchmal bei der Feldarbeit gute Dienste leiste, während der

Dubacksbue ein Spukgeist sein soll, der umgeht und keine Ruhe findet.
Eine andere Sage berichtet von einem Bauern, der unweit des Ursees mit einem Ochsengespann das Feld bestellen wollte. Nahe der Bärenhöhle am Stoßfelsen, im Gewann Holzmatten, blieben die beiden Ochsen stehen und wollten keinen Schritt mehr weitergehen. Da der Bauer die Tiere weder vor noch zurück bewegen konnte, wurde er immer wütender, geriet in Zorn und schrie: »Wenn eu nu dä Teufel hole dät!« Zu seinem Entsetzen rannten plötzlich die Ochsen los, auf das Urseemoor zu und versanken im dunklen Wasser des Sees. Es wird erzählt, dass man nach vielen Jahren das Gespann an den Ufern des Titisees gefunden hätte. Der Sage nach soll der Ursee durch einen unterirdischen Wasserlauf mit dem Titisee verbunden sein.

Ursee bei Lenzkirch.

Mittelalterliche Glashütte.

Auf den Spuren der Glasbläser

Diese Gegend um den Schluchsee war in früheren Jahrhunderten berühmt für seine Glasherstellung, was die Ortsnamen Altglashütten und Neuglashütten deutlich bekunden.

Von den Schwarzwälder Glashütten zeugen zirka dreihundert Orts-, Gewann- und Flurnamen, wie zum Beispiel Glaserberg, Glasermatt, Glashütte, Glasig oder Glasbach. Heute findet man in den Bächen unweit der alten Hüttenstandorte gelegentlich Glasreste.

»Bricht Glas entzwei, kommt's Glück herbei«, heißt es im Volksmund und weist in der Symbolik darauf hin, dass Glas eines der ältesten Kunstprodukte der Menschen ist. Mit Glas verbindet sich eine siebentausendjährige Entwicklungsgeschichte des Handwerks, der Kultur und der Kunst. Rechnet man das natürliche Glas, den Obsidian, hinzu, gelangen wir zurück in die Zeit der Jäger und Sammler, als unsere Ahnen mit scharfen Pfeilspitzen aus Glasstein in den dunklen Wäldern des Schwarzwalds ihr Wild erlegten.

Der Ort Altglashütten hieß früher Rotwasserdörfle oder Dörfle. Weil das Gebiet nur begrenzt nutzbar war, entschloss sich im Jahre 1634 Landgraf Friedrich Rudolf von Fürstenberg, hier Glasmacher anzusiedeln. Die

Rotwasser-Glashütte wurde von den Brüdern Peter und Thoma Siegarten und Ulrich Mahler in Betrieb genommen. Sie kamen aus dem St. Blasianischen Raum und waren dort zuvor als Hüttenwarte auch in Glashütten tätig. Der erste Pachtvertrag wurde auf dreißig Jahre abgeschlossen.

Es müssen merkwürdige Gesellen gewesen sein, diese Glasmachersippen im Schwarzwald. Weit abseits, im tiefen Wald hatten sie ihre Werkstätten. Tag und Nacht brannten die Glasöfen, und sie galten bei der Bevölkerung als Sonderlinge, die vielleicht sogar mit dem Teufel im Bunde steckten. Für manche waren sie Zauberer. Die Neuankömmlinge wurden damals angehalten, die Regeln der Kirche, Sitten und Gebräuche genauestens zu beachten. Auch hatten sie viele Privilegien erhalten, was oftmals den Neid der armen Bauern auf sich zog. So war es den Glasmachern erlaubt, für ihre Arbeit Wein und Bier auszuschenken. Manche betrieben dazu eigene Schnapsbrennereien. Sie waren aber dem Landgrafen per Vertrag verpflichtet, damit das Leben sittlich blieb, kein Gesindel und umherziehende Personen wie Spieler, Landstreicher, Zigeuner usw. aufzunehmen. Einzig die Glasträger, die oftmals mehrere Tage auf die Waren warten mussten, durften beherbergt werden. Damit sie ihrer Arbeit Tag und Nacht nachgehen konnten, wurden sie auch von Frondiensten befreit.

Glashütte Äule im 19. Jahrhundert.

Glasmacher siedelten im 13. Jahrhundert in Glashütten bei Altenschwand

1257 wurden in Basler Urkunden zwei Männer aus dem Dorf Glashütten in der Gemeinde Altenschwand erwähnt. Die Männer hießen »Bertholdus und Wernherus von deen Glashutten«. In den Laubwäldern des damaligen Hotzenwaldes fanden die Glasmacher alles vor, was sie brauchten, um die begehrten, durchsichtigen Gefäße zu formen. Hainbuchen eigneten sich besonders gut für die Herstellung der Pottasche und zur Feuerung der Öfen. Den Quarzsand schöpften die Männer aus den Bächen, und den Kalk, der als Stabilisator der Glasmasse benötigt wurde, fanden sie beispielsweise auf dem Dinkelberg bei Schopfheim. Die Waldhütten waren Wanderhütten, das heißt, wenn die Glasbläser den Teil des Waldes rund um ihre Produktionsstätte abgeholzt hatten, zogen sie weiter in ein anderes Gebiet. Die Namen Altglashütten und Neuglashütten im Feldberggebiet weisen deutlich auf das unstete Dasein der Glasmacher hin. Ein anschauliches Beispiel für den ständigen Ortswechsel liefert die Glashütte des Klosters St. Blasien. Im Südosten des Schluchsees wurde 1579 die erste Glashütte errichtet, nach fünfmaligem Ortswechsel siedelten sich die Glasmacher im Jahre 1716 in Äule (der kleinen Aue) an, wo sie bis 1878 arbeiteten. Äule ist die Glashütte, die am längsten in der alten Tradition im Schwarzwald bestand. Sehr schöne gläserne Produkte sind bis heute aus der Glashütte Äule erhalten, die teilweise im Franziskaner-Museum in Villingen-Schwennigen, im Freiburger Augustinermuseum oder in anderen Orten zu bewundern sind. Eine gläserne Tischuhr, Fadenzainle (Nähkörbchen), Schnapsbudele oder kunstvoll verzierte Zuckerdosen zeugen von dem Bemühen der Glasbläser in Äule, Gläser herzustellen, die den venezianischen gleich kamen, deren Vorbildern sie stets nachstrebten. Die St. Blasianischen Glasmacher stellten die hochwertigsten Gläser des Schwarzwalds her, denn der Klerus wollte konkurrenzfähig sein.

Die wilde Schneeburg bei St. Wilhelm

Oberhalb der Gfällmatte.

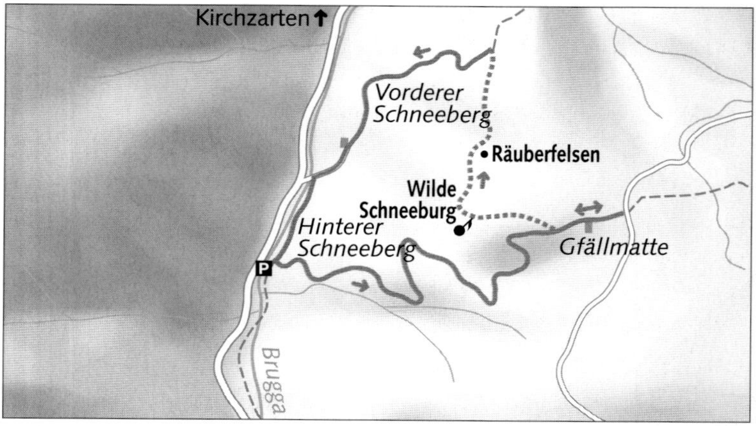

Anfahrt: Von Todtnau kommend, Richtung Freiburg fahren. Nach der Abzweigung zum St. Wilhelmtal nach zirka zwei Kilometer bei der Bushaltstelle Schneeburg parken.

Wanderung: Haltestelle Schneeburg–Schneeberghof–Gfällmatte–Felsgruppe–Haltestelle Schneeburg: 4–5 Std.

Wir überqueren den laut rauschenden St. Wilhelmsbach und gehen oberhalb des Bauernhofs Schneeberg rechts auf den Felspfad. Das Schild »Erlenbach-Gfällmatte-Klettergarten« weist uns die Richtung. Nach einem kurzen Aufstieg kommen wir auf einen Rundweg. Wir gehen hier rechts (Wanderzeichen orangefarbener Kreis) – entgegen der Pfeilrichtung des Schilds, die nach links zeigt. Der Pfad ist steil und steinig. Durch mehrere Blockhalden und an großen Felsen vorbei schlängelt sich der Bergweg. Nach zirka dreihundert Metern gelangen wir zu einem kleinen Denkmal, das an Max Weiß (1836–1891), den ehemaligen Besitzer des Schneeberghofs und der Gfällmatte, erinnert. Wir kommen nach 1,7 Kilometer zu einer Weggabelung und halten uns zunächst rechts, wo es unterhalb der großen Felsgruppe (Buchenfels, Bohrhakentürmle, Bauerntürmle, Zähringer Fels, Rohdewand) hindurchgeht. Wir wandern wieder zurück und folgen der anderen Richtung, die uns in 1,1 Kilometer hinauf zur Gfällmatte führt.
Abstieg: Den gleichen Weg wieder zurück. Man kann auch zwischen den Felsen hindurchklettern, das ist aber gefährlich.
Achtung: Diese Wanderung ist nur für geübte Wanderer und Kletterer zu empfehlen.

Als ich an einem schönen Herbsttag den kleinen Felspfad betrete, bemerke ich nach wenigen Metern einen Jägerhut, der auf einem kleinen Felsblock etwas eingedrückt liegt. Beim näheren Betrachten des grünen Hutes auf bemoostem Untergrund stechen mir drei silberne Jägerabzeichen ins Auge, die auf den Stand des Besitzers schließen lassen. Warum hat der Jäger hier seinen Hut liegen lassen? War das Absicht, hat er ihn schlicht und einfach vergessen oder gehört er einem Wilddieb, der unerkannt bleiben wollte? Ich bin hier schließlich auf dem Jäger-, Wildererund Schmugglerpfad ... Der Sage nach heißt es nämlich: »Wo Bruckbach und Haselbach sich vereinen, in der Nähe der ›üblen Brückke‹, steht noch der uralte Bauernhof ›zum Schneeberger‹, einst des berüchtigten Holzschmugglers, des Schweitzerjörg, Behausung; darüber, am westlichen Abhang des hohen Farrenstein liegen die letzten Trümmer des Raubnestes, der Schneeburg.«

Die Landschaft hier strahlt in ihrer Wildheit den Geruch nach Abenteuer, nach freier Waldluft aus ... Hier hatten die Menschen abseits jeder Obrigkeit seit alters her eigene Gesetze und Privilegien.

Gleich zu Beginn des Wanderwegs steht ein großer Monolith wie ein Grenzwächter am Wegesrand und lässt uns passieren in die Welt der Freibeuter. Eine männliche Energie wird sprübar. Ist die Schneeburg ein Männerberg? Wir gelangen nach längerem Aufstieg an einen großen Felsen, der in der Mitte eine kleine Aushöhlung besitzt. Der Unterschlupf bietet genügend Schutz bei schlechtem Wetter. Wie eine Druidengrotte wirkt dieser Felsenhort. Nach dem steilen Aufstieg erreichen wir die Hochalm an der Gfällmatte. Oberhalb des Hofs erstreckt sich eine kleine Hochfläche, wo einst Weiden waren.

Hier haben wir einen fantastischen Ausblick zu den Berghängen am Schauinsland, Halde und Notschrei. Die Sonne verwöhnt einen hier mit warmen Strahlen. Das Gelände fällt bald wieder steil ab, und unter uns sind die berüchtigten Gfällfelsen und der hohe Farrenstein. Keine Wilderer sind hier zugange, sondern an den Seilen

Felsen Schneeburg.

hängen junge Bergsteiger. Die Felsen sind ein in Fachkreisen bekannter Klettergarten. Es ist nicht ratsam, direkt zwischendurch zu gehen. Besser ist, wieder zur Weggabelung zurückzuwandern, wo nach rechts der Felsweg ausgewiesen ist. Hier kann man unterhalb der imposanten Felsen sicheren Fußes hindurchschreiten. Wenn man weiter diesem Weg folgt, gelangt man nach Oberried und muss dann den Wilhelmitenpfad an der Straße (zirka zwei Kilometer) zurückgehen.

Bäume mit Elefantenrüssel und starken Verwachsungen weisen hier deutlich auf einen Ort der Kraft hin. Die mächtigen Felstürme sind über fünfundzwanzig Meter hoch und wirken wie eine uneinnehmbare Burg. Allerdings sucht man hier vergebens nach Mauerresten der ehemaligen Schneeburg…

Klostergründung St. Wilhelm

Im 13. Jahrhundert wurden die Nonnen vom Kloster Günterstal angewiesen, die »lärmige« Stadt Freiburg zu verlassen und sich in einsamer Berggegend am Feldberg zum einfachen Leben und stillen Gebet zurückzuziehen. In dieser einsamen, wilden Landschaft sollten die frommen Frauen mehr innere Einkehr finden. Nicht sehr lange sollte dieses Unternehmen dauern, denn schon bald fühlten sich die Nonnen bei diesen eigensinnigen Waldleuten sehr unwohl und zogen wieder zurück nach Günterstal. Das kleine Kloster wurde später von den »Wilhelmiten« aus dem Elsass übernommen und bestand bis zu seiner Zerstörung im dreißigjährigen Krieg. Durch die Nonnen erhielt das Tal seinen Namen St. Wilhelm. Danach wurde das Kloster in Oberried neu gebaut, wo es bis zum heutigen Tage besteht.

Ein besonderes sagenumwobenes Kreuz wird in der Klosterkirche verehrt. Auf dem Haupte des gekreuzigten Jesus sind echte Menschenhaare angebracht worden. Der Legende nach wurde immer wieder berichtet, dass diese Haare wachsen würden. Einst soll einmal ein Student versucht haben, mit einem Messer diese Haare abzuschneiden. Dazu kletterte er auf einer Leiter empor zum Kreuz. Oben verlor er das Gleichgewicht und stürzte so unglücklich, dass er zu Tode kam.

Trotz dieses Ereignisses ist für viele Christen vor diesem Kreuz ein Ort der Kraft, an dem man nach Auskunft des Pfarrers besonders gut beten kann (Georg Schmid-Abels 1995).

Die wilde Schneeburg

Sie wurde einst »wildun Snesburg« genannt, und es ist zu vermuten, dass das bekannte Freiburger Rittergeschlecht der Schnevelins die Erbauer waren. Die Familie hatte bereits im 13. Jahrhundert Besitzungen in Oberried, Hofsgrund und St. Wilhelm. Es ist möglich, dass sie hier eine Zwingburg angelegt hatten. Außerdem wird in alten Chroniken noch vom Geschlecht der Kolmannen gesprochen, die mit den Schnevelins verwandt waren. Doch sollen beide Familien sich dem Raubrittertum ergeben haben. In ihrem Übermut wollten sie es auch immer wieder der Stadt Freiburg zeigen und verübten üble Streiche von ihrem Felsennest aus.

Bedroht fühlten sich auch die Wilhelmitenbrüder, wenn sie mit Lebensmitteln beladen talaufwärts zu ihrem Kloster im St. Wilhelmstal zogen. Öfter wurden sie dann von den Raubrittern überfallen und all ihrer Sachen beraubt. Zeitenweise waren diese Übergriffe derart ausufernd, dass die Brüder nur noch auf geheimen Pfaden, auf dem so genannten Pfaffenweg nach Freiburg gehen konnten. Die Streiche und Plünderungen nahmen im Laufe der Zeit drastisch zu, so dass es den Freiburgern zu bunt wurde und sie ihre Soldaten hinausschickten. Dieser Übermacht hatten die Kolmannen nichts entgegenzusetzen, und die Eroberer zerstörten die Burganlage vollends, so dass kein Stein mehr auf dem anderen blieb. In einem Gerichtsverfahren sollten die Schuldigen zur Rechenschaft gezogen werden. Aber siehe da! Bei diesem Verfahren stellte sich bald heraus, dass der Rat der Stadt Freiburg an der ganzen Misere der Hauptschuldige war. Nach jahrelangen Verhandlungen wurde am 15. Dezember 1355 folgender Vertrag abgeschlossen: »Wilhelm Colmann, ein ritter, burger zuo Keisersberg, tuon kunt, allen – in der missehelli, so was zwischen den weisen und bescheiden lüten, dem burgermeister, dem rat und den burgern zuo Friburg im Brisgöw einsite, von der burg wegen, die da hieße die wilden Snewesburg und die güter so darzue gehörent (...) da vergibe ich offenlich an disen gegenwärtigen briefe, das ich darumb umb alli dinge mit inen lieplich und guotlich verrihtet und versünet bin« (Frick 2002: 70f.).

Die Stadt verkaufte damals den Schneeberghof und den Gfällmattenhof an ansässige Bauern aus dem Tal.

Wohl ist die wilde Schneeburg untergegangen, doch ihre einstigen Bewohner müssen, wie die Sage erzählt, noch nach dem Tode »geisttweis umgehen« für ihre zu Lebzeiten verübten Freveltaten. Auch haben junge Leute, die unter Lebensgefahr am »Räuberschlossfelsen« oder am »Zuckerhut« herumkletterten, schon öfter zwischen den Felsspalten Truhen und Kisten voll glänzender Golddukaten in der Sonne schimmern gesehen. Hatten sie sich aber dann mühsam bis zu dem flimmernden Golde hingezwängt, so war die lockende Beute verschwunden, und nur der nackte Felsen starrte ihnen entgegen. Ein Sonntagskind vielleicht könnte die verborgenen Schätze heben und den ruhelosen Geist erlösen... (Bührer 1924).

Teufelsküche bei Ehrenstetten

Höhle Teufelsküche.

Anfahrt: Wir parken bei der Kirche von Ehrenstetten (Nähe Staufen).

Wanderung: Ehrenstetten–Ölberg-Rundweg–Teufelsküche, Höhlen–Ehrenstetten: 1½ Std.

Links neben der katholischen Kirche führt eine Treppe hinauf zum Ölberg-Rundweg.
Wir folgen zunächst dem Ölberg-Rundweg, das heißt gehen rechts, und genießen den herrlichen Ausblick über die Rheinebene. Nach zirka zweihundert Metern verläuft der Ölbergweg nach links. Wir folgen dem kleinen Pfad, der rechts abzweigt und leicht nach unten, den Hang entlang führt (Wanderzeichen rote Raute). Dieses lauschige Weglein windet sich durch eine wilde Buschlandschaft. Bald erreichen wir eine große Wiese auf dem Talgrund. Jetzt heißt es aufpassen! Der Weg zur Teufelsküche ist hier nicht angezeigt. Die rote Raute weist über die Brücke der Möhlin.
Das ist falsch! Wir gehen geradeaus, an einem alten Wegkreuz vorbei (1750) bis zu dem Schild »Naturschutzgebiet!« Hier wandern wir links hoch.
Vor uns liegt ein Bauernhof.
Dieser Weg verläuft wieder leicht bergauf, und bald sind wir von einem Wald umgeben. Nach kurzer Zeit erreichen wir eine Weggabelung; wir gehen nach rechts, leicht bergab. Nach wenigen Meter sehen wir links im felsigen

Hang kleine Grotten. In Kürze erreichen wir die Höhlen der Teufelsküche, die links oben auftauchen. Das Höhlensystem erstreckt sich über weitere drei Felswände. Hier ist nur noch ein Pfad – oberhalb des eigentlichen Wegs – vorsichtig und mit guten Schuhen begehbar. Wir gehen wieder zurück und steigen die Treppe an der Teufelsküche hinunter zu dem Wanderweg, der uns um den Ölberg führt. Bald sehen wir die Häuser von Gütighofen. Wir halten uns links und gehen auf der Rückseite des Ölbergs steil hinauf bis zum höchsten Punkt. Hier haben wir einen fantastischen Ausblick über das schöne Badische Land. Durch die Weinberge hindurch können wir gemütlich wieder zu unserem Ausgangspunkt zurückkehren.

Wie ein dreieckiger Kopf eines Drachen ragt der Ölberg in die Landschaft. An den Rändern des Bergkopfes sind steile Abhänge. Ein breites Band von Reben bedeckt den alten Berg. Bereits die Jäger der Steinzeit fanden diesen Platz behaglich. War man doch geschützt vor Hochwasser und Feinden. Die Felsgruppe mit den Grotten liegt immer noch sehr versteckt; man braucht einiges Finderglück, um diesen Platz zu entdecken.

Die Grotten der Teufelsküche haben ein besonderes Flair. Ein Platz für Feen und Zwerge.

Unweit, auf der anderen Seite des Tals, haben Archäologen einen Keltenwall auf dem Kegelriss rekonstruiert. Es gab hier offenbar eine keltische Höhensiedlung. Der Ehrenstetter Grund enthält noch manche Geheimnisse.

Hexensteine am Kandel

Alterius non sit qui suus esse potest.
(Keiner sei einem anderen hörig,
der sein eigener Herr sein kann.)
Paracelsus

Großer Kandelfelsen.

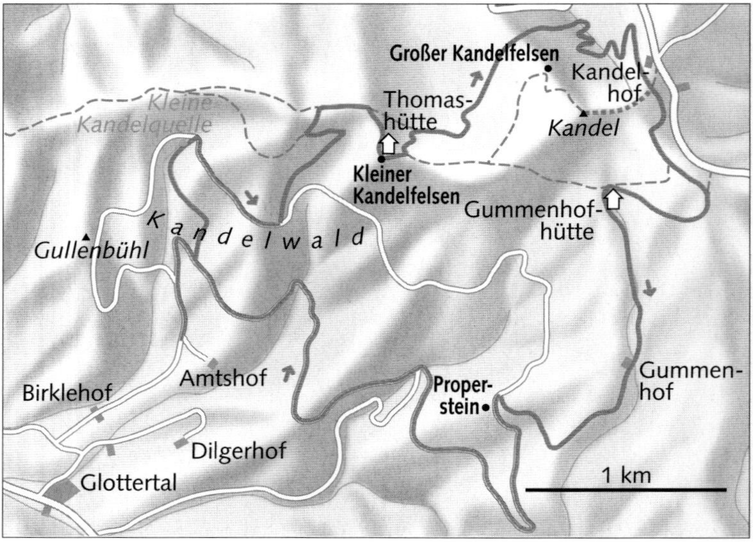

Anfahrt: Ins Glottertal fahren, nach zirka sechs Kilometern in Oberglottertal links abbiegen zum Birklehof (Schild). Hinter dem Birklehof, vor dem Wald parken.

Wanderung: Birklehof–Kandelquelle–Kleiner Kandelfelsen–Thomashütte–Großer Kandelfelsen–Kandel–Gummenhofhütte–Gummenquelle–Birklehof: 6–8 Std.

Der Ausgangspunkt liegt oberhalb des Birklehofs im Glottertal. Wir folgen dem Wanderzeichen rotes Dreieck (Kandelwaldrundweg). Rechts liegt der Ambshof, wir gehen geradeaus über den Schotterweg, der am Waldrand bergauf führt. Links oben liegt der Kranzkopf (816 Meter). Hinter uns: ein fantastischer Blick über die Bergkette der Flaunserberge, die im Süden das Glottertal begrenzen. Nach zirka einem Kilometer biegen wir links ab und folgen dem Wanderzeichen U. Dieser Weg führt uns stetig bergauf. Nach zirka einem weiteren Kilometer kreuzt ein Holzabfuhrweg.
Wir gehen weiter geradeaus – hier ist keine Markierung. Bald hören wir das Rauschen des Kandelbächleins. Durch einen dunklen Tannenwald nähern wir uns dem Quellgebiet des Bachs. Unser Weg mündet an der Quelle in einen breiten Waldweg, dem wir nach rechts folgen (auch hier ist kein

Hinweisschild). Der Blick über das Glottertal wird frei, und wir können bis nach Freiburg schauen. Wir gelangen wieder auf den oberen Kandelwaldrundweg (mit einem K gekennzeichnet), dem wir allerdings nur zirka hundertfünfzig Metern weit folgen; dann biegen wir vor einem Waldplatz, der eine wunderbare Aussicht bietet, scharf nach links ab. Nach einem weiteren kurzen Aufstieg
erreichen wir einen Jägerstand, hier gehen wir rechts (keine Beschilderung). Dieser Weg kreuzt wieder einen breiten Holzabfuhrweg. Nach weiteren fünfzig Metern kommen wir auf den Kandelrundweg, der mit der blauen Raute gekennzeichnet ist. Durch den Felsgarten des Kleinen Kandelfelsens erreichen wir die Thomashütte, die oben auf dem Felsen liegt. Ab hier wandern wir auf dem gut beschilderten Adolf-Seger-Rundweg (II), der uns bergab führt. Wir gehen zirka fünfhundert Meter auf einem breiten Waldweg und sehen plötzlich das Steinmassiv des Großen Kandelfelsens. Dann biegen wir links ab auf einen kleinen Waldpfad, der uns zu der Felswand führt. Eingehüllt in die wunderbare Natur, gehen wir am Kandelbach entlang, durchsteigen einen lichten Walddobel und erreichen nach zwei Kilometern Serpentinenweg den Gipfel des Bergs (Wanderzeichen blaue Raute).
Abstieg: Hinter dem Kandelgasthaus halten wir uns rechts, entlang der Straße, folgen ein kurzes Stück dem Wanderzeichen rotes Dreieck und dem Adolf-Seger-Weg. Vor einem zauberhaften Buchenwald gehen wir rechts Richtung Gummenhofhütte. Der Jägerpfad zweigt an dieser Wegkreuzung ab nach Untersimonswald (neun Kilometer), St. Märgen ist zwölf Kilometer entfernt. Der schöne Wiesenweg belohnt uns mit einzigartigen Ausblicken hinüber zum Feldberg, Stübenwasen, Belchen und Schauinsland. Tief unten liegt St. Peter. Vor der Gummenhofhütte gehen wir links den Wiesenweg hinunter (keine Beschilderung). Zirka hundert Meter unterhalb der Almhütte ist die Gummenquelle, die hier im Wiesengrund entspringt. Der Weg führt über herrliche Hochweiden hinunter zum Gummenbauernhof. Oberhalb des Hofs steht ein Fernsehumsetzer. Hier gehen wir rechts, direkt daran vorbei (keine Beschilderung) und steigen über eine weitere Hochalm ab, bis wir wieder auf den breiten Gummenweg treffen und rechts weiterwandern. Nach zirka eineinhalb Kilometer erreichen wir erneut eine Weggabelung am Felsgebiet des Joppersteins. Hier halten wir uns links und folgen dem Schild »Dilgerhof – 4,9 Kilometer«. Nun geht es in langen Schlaufen stetig abwärts; kurz vor dem Dilgerhof gehen wir rechts; hier treffen wir wieder auf den Kandelwaldrundweg, den wir bereits vom Aufstieg kennen und der uns wieder zurückführt zum Ausgangspunkt oberhalb des Birklehofs.

Meditative Wanderung zum Lichtberg – Hexentanzplatz

Eine sanfte Stimmung empfängt uns an diesem herrlichen Sommermorgen. Eine frische Brise bläst hier oberhalb der Käserei am Birklehof im Glottertal. Einige Kühe weiden friedlich in den bunten Hochwiesen, die Bauernhöfe liegen verträumt in der Landschaft, Vogelgezwitscher kündigt einen schönen Sommertag an.

Hundskamille begrüßt uns am Waldrand, wir lassen die Welt unter uns, steigen empor, dem Lichtberg entgegen. Langsamen Schrittes achten wir auf das Gehen und die Atmung. Im Schweigen steigen wir auf zum Lichtberg der Kelten. Je höher wir kommen, umso weiter wird der Blick, desto mehr verflüchtigen sich die Gedanken des Alltags. Eine reinigende Wirkung setzt ein, der Schritt wird leichter. Die kraftvolle Ausstrahlung des Bergs ist immer mehr zu spüren. Wir durchqueren einen dunklen Tannenwald und vernehmen plötzlich das Rauschen des Kandelbächleins, das hier am Berghang entspringt und im schnellen Lauf dem Glotterbach entgegenfließt. Aus einem kleinen Walddobel quillt das Nass der Quelle und speist die Pflanzen des Waldes. Waldmeister, Klee, Farn und Moos bilden einen breiten Grünstreifen im sonst eher dunkel wirkenden Tannenwald. Blaue Libellen fliegen wie Feenköniginnen daher. Die Quellnymphe schenkt uns eine schöne Feder, die wohl ein roter Milan an diesem Waldplatz zurückgelassen hat.

Zweribachfälle.

Kleiner Kandelfelsen

Das Felsgebiet Kleiner Kandelfelsen ist ein großer Steingarten. Am Eingang steht ein Wächterstein, der alle Wanderer forschend prüft, ob sie auch würdig sind, diesen Zaubergarten zu betreten. Mehrere Steinblöcke liegen verstreut am Hang. Vor uns erhebt sich ein markanter, pyramidal zulaufender Dreiecksstein, der in seiner Erscheinung an ein Modell des bekannten Matterhorns erinnert. Wir kommen zu einem runden kleinen Platz, der mit schönen Buchen umstanden ist. Eine Felsbank lädt zum Verweilen ein.

Etwas weiter unterhalb zeigt sich eine Felskanzel. Hier hat man einen traumhaften Blick über das Glottertal. Eine Zwillingsbuche steht wie ein Liebespaar, die Blätter der beiden Bäume streicheln sich zart. Es ist wahrhaft ein Platz zum Träumen und die Seele baumeln zu lassen. Eine Art Abschluss des Steingartens bildet ein Stein, der die Form eines Löwen hat. Es scheint, als hätte der Steinlöwe einen steinernen Sattel auf seinem Rücken, worauf man sich bequem niederlassen kann.

Vor uns thront auf einem Felsvorsprung die Thomashütte. Sie steht auf dem höchsten Punkt des Kleinen Kandelfelsens (1073 Meter). Unterhalb der Aussichtskanzel sind weitere Felswände auszumachen. Ein Gebilde hat eine große Steinnase und sieht aus wie ein Nasenbär. Wetterbuchen wachen über diesem archaischen Ort. Wie oft sie sich wohl schon vor den Naturgewalten verneigt haben, die hier oben herrschen können?

Großer Kandelfelsen

Eine Viertelstunde entfernt liegt auf der nördlichen Seite des Bergs der Große Kandelfelsen. Die mächtige Steinwand ist zirka achtzig Meter hoch und beeindruckt durch ihre Dimension. Eine große Steinhalde verrät, dass dieser Felsen einst noch viel höher war. Im Laufe der Zeit sind große Teile dieser mächtigen Felswand zu Tale gestürzt.

Der Sage nach sollen sich hier die Hexen aus dem gesamten Breisgau getroffen haben. Wegen seiner buckligen Form und der überhängenden Felskanzel glich der Große Kandelfels einer Teufelsgestalt und erhielt den Namen Teufelskanzel. Berichtet wird in alten Erzählungen, dass, wenn dieser Felsen einmal zu Tale stürzen würde, im selben Augenblick enorm viel Wasser aus einem unterirdischen See herausbräche und das Elztal und die Breisgauer Bucht in diesen Fluten versinken würden. Der Felsen diene eigentlich nur als Stopfen, der die Wassermassen zurückhält, so die Vorstellung der überlieferten Sagen.

Die Teufelskanzel ist 1981 in der Walpurgisnacht mit großem Getöse hinabgestürzt… Zu dieser Zeit wurde nicht weit davon ein Tunnel für eine neue Schnellstraße bei Waldkirch gebaut. Das Projekt war heftig umstritten, und es bildeten sich Bürgerinitiativen, die den Bau des Tunnels verhindern wollten. Viele erinnerten sich an die Sagen, als die Teufelskanzel in der Walpurgisnacht hinabstürzte. Zudem fand man damals neben den Felsbrocken einen echten Reisigbesen. Dies erregte die Güter noch höher, hatten doch einige Bürger Angst, die alte Sage könnte Wahrheit werden. Doch bis heute ist nichts dergleichen geschehen, und man nimmt an, dass, solange der Hauptfelsen steht, keine Gefahr droht.

Von hier oben können die Blicke bis ins vordere Elztal und hinüber zum Kaiserstuhl und Limberg schweifen. Die alpine Wand des Kandelfelsens ist in ihrer solitären Schroffheit einzigartig im Schwarzwald.

Um das Felsmassiv herrscht ein starkes Kraftfeld. Wurden hier einst Opferriten zelebriert? Verwetterte Bäume und tote Tannen wirken gespenstisch. Ein ideales Gebiet für Zauberinnen und Zauberer, die aus einer anderen Welt auftauchen und in nebelumhüllten Tagen ihren Schabernack treiben.

Die Kandelbächlequelle im Norden

Neben der Kandelbächlequelle im Süden gibt es eine Schwesterquelle im Norden unweit des Großen Kandelfelsens. Sie entspringt oberhalb einer großen Farnwiese. Die Pflanzen weisen in der warmen Jahreszeit hier überall einen üppigen Wuchs auf. Storchschnabelgewächse, Bärenklau, Sauerampfer, Taubnessel und andere Pflanzen begleiten den munter dahinfließenden Quellbach. Das ganze Quellgebiet hat eine sehr kraftvolle Ausstrahlung.

Die Gummenquelle im Südosten

Diese dritte große Quelle am Berg liegt etwa hundert Meter unterhalb der Gummenhütte und entspringt direkt aus der Wiese. Es ist meines Erachtens die schönste Quelle am Berg, von der eine sehr heilsame Kraft ausgeht.

Der Kandel war ein heiliger Berg der Kelten. Ebenso wurde er für die Alemannen zum Sitz ihrer Götter. Wodans wildes Heer umbrauste den Berg. Hexen und Teufel tummelten sich auf seinen Felstürmen, insbesondere auf dem Großen Kandelfelsen wurden orgiastische Hexensabbate gefeiert. Das zumindest wird aus der Stadt Waldkirch überliefert, die am Fuße des mächtigen Bergmassivs liegt. Der Kandel ist eine Art Brocken im Schwarzwald.

Das ganze Kandelgebiet hat noch viele magische Orte zu bieten, wie die Zweribachfälle im Osten des Bergs – einer der schönsten Wasserfälle im Schwarzwald.

Oder bei St. Märgen die Ohmenkapelle. Bereits die Kelten kannten diesen Kraftort, von dem eine sehr starke Heilschwingung ausgeht (insbesondere hinter der Kapelle). Ein kleiner Pfad führt hinunter (etwa hundertfünfzig Meter) zur alten Heilquelle, die aus dem Berg sprudelt und dem Judas Thaddäus geweiht wurde. Die Kapelle steht gut sichtbar am Ortsausgang von St. Märgen Richtung Wagensteigtal.

Hörst Du, wie die Tanne kracht,
heute ist Walpurgisnacht!
Verlösche den Kienspahn,
der Hochknecht spricht,
die Hexen hausen in Forst und Ficht.
In Teufels Namen! Gejohl und hu, hu,
die Hexen fahren dem Kandel zu.

Eugen Odin

Sage vom Kandelfelsen

In Siensbach weiß man zu berichten, dass ein großer See im Kandel verborgen liege, der den gesamten Breisgau überschwemmen könne, der Kandelfelsen bilde dabei eine Art Stopfen.

Ein Hirtenjunge, der in seiner Herrschaft schlecht entlohnt wurde und zerrissene Kleider am Leibe trug, hütete einst eine große Kuhherde auf dem Berg, als ihn der Teufel – als Jäger verkleidet – an-

Teufelskanzel.

sprach. Der Junge klagte sein Leid, und der Unbekannte versprach sogleich, ihm zu helfen. Er schickte ihn zum Kandelfelsen, wo angeblich ein großer Schatz aus Silber und Gold versteckt sei. Nur müsse man den Felsen beiseite schieben. Der Hirtenjunge versprach dem Jäger, sich der Sache anzunehmen und mit vier Ochsen den Felsen wegzuräumen. Als am nächsten Morgen der Bursche mit den Zugtieren zu der verabredeten Stelle am Kandelfelsen kam, traf er dort den merkwürdigen Jäger. Dieser hatte bereits einen Eisenring an der Felswand angebracht. Der Knabe zog nun beherzt sein Seil durch den Ring und trieb die Tiere an, indem er rief: »Nun denn in Gottes Namen!« Da setzte ein fürchterlicher Sturm ein, die Erde begann zu beben, Blitze zuckten hernieder und der Bursche fiel ohnmächtig zu Boden. Als er wieder erwachte, war der Jäger samt Eisenring am Felsen verschwunden. Aus dem Fels entsprang eine Quelle, die fortan der großen Wassernot in Siensbach ein Ende bereitete. Hätte der junge Bursche seine Tiere nicht im Namen Gottes angetrieben, wäre der Sage nach der ganze Breisgau untergegangen.

Neungeschwisterkapelle bei Eschbach

Unscheinbar, versteckt in einer Talmulde, schmiegt sich die kleine Bauernkapelle an den Wiesenhang. Nahe bei Waldkirch, Richtung Eschbach, liegt das Gotteshaus. Die Besonderheit des Ortes ist eine heilige Quelle im Inneren der Kapelle, die direkt neben dem Altar, in einem kleinen Becken, gefasst ist. Dieses alte Quellheiligtum hat seinen besonderen Reiz durch seine Schlichtheit.

Nach altem Brauch ist die Quelle gut für eine Augenwaschung. Viele nehmen aber auch gerne Wasser mit, um es für Heilzwecke zu verwenden, zum Beispiel für die Herstellung von Lichtwässern. Geweiht ist dieser Ort der Heiligen Notburga. Sie soll eine schottische Königin gewesen sein, die durch den Schwarzwald zog. An dieser Stelle soll sie neun Kinder auf die Welt gebracht und hier getauft haben. Merkwürdigerweise ist in der Kapelle kaum etwas von der Heiligen Notburga zu sehen. Vielmehr geht es im Altarbild um weitere drei heilige Frauen, die ebenfalls einen üppigen Nachwuchs präsentieren können, wie die heilige Felicitas, die heilige Symphorosa und die makkabäische Mutter – und jede soll sieben Söhnen das Licht der Welt geschenkt haben. So steht uns ein Ort der Fruchtbarkeit, eine Art Kindlisbrunnen, gegenüber.

Neungeschwisterkapelle.

Heilige Quellen sind vielerorts noch ein Ausdruck des heidnischen Glaubens der Vorfahren. Der Geist der Erde hat seinen weiblichen Charakter über all die Zeiten trotz großen Verfolgungen bewahren können. Es ist nicht gelungen, die alte Verehrung von besonderen Naturplätzen wie Felsen, Quellen, Bäumen oder Höhlen ganz auszurotten. Heute können wir beobachten, wie eine Integration dieser alten Bräuche in neue religiöse Riten stattgefunden hat.

Heiliwog holen

Ein alter Wasserritus hat sich in Endingen am Kaiserstuhl erhalten.

Die Brunnen der malerischen Altstadt rücken einmal im Jahr in das Zentrum des Interesses der Bürger. Am Heiligen Abend nach der Bescherung und Christmette verbringt man seine Zeit mit Gebet und Gesang bis Mitternacht. Wenn die Turmuhr schlägt und die Glocken läuten, füllen alle schnell ihr mitgebrachtes Krüglein an einem der Brunnen, denn dieses in der Zeit des Glockenklangs geschöpfte Wasser gilt als heilig. Die Waldkircher und Endinger nennen es deshalb »Heiliwog holen«.

Heiliwog holen, Endingen.

Heiliwog bedeutet *heil wac, heilwäge* = heilige Woge, geheiligtes Wasser. Wenn die Familie wieder in die Wohnung zurückgekehrt ist, so spricht meist der Vater: »Heiliwog, Gottes Gob, Glück ins Hüs, Unglick nüs!« Das gesegnete Wasser wird als Heiltrunk über das ganze Jahr getrunken. Auch Tiere bekommen einen Schluck in ihren Fressnapf. Wasserreste werden auch gerne ins Weinfass geschüttet.

Belchberg im Elztal

»Die beste Arznei für den Menschen ist der Mensch. Der höchste Grad von Arznei ist die Liebe.«
Paracelsus

Siebenfelsen.

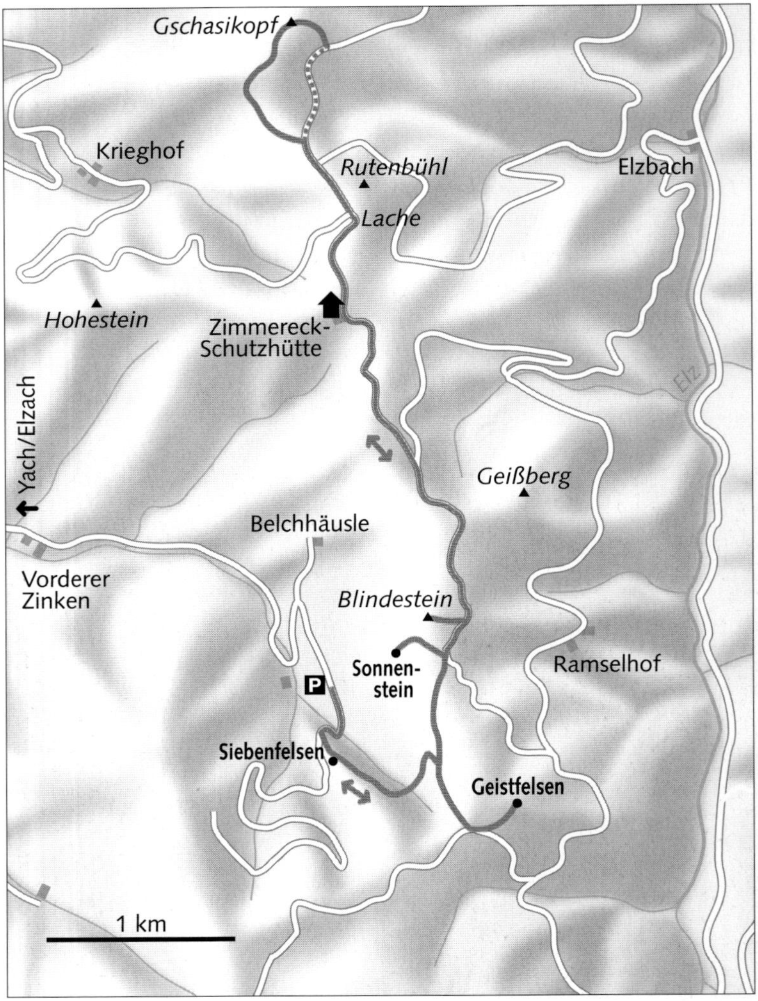

Anfahrt: Vom Bahnhof Elzach rechts nach Yach fahren. Ein kleines Sträßlein führt hinauf ins Yacher Tal. Hinter der Dorfkirche verzweigt sich die Straße. Dort fahren wir links Richtung Vorderer Zinken. Das Sträßlein windet sich in vielen Kurven bergwärts. Unterwegs sind herrliche Bauernhöfe auszumachen, wie der Schneider-Bauernhof und der Fischgrundhof. Wir folgen dem kleinen Hinweisschild »Siebenfelsen«, bis die Straße an einem kleinen Waldparkplatz endet.

Wanderung 1. Variante: Waldparkplatz–Siebenfelsen–Geistfelsen–Sonnenstein, Mondstein–Blindenstein–Gschasikopf–Waldparkplatz: 6 Std.
Vom Waldparkplatz aus gehen wir zu den geheimnisvollen Einweihungsstätten des Belchbergs. Der Wanderweg mit der blauen Raute ist hervorragend ausgebaut und an allen wichtigen Abzweigungen gut beschildert, so dass wir uns diesem Bergpfad prima anvertrauen können. Wir bleiben ein kurzes Stück auf dem Waldweg (zirka sechshundert Meter). Ein kleiner Pfad zweigt links zum sagenumwobenen Siebenfelsen ab.
Wir wandern weiter, bis wir zu einer Wegverzweigung kommen, wo es rechts zum Rohrhardsberg und links zum Zimmereck/Gschasi führt.
Wenn wir den Geistfelsen entdecken wollen, gehen wir jetzt einige hundert Meter in Richtung Rohrhardsberg, also rechts. Wir erreichen einen Bergpass,

Sonnenstein.

und der Blick wird frei über das obere Elztal. Links ist eine große Wiese, oberhalb davon sehen wir einen Felsen. Wir gehen über den Wiesenweg hinauf zu diesem Platz. Etwa fünfzig Meter weiter ist noch eine – unter Bäumen und Büschen versteckt – andere Felsgruppe, die bei Regen guten Unterschlupf bietet. Blicken wir von hier aus Richtung Waldrand, sehen wir den Geistfelsen.
Nun wandern wir wieder zurück zu der Weggabelung, wo wir abgezweigt sind, und folgen der blauen Raute, die uns zu unserer nächsten Station Richtung Zimmereck führt. Wir gelangen zum Waldplatz Am Eckle (1020 Meter) am Fuße des Belchbergs, wo uns weitere Felsformationen überraschen. Zunächst begeben wir uns zirka zweihundert Meter auf den Hagschachenweg nach links, bis wir den Mond- und Sonnenstein erreichen. Von hier gehen wir wieder zurück zum Waldplatz Am Eckle. Wir können jetzt direkt über einen kleinen Pfad hinaufsteigen zu einem Schalenstein der steinernen Burg, der den Namen Blindenstein trägt und den Gipfel des Belchbergs krönt.
Als weiteren Höhepunkt gehen wir zum Gschasikopf, dem Endberg dieser Bergkette zwischen Elz- und Prechtal. Vom Platz Am Eckle folgen wir dem Schild »Gschasi-Elzach-Prechtal« (dreieinhalb Kilometer zum Gschasikopf). Der Wanderweg verläuft fast eben über einen Bergkamm. Wir kommen zur Zimmerecklehütte und erreichen den Bergpass Zimmereck (966 Meter). Von hier sind es nach Elzach siebeneinhalb Kilometer und nach Oberprechtal sieben Kilometer. Die nächste Weggabelung heißt Lache (970 Meter). Wir gehen weiter geradeaus auf dem Gschasiweg.
Dann kommen wir zur Wolfsgrube (967 Meter) mit der Wolfsgrubenhütte. Von hier ist es nicht mehr weit, und wir folgen dem Weg nach links, der uns zu den Gschasifelsen führt. Schließlich erreichen wir die Fentzlingbankhütte oberhalb der Gschasifelsen. Hinter der Hütte kann man über den Waldboden hoch zum bewaldeten Gipfel des Gschasikopfs steigen (zirka zweihundert Meter).
Von hier aus gehen wir den Weg wieder zurück zum Ausgangspunkt.

2. Variante mit dem Zug: Vom Bahnhof Elzach dem Wanderschild »Yach-Siebenfelsen-Rohrhardsberg« folgen. Der Weg verläuft die meiste Zeit über die asphaltierte Verkehrsstraße (zirka vier Kilometer) bis zum Ausgangspunkt am Waldparkplatz. Es gibt einige Abkürzungen über einen Wälder- und Jägerpfad. Der Rückweg folgt dann vom Gschasikopf Richtung Elzach Bahnhof. Achtung, steiler Abstieg.

Nebelgeister am Belchberg

Draußen regnet es, und ich überlege schon, die geplante Wanderung zum Belchberg abzusagen. Ich hole trotzdem meinen Begleiter vom Bahnhof ab. Miroslav ist ein Kenner der Schwarzwaldberge und erklärt mir in seinem ruhigen Ton, dass er es schon oft erlebt habe, dass das Wetter am Belchberg anders sei, auch wenn es um Freiburg regnet. Nach einer kurzen Besprechung fahren wir los, der Regen klatscht an die Scheiben meines Fahrzeugs. Tatsächlich, als wir von Elzach aus ins Yacher Tal abbiegen, hört der Regen auf, der Himmel hellt sich auf. Miroslav hat mit seiner Aussage Recht behalten. Das Wetter im Schwarzwald kann sich blitzschnell ändern. Nebelschwaden gleiten oft wie Fabelwesen über die Tannenwipfel des lang gestreckten Bergrückens. Sind es die keltischen Nebelmänner der Vorzeit, die sich hier einen Spaß daraus machen, uns irdischen Bewohnern einen Druidentanz aufzuführen, indem sie sich in immer neue Gestalten verwandeln? Es sind lange, majestätisch anmutende Luftburschen und auch Luftfrauen, die einen Reigen zu Ehren der heiligen Felsen im Yacher Tal tanzen. Bis die Sonne lacht.

Foto: Martin Schulte-Kellinghaus.

Arnika, Ginster, Johanniskraut, Fingerhut blühen in der warmen Jahreszeit am Rand der Hochwiese, die von einem Eschenwald eingerahmt ist. Diese stolzen Weltenbäume stehen am Beginn unserer Wanderung zu den magischen Orten am Belchberg. Am Rand der Wiese liegt ein mächtiger Findling, geradezu passend für ein Denkmal. Über dem Stein wächst schützend ein Schierling, auch Herkulesstaude genannt. Sie wird gefürchtet, da man sich an den Blättern der großen Pflanze verbrennen kann. Das Gift dieser Staude musste einst der griechische Philosoph Sokrates zu sich nehmen, um zu sterben. Er wurde zum Tode verurteilt, da seine Ideen den Herrschenden zu mächtig wurden. Obwohl die Pflanze keinen guten Ruf besitzt, ist sie schön anzusehen, besonders der große Blätterschirm, der hier ein schützendes Pflanzendach über dem Felsen bildet.

Ein kleiner Bach, von Erlen umstanden, heißt uns willkommen. Zur Begrüßung befeuchten wir Augen und Stirn. Bereits nach kurzer Wegstrecke tauchen größere Felsformationen auf, Gestalten aus Granit säumen den kleinen Pfad. Wie Skulpturen präsentieren sie sich – liegende, stehende, dicke und dünne Steinmänner. Dazwischen eine umgestürzte Tanne, die mit ihrem gebleichten Stamm wie ein Omphallus wirkt. Wir schreiten über ein weit verzweigtes Wurzelgeäst, wo Zwerge und Gnome zu Hause sein könnten. Nach kurzem Aufstieg sind wir bei den Siebenfelsen. Der ganze Ort scheint eine sehr hohe energetische Schwingung zu haben. Die Formel könnte lauten: Granit plus Spiritualität. Über Tausende von Jahren hat die Natur diese Felsformation so ausgearbeitet, dass der Eindruck entsteht, hier wären sieben Felsen übereinander gelegt worden. Zumal diese Felsen nicht so mächtig sind, wäre es denkbar, dass dieser Platz einst von Menschenhand zerstört wurde und die oberen Abdecksteine heruntergeworfen wurden, um den heidnischen Platz zu entweihen. Die These, dass hier Zerstörung stattfand, wird untermauert durch die Tatsache, dass ein großer Schalenstein, der neben dem Siebenfelsen auf dem gleichen Block steht, umgeworfen wurde und nun nach unten zeigt.

Bei längerem Verweilen kann man sich der Magie des Ortes kaum entziehen. Wir klettern durch die Steinriesen; etwa fünfzehn Meter entfernt ist eine Steinkammer. Von hier aus erzeugt das Tönen bzw. Singen von archaischen Obertönen einen imposanten Widerhall. Vielleicht diente die Steinkammer einst als sprechender Stein zu Orakelzwecken? In südöstlicher Richtung liegt ein tonnenschwerer Steinriese. Auffallend ist, dass in der Mitte des Steins ein kleines Podest installiert wurde. Ein bezaubernder Herzfelsen vor der Anlage erinnert uns an die Liebe. Denn nur wo Liebe ist, vermag der Mensch etwas zu verändern und zu verwandeln.

Der Pfad zu den heiligen Felsen am Belchberg

Wir setzten die Wanderung fort und können einen ersten freien Blick über den geheimnisvollen Berg genießen; ein weiterer Felsplatz ragt aus den Bäumen heraus. Zunächst gehen wir Richtung Rohrhardtsberg und kommen auf eine große Wiese, wo drei besondere Steinplätze auszumachen sind. Am markantesten ist der Geistfelsen, der uns mit seinem geisterhaften Steingesicht ausdrucksstark anschaut. Seine steinernen, bemoosten Lippen sehnen sich nach seiner Braut, der Mondenfrau. Ein wunderschöner Schalenstein ziert den zweiten Steinplatz, der bei kühlem Wetter einen guten Unterschlupf bietet.

Unterhalb des Gipfels erreichen wir nach kurzem Aufstieg den Steinplatz, den wir beim Aufstieg am Belchberg gesehen haben, den Sonnen- und den Mondstein. Der Sonnenstein steht auf drei großen Blöcken. Da er den männlichen Part spielt, ordne ich ihn der Sonne zu. Gegenüber ist ein Fels, der in seinen Konturen dem Mond ähnlich sieht. Er impliziert für mich das Weibliche, ich nenne ihn Mondstein. Die beiden Felsen bilden eine Art Tor. Es ist ein kommunikativer Platz. Wir haben einen herrlichen Blick über das Yacher Tal. Hier oben wachsen Wacholder, Birken, Buchen, Eichen, Ebereschen und andere Bäume – sie erinnern an die Bäume des keltischen Baumkalenders.

Der Gipfel des Belchbergs bildet eine gewaltige Felsburg. Ganz oben liegt ein zauberhafter Schalenstein, der einem Walfisch sehr ähnlich sieht – der Blindenstein.

Seine höchste Stelle bildet eine kleine Schale. In diese gießen wir etwas von unserem Trinkwasser, und ich gebe einige Tropfen Lichtwasser dazu. Auf dem Rücken des Riesen wächst eine Eberesche. Ich spiele auf meiner Flöte eine Tanzmelodie, und plötzlich stimmen mehrere Waldvögel in die Melodie ein und pfeifen mit.

Gschasifelsen

Auf dem Weg zum Gschasikopf ist vor dem Zimmereck ein Bildstöckchen zu entdecken, das an den frühen Tod eines jungen Waldarbeiters erinnert:

»An dieser Stelle verunglückte 1853 der 21-jährige Anton Schultis von Prechtal durch einen rollenden Stamm. Vater unser, heiliges Herz Jesu erbarme Dich!«

Wir wandern den idyllischen Pfad entlang vorbei an der Wolfsgrubenhütte, und gelangen schließlich zu den Gschasifelsen, von denen man einen traumhaften Blick bis in die Vogesen genießen kann. Der Hörnleberg, der uns jetzt gegenüberliegt, sieht aus wie ein mächtiger Bogen – bereit für einen göttlichen Bogenschützen, Pfeile in den Himmel zu schießen. Auf dem Gipfel des bewaldeten Gschasikopfs liegt eine kleine moosige Zauberwiese. Mächtige Buchen herrschen auf dem windumtosten Bergkopf.

Yacher Tal

Als ich vor fünfundzwanzig Jahren das erste Mal in dieses reizvolle Tal kam, spürte ich sehr schnell die besonderen Kräfte hier. Spuren einer untergegangenen, geheimnisvollen Kultur ließen mein Herz höher schlagen. Zelebrierten hier keltische Stämme ihre Einweihungsriten? Solchen Fragen sind im Laufe der letzten drei Jahrzehnte auch mehrere Privatforscher aus dem Elztal nachgegangen.

Der bekannteste unter ihnen ist Willi Thoma aus Waldkirch, der sich intensiv den Sagen des Tals gewidmet und zahlreiche Bücher über die Landschaft des Elztals verfasst hat. »Die Felsenwelt auf dem Belchberg erschöpft sich nicht in Menhiren (Langsteine), Dolmen (tischförmige Felsen) und Cromlechs (kreisförmig geordnete Steine). Es finden sich auch kleine Mauern und Viereckwälle neben den maskenähnlichen Felsskulpturen und Opferschalen. Die frühgeschichtlichen Bezeichnungen im oberen Elztal sind so dicht wie sonst selten. Die Namen weisen auf eine untergegangene Kultur hin. Sie zeigen uns die letzten Fluchtorte der Kelten«, schreibt Thoma in seinem Beitrag »Rätselhafte Schalensteine« S. 180, in »Rund um den Kandel«.

Aus dem Buch »Zur Geschichte der Stadt Elzach« aus dem Jahre 1978 von Josef Weber erfahren wir über den Ortsteil Yach: »In jüngster Zeit ist es privatem Forschereifer gelungen, in Yach im so genannten Belgwald, gegenüber dem Naturdenkmal ›Siebenfelsen‹, Entdeckungen zu machen, die nicht ungesehen in das Reich der Fantasie verwiesen werden können. Schon der Name Belgwald, Belgmatte sind in ihrem Wortstamm Belch keltischen Ursprungs.« Der Autor vermutet, dass sich keltische Stämme bei der Unterwerfung und Landnahme durch die Alemannen um das Jahr 200–400 n. Chr. in das Yacher Tal zurückgezogen haben, um hier ungestört ihre religiösen Riten abzuhalten.

Gefahr Gewitter

Mein Freund erzählt mir, dass er im Schwarzwald vor einem Jahr von einem schnell heranziehenden Gewitter überrascht wurde. Er suchte sich einen Platz, an dem keine hohen Bäume standen, und setzte sich dort ins Gras, um sich so vor dem Gewitter zu schützen. Plötzlich blitzte und donnerte es. Ein Blitz schlug unweit in einen Baum ein. Mein Freund fühlte, wie sich eine gewaltige Energie auf dem Waldplatz entlud. Danach verlor er für kurze Zeit sein Bewusstsein. Als er wieder zu sich kam, stand er im hohen Gras, seine Beine waren schwer, und er legte sich auf den Boden und schlief zwei, drei Stunden. Als er wieder erwachte, wusste er weder seinen Namen, noch wo er war. Sein Bewusstsein hatte durch den Blitzschlag eine Unterbrechung erfahren. Er machte sich auf den Rückweg. Als er mit dem Zug zurückfuhr und ihm dabei sein Personalausweis in die Hände fiel, konnte er sich wieder an seinen Namen erinnern. Erst ganz langsam begann er sich wieder an alles zu erinnern. Er hatte großes Glück und er erholte sich in kurzer Zeit wieder vollständig. Gewitter im Schwarzwald können sehr gefährlich sein, und jedes Jahr fordert der Donnergott seine Opfer.

Blindenstein.

Die Ortsbezeichnung Yach wird von den Einheimischen als »Eich« ausgesprochen. Das könnte ein Hinweis auf die bekannten Eichenmänner, die Druiden sein. In Freiburger Urkunden aus dem 13. und 14. Jahrhundert ist von einem Adelsgeschlecht, das sich »von der Eiche« nannte, die Rede. Damals führte die einzige Verbindung aus dem Elztal in Richtung Triberg über einen alten Saumpfad durch das Yacher Tal. Vielleicht bewachten die »Herren von der Eiche« diesen Handelsweg, auf dem Wein und Hanf transportiert wurden, und verlangten Wegezölle. Gewannnamen wie »Schlossbühl« oder »Auf dem Schlössle« geben bis heute den Forschern Rätsel auf. In alter Zeit soll auf dem Schlossbühl

Siebenfelsen.

ein grausamer Ritter gehaust haben. Durch einen unbekannten Vorfall musste er plötzlich die Flucht ergreifen und das Tal verlassen. Zuvor soll er sein erbeutetes Gold vergraben haben. Seither bewacht ein schwarzes, hässliches Hündchen die Schatztruhe. Es lässt sich nur einmal im Jahr, meistens am 6. März, blicken. Bisher ist es noch keinem gelungen, sich diesem Hündchen zu nähern, und der Wiesenhügel, auf dem im Winter meist kein Schnee liegen bleibt, wurde von der Bevölkerung von Schlossbühl in Teufelshofstatt umgetauft. Schwarze Hunde deuten meist auf eine unerlöste Seele hin, so der Volksglaube.

Yach hat bis zum heutigen Tage nichts von seiner Faszination eingebüßt. An Sonntagen, beim Kirchgang, kann man hier noch alte Frauen in der schönen Elztäler Tracht bewundern. Sie haben ein Stück der alten Schwarzwälder Kultur in ihrer Seele bewahrt.

Die Seesage vom Braunhörnle

Der bekannte Braunhörnleberg (1136 m) schaut zwischen dem Rohrhardtsberg und dem Tafelbühl keck hervor. Seine steilen Abhänge ziehen sich bis in den hinteren Zinken von Yach. Viele Quellen brechen aus den Berghängen hervor, und die Menschen glaubten, da diese Quellen auch in sehr trockenen Sommern nicht versiegten, dass im Braunhörnle ein See versteckt sei, der das viele Wasser hervorbrächte. Irgendwo im Wald sei ein geheimnisvoller Ring versteckt. Sollte jemand aus Versehen an diesem Ring ziehen, so würde der See auslaufen und das ganze Tal überschwemmen. Genährt wurde diese Vorstellung noch durch einen unbekannten Naturheilforscher und Wünschelrutengeher, der sich längere Zeit im hinteren Zinken aufhielt und durch seine Untersuchungen ein großes Wasservolumen bestätigte, womit die Angst vor einer Naturkatastrophe in der Bevölkerung noch verstärkte wurde.

Die Schweineherde im Biggertloch

Der Flurname Biggert ist keltischen Ursprungs und heißt Wald.
Im Biggertloch gehen Gespenster um, so die Sage, am Fuße des Belchbergs, hat der alte Schneiderbauer Franz Disch eines Nachts im Sturmwind den Hut verloren. Er geriet, als er dem davonfliegenden Hut nachlief, ins Biggertloch und fand sich plötzlich inmitten einer Herde von Ferkeln. Und so sehr er sich mühte, eines der Tiere zu fangen, es war nicht möglich. Daheim im Hof kontrollierte er sofort die Ställe. Kein Tier fehlte. Da wusste er es, die Ferkel waren Geistertiere (Thoma 1986: 121).

Blick vom Schlangenfelsen über das Kinzigtal.

Mittelschwarzwald

Heidenkeller bei Ettenheimmünster

Keltische Maske.

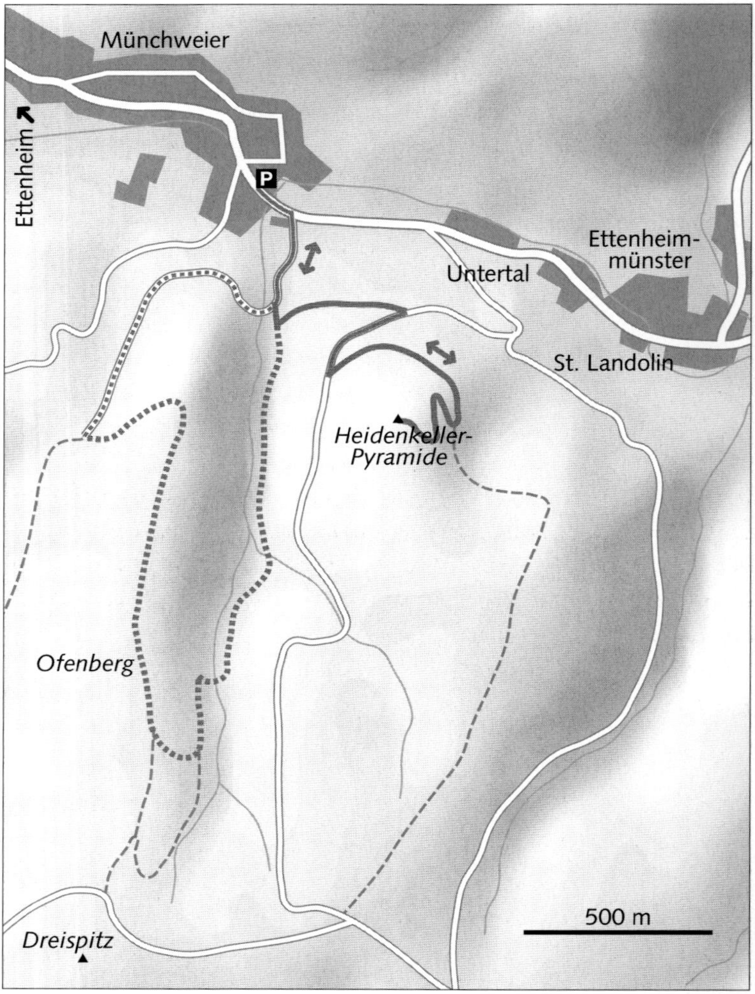

Anfahrt: Nach Ettenheim/Ettenheimmünster fahren. Vor Ettenheimmünster in Münchweier gegenüber vom Gasthaus Rebstock in die Schustergasse rechts abbiegen und am Ende der Gasse parken.

Wanderung: Münchweier–Wolfswinkelweg–Heidenkeller–Höhenweg–Speckackerweg–Münchweier: 1 bzw. 3 Std.

Vom Parkplatz aus wandern wir links auf einem Weg, der sich an einigen Häusern vorbeischlängelt. Vor einem Wildgehege gehen wir wieder links, vorbei an alten Apfelbäumen. Wir kommen zu einer Wegkreuzung und folgen dem Wanderzeichen blaues Rechteck nach links. (Achtung, nicht verwechseln mit blauer Raute. Diese zeigt in die andere Richtung nach rechts.) Wir halten uns fortwährend an das Wegzeichen. Es geht stetig bergauf. Der Wolfswinkelweg bringt uns dem Ziel näher. Hier biegt ein kleiner Pfad nach rechts ab, der uns auf den Bergrücken führt. Wir erreichen die kleine Anlage Heidenkeller. (Hin- und Rückweg: eine Stunde.)
Wir gehen auf dem gleichen Weg wieder zurück bis kurz vor den Ausgangspunkt bis zur Wegkreuzung am Bachtal (blaue Raute). Wer möchte, dem sei hier ein schöner Rundweg mit wunderbaren Panoramaaussichten empfohlen. Wir gehen links des Bachs den Schwarzgräbleweg hinauf, bis dieser nach zirka einem Kilometer abzweigt. Unser Weg ist jetzt der Höhenweg, der uns auf den Kamm des Bergs führt. Auf dem Bergkamm dreht der Höhenweg nach rechts. Nach etwa eineinhalb Kilometern gerader Wegstrecke öffnet sich der Blick, und wir sehen die Rheinebene. Unsere Augen können hinüber zu den Vogesen, zum Taennchel und Odilienberg schweifen. Nach weiteren fünfhundert Metern gelangen wir an eine Wegkreuzung. Wir folgen rechter Hand dem Speckerackerweg, der uns wieder zum Ausgangspunkt zurückführt (Rundweg: 3 Std.).

»Die Identität eines Ortes kann sich durch verschiedene Medien offenbaren, die potenzielle Kosmogramme des betreffenden Ortes darstellen. Es seien hier einige dieser Formen genannt, durch die Kosmogramme von Orten gefunden werden können:

- *Sie sind oft in Gründungsmythen oder den Ort betreffenden Sagen verschlüsselt.*
- *Sie können in Wappen oder im Namen des Ortes vorkommen.*
- *Eine wichtige Quelle sind zufällige Zeichen, die am Ort gefunden werden und die eine magische Anziehung ausüben, weil sie von einem besonderen Gefühl begleitet werden.*
- *Eine weitere Quelle können persönliche mystische Erfahrungen oder Träume am Ort sein.«*

Marco Pogačnik

Ein großer Erdwall umschließt die Anlage. Mauerreste und eine Treppe sind noch vorhanden. Es ähnelt einem alten verfallenen Turm aus dem Mittelalter. Angeblich ist der Ort jedoch viel älter; bereits die Kelten, Alemannen und Franken sollen ihn benutzt haben. Eine große, alte, doppelstämmige Zwillingseiche liegt auf den Ruinen und ist vermutlich Opfer des letzten Sturms. Neben der Fliehburg stehen noch eine große Steineiche und eine Tanne, die den Platz behüten. Die Einwohner von Ettenheimmünster sind sehr mit diesem Ort verbunden. Er diente ihnen in Notzeiten als Versteck. Sogar Äbte und Mönche des ehemaligen Klosters suchten hier öfter Schutz. War hier einst eine Höhle oder Grotte? Die Mauerreste wurden 1815 zu einem Aussichtsturm für Badegäste gestaltet. Castelberch war die ursprüngliche Bezeichnung, die dann im Laufe der Jahre wieder in Vergessenheit geriet, so berichten alte Pfarrbücher aus Münchweier.

Der Heidenkeller wird auch wegen seiner äußeren Form Pyramide genannt. An der Westseite wurde mit Steinen ein kleiner Raum errichtet. Eine verwunschene Stimmung umgibt den sagenumwobenen Ort. Fast hat man das Gefühl, dass er sich nach Erlösung sehnt.

Geht man in östlicher Richtung weiter über den Bergrücken, gelangt man an eine weitere Stelle, wo große Steinblöcke liegen und mehrere Erdwälle sichtbar sind. Hier soll die Gisenburg gestanden haben, auf deren Existenz heute nichts mehr hinweist. Der Sage nach soll von hier der heidnische Jäger gekommen sein, der um das Jahr 640 n. Chr. den iroschottischen Missionar Landelin in seiner Einsiedelei ermordet habe. Seither gehe der Jäger umher und finde keine Ruhe. Das nächtliche Rauschen der heranbrausenden Herbststürme wird von den Einwohnern als das Durch-die-Lüfte-Brausen des heidnischen Jägers gedeutet.

Heidenkeller.

Eine alte Sage berichtet von einem Dundersplatz (Donnerplatz), unweit der Gisenburg: Dort befindet sich eine Stelle, an der durch Stampfen ein dunkler Ton erzeugt wird – der wie ein Donner klingt. Darunter sei eine Höhle, in der ein Schatz versteckt sei, heißt es. In der Christnacht könne dieser Schatz gehoben werden, erzählt man sich im Ort. Einmal hätten zwei Männer aus Münchweier versucht, in der Christnacht den Schatz zu heben. Doch soll der Teufel sie von dort oben verjagt haben.

St. Landelin

St.-Landelin-Büste.

Kräftig sprudelnd tritt das Quellwasser vor der Wallfahrtskirche in dem kleinen, beschaulichen Schwarzwaldort Ettenheimmünster zutage. An dem zu Ehren des heiligen Landelin erbauten, prächtigen Gotteshaus angrenzend befindet sich die kuppelförmige Quellfassung aus Sandstein. Bereits in vorchristlicher Zeit wurde die Quelle als Wasserheiligtum verehrt. Das Wasser schmeckt kraftvoll und frisch und soll von jeher Kranken zur Gesundung verholfen haben. Auch heute noch kommen viele Menschen hierher, die mit Kanistern und Kannen das begehrte Nass abfüllen, um es als Trink- und Heilwasser zu nutzen. Das heilige Wasser der Landelinsquelle soll insbesondere gegen Augenleiden wirksam sein. Aber auch zum Schnapsbrennen wird das Wasser seit je verwendet.

Der Königssohn Landelinus aus Irland hat an diesem Ort einst eine Einsiedelei gegründet. Der Legende nach wollte sich die alemannische, heidnische Bevölkerung des Tals nicht christianisieren lassen. Mit dem Märtyrertod des heiligen Landelin empfanden die Christen hier eine besondere Kraft, da sich zahlreiche Wunder ereigneten, so dass sich um 725 eine Mönchsgemeinschaft niederließ und den Ort »Cella Monachorum« nannte, was Mönchszell bedeutet, woraus später der Name Münchweiler bzw. Münchweier wurde. Am Grabe des heiligen Landelin ließ der Straßburger Bischof Widegern um 734 eine kleine Kirche erbauen.

Nachdem die erste Mönchssiedlung bald wieder aufgegeben wurde, setzte Bischof Etto einen neuen Impuls und gründete ein Kloster bei der

 Landelinsquelle mit dem Namen »Monachium divi Ettonis« (Ettenheimmüster). Schriften aus dem 12. Jahrhundert berichten über Wallfahrten zu den heiligen Quellen. Ein Hymnus des 15. Jahrhunderts besingt das aus der Erde sprudelnde Nass als »terra fontes«.

Höhepunkt der über tausendjährigen Geschichte des Benediktinerklosters war die Epoche des 18. Jahrhunderts. Damals wurden große bauliche Veränderungen durchgeführt. Der vorarlbergische Baumeister Peter Thumb gestaltete das Kloster samt Kirche im barocken Stile um. Äbte und Mönche waren Musikliebhaber, denn eigens für Konzertaufführungen ließ Abt Dornblüt eine Orangerie erbauen. Nicht sehr lange währte die Pracht, denn in der Zeit der Aufklärung hatte man nicht mehr viel Sinn für traditionsreiche Abteien. In der Säkularisation wurde 1803 das Kloster durch den Badischen Staat aufgehoben. Die Räume dienten noch mehrere Jahrzehnte einer Tabakfabrik und als Lazarett für bayerische Soldaten während den napoleonischen Kriegen. 1860 wurden Kirche und Turm gesprengt. Nur die Klostermauer ist erhalten geblieben.

Die vor den Toren des Klosters errichtete Wallfahrtskirche (erbaut 1687) hat alle Wirren überstanden. Die großzügig gebaute Quellanlage vor der Kirche wurde wegen der vielen Wallfahrer nach außen verlegt. Damals wurden die Bedürftigen auch in dem Wasser gebadet. Eine der prominentesten Badegäste war die Markgräfin Sybille von Baden. Nach mehreren Bädern soll die adlige Frau von einer schweren Krankheit geheilt worden sein (1711).

Prunkstück des Gotteshauses ist ein silbernes Büstenreliquiar aus dem Jahre 1506, das den heiligen Landelin darstellt und in dessen Kopf eine Schädelreliquie von ihm eingelassen wurde. Lediglich auf Anfrage kann es besichtigt werden. Der heutige Mesner Stefan Ohnemus, ein Kenner der Klostergeschichte, erzählte mir, dass bei der Säkularisierung 1803 der badische Kommissar und Hofrat Stuber aus Ettenheim das wertvolle Reliquiar aus der Kirche holen ließ und es auf die Salzwaage brachte, um es einschmelzen zu lassen. Doch soll der damalige Pfarrer dem emsigen Staatsbeamten Stuber gedroht haben, dass die Seele des Hofrats, falls die Landelinbüste nicht zurückgegeben werde, der ewigen Verdammnis anheim fallen würde (Kroell 1999).

Die Legende von St. Landelin.

Kniestein
bei Schweighausen

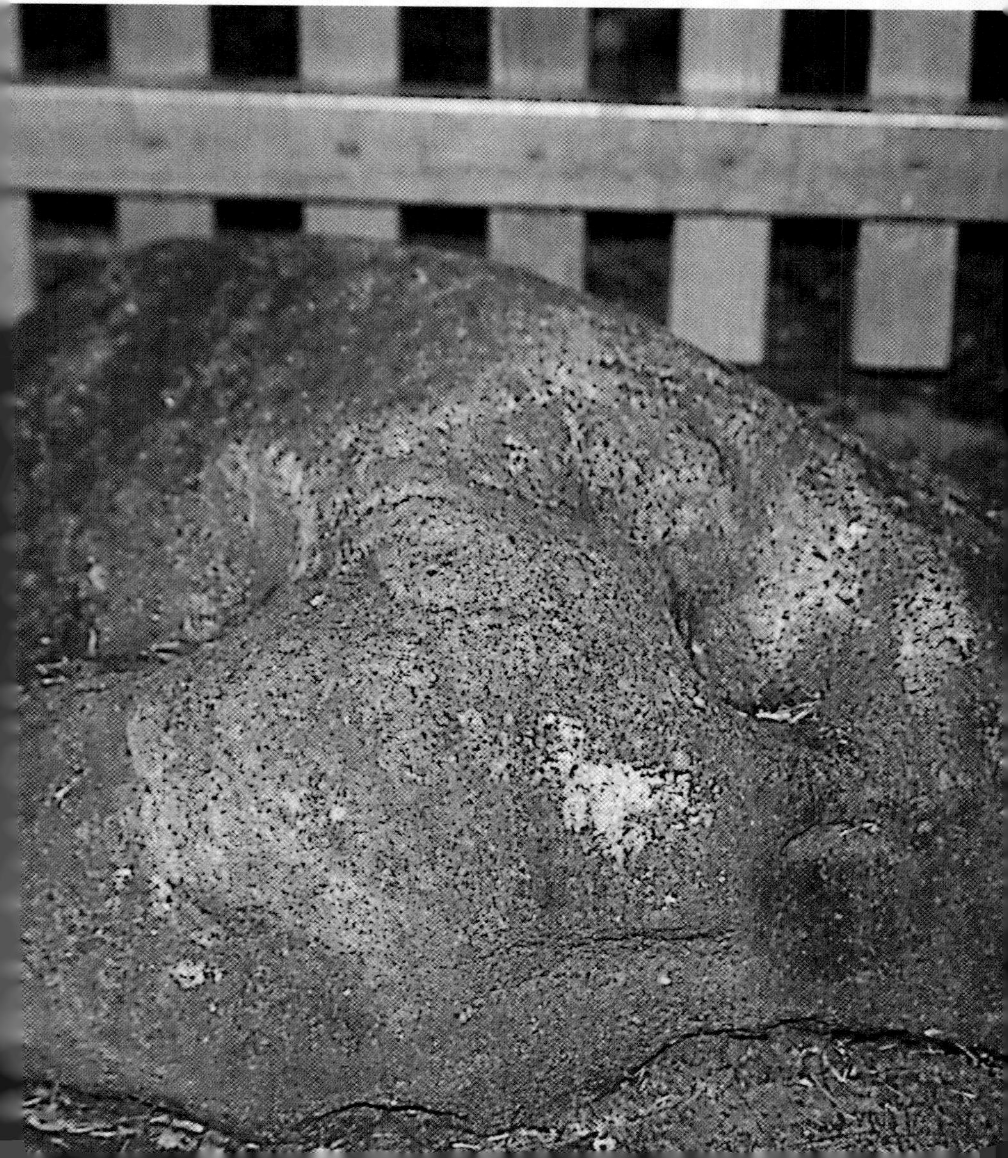

Anfahrt: Von Ettenheimmünster über den Berg Richtung Schuttertal fahren. Im Schuttertal geht es rechts nach Schweighausen. Im Ort bei der St. Annakapelle führt es rechts hinauf zur Kniesteinkapelle (1 ½ Std.).

Waldbruder.

Ein besonderer Stein ist der Kniestein bei Schweighausen. Oberhalb des Ortes liegt vor einer Kapelle im Wald versteckt der Kniestein. Ein Holzgitter umgibt den heiligen Stein. Nur von der Vorderseite ist er zugänglich. Das Gitter dient dazu, dass sich die Gläubigen zum Knien auf den Stein abstützen können. Der Sage nach soll hier einst ein frommer Einsiedler im Knien gebetet haben, wodurch die Abdrücke entstanden sein sollen. Die Menschen von Schweighausen pilgern seit Jahrhunderten hinauf zum Kniestein, um dort in stiller Waldeinsamkeit zu beten. Im Laufe der Zeit hat man öfter versucht, den Stein in den Ort, in die St. Annakapelle, zu bringen. Doch soll – so die Sage – der Stein am darauffolgenden Tag auf wundersame Weise wieder oben im Wald, an seinem ursprünglichen Platz gelegen haben. Deshalb baute man vor über hundert Jahren eine Kapelle hinter den Kniestein, um den Pilgern Schutz und Rast zu ermöglichen. Auf dem Waldplatz sprudelt auch eine frische Quelle.

Bildsteine bei Friesenheim

Bildsteine.

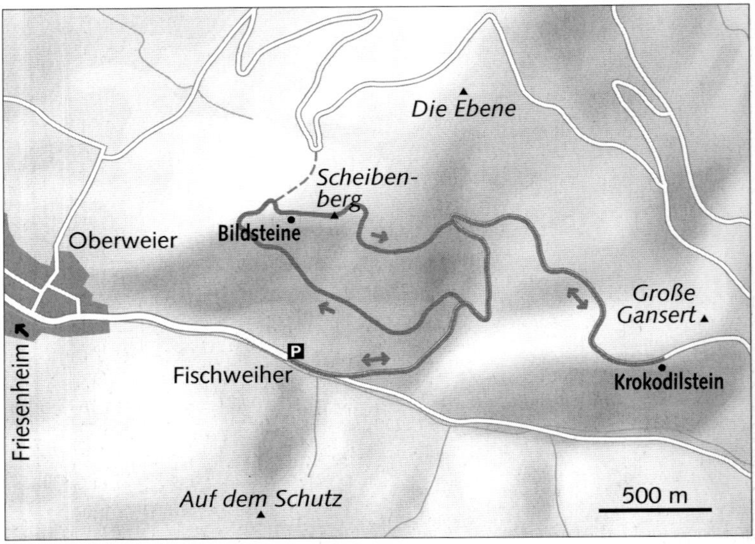

Anfahrt: Von Friesenheim nach Oberweier fahren; dort immer geradeaus, entlang dem Dorfbach, bis wir zum Waldparkplatz am Fischweiher kommen.

Wanderung: Waldparkplatz am Fischweiher–Bildsteinweg, Bildsteine–Scheibenberg–Krokodilstein–Waldparkplatz am Fischweiher: 2½ Std.

Der Weg zu den Bildsteinen wurde vor kurzem mit neuen Schildern versehen und ist gut zu finden. Vom Fischweiher gehen wir zirka hundertfünfzig Meter talaufwärts. An der Weggabelung gehen wir links und folgen der gelben Raute. Auf dem Wanderschild heißt es: »Mittl. Mörderdobel 0,6 Kilometer, Krokodilstein 1,8 Kilometer, Bildsteine 1,8 Kilometer und Rebmesserstein 6,0 Kilometern.« Nach sechshundert Metern biegt der Weg nach links ab, wir umrunden den Scheibenberg; nach kurzer Strecke geht es rechts ab auf den Bildsteinweg. Mächtige Felsblöcke liegen verstreut über den Berghang. Bald erreichen wir die Bildsteine, wo ein kleiner Pfad nach rechts abzweigt. Dann gehen wir wieder zurück bis zur Abzweigung im mittleren Mörderdobel, der zum Krokodilstein führt.

Eine zauberhafte Atmosphäre umgibt die Steinblöcke, die hier Grotten und Türme bilden.

Imposant wirkt eine mächtige alte Buche in der Mitte der Steinanlage. Weite Ausblicke bis zum Odilienberg in den Vogesen, der gerade gegenüber liegt, und zum Straßburger Münster sind ein unvergesslicher Höhepunkt. Der Name Bildstein kommt von Bilstein oder Beilstein, von

Bildsteine Friesenheim.

 keltisch *byl,* »Felsenrand«, andere Form für *bal, bel* »Stein, steiler Fels«. Im Hessischen und anderwärts gibt es eine Menge Bilsteine bzw. steile Felsberge dieses Namens (Obermüller 1867).

In alten Sagen aus Oberweier wird der Platz Bühlstein genannt. Auf dem mittleren Felsturm war einmal ein eiserner Ring befestigt. Ein dickes Seil hätte den Bildstein mit dem Maennelstein am Odilienberg in den Vogesen verbunden, damit die Schiffe auf dem wilden Rhein sicher von der Ortenau in die Vogesen gelangen konnten. Diese Sage erinnert an den alten Wassermythos, der besagt, dass einst ein großes Meer zwischen Schwarzwald und Vogesen wogte.

Wir wandern weiter bis zum höchsten Punkt des Scheibenbergs. Unser nächstes Ziel ist der Krokodilstein. Erstaunlicherweise blickt uns da gar kein Krokodil entgegen, sondern der Kopf einer mächtigen Steinschlange. Der Name Schlangen- oder Drachenfelsen würde viel besser passen.

Krokodilstein.

Hinkelsteine und Schlangenfelsen im Kinzigtal

Einen Ort finden für mich
einen Platz auf der Welt
an dem ich sein darf
der mir gibt:
Ruhe, Frieden, Schönheit, Lebendigkeit,
der von mir nimmt:
meinen Dank, meine Freude, Pflege.

Irmgard Clotz

Hinkelstein.

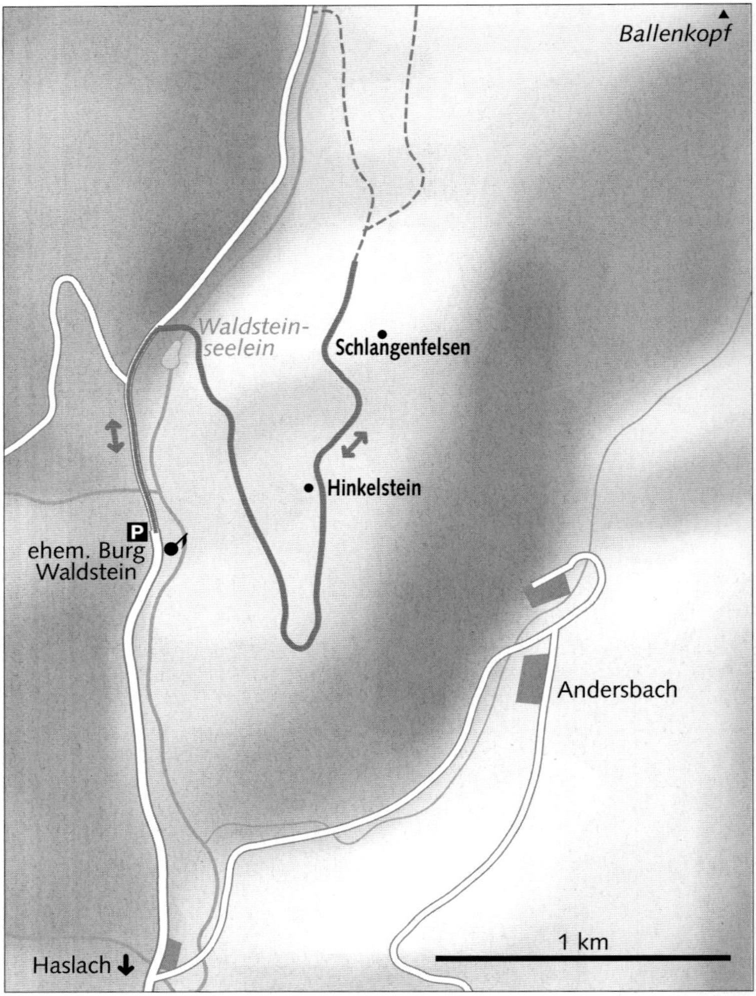

Anfahrt: Von Fischerbach (Nähe Haslach/Kinzigtal) ins Mitteltal fahren. Bis ans Ende des Tals fahren und am Franzosenhof parken.

Wanderung: Franzosenhof–Waldsteinsee–Hinkelstein–Schlangenfelsen–Franzosenhof: 1 Std.

In einem lang gestreckten Waldtal des Brandeskopfs liegen im Verborgenen rätselhafte Felsen. Namen wie Hinkelstein, Heidenkirche oder Schlangenfelsen klingen nach geheimnisvollen Orten der Kraft. Vom Franzosenhof gehen wir hundertfünfzig Meter geradeaus. Vor dem kleinen Waldsteinsee kommen wir zu der Wegkreuzung Am Waldsee (486 Meter). Links geht es zur Ruine Waldstein und rechts zum Hinkelstein und zum Schlangenfelsen. Der Hinkelsteinweg führt um den Waldsteinsee und durch einen wunderschönen Buchenwald hinauf zum Zauberberg.
Am Waldsteinplatz gehen wir links und erreichen bald den Hinkelstein, der nach zirka dreihundert Metern links auf einem Felssporn steht. Gegenüber dem Hinkelsteinweg geht ein Waldpfad steil nach rechts. Nach zirka zweihundert Metern gehen wir wieder nach links. Der kleine Moospfad bringt uns, wie von Feenhand geführt, zum Schlangenfelsen.
Wir können auf den gleichen Wegen zurückgehen oder den längeren Rundweg um den Brandenkopf wählen (zirka neun Kilometer).

Waldweg zum Hinkelstein.

Das Kinzigtal bietet zahlreiche magische Orte. Bereits Kelten, Römer und Alemannen kannten die Vorzüge dieses breiten und lieblichen Tals, des Herzens des Mittelschwarzwalds. Es verbindet das Rheintal auf einer kurzen Strecke mit der Schwäbischen Alb, Straßburg mit Freudenstadt.

Die ganze Tallandschaft hat einen lieblichen Charakter. Wie ein breites, gewobenes Band ziehen sich die Weinberge an den Abhängen entlang und zeigen, dass hier Wein und Honig fließen. Die weiten Ausblicke über die Berg- und Hügelketten haben etwas Heimeliges. Eine Landschaft, in der es sich seit eh und je gut leben lässt, die aber auch immer wieder durch heftige Kriegswirren viel zu leiden hatte.

Der kleine Waldsteinsee liegt still in einem Talrund. Das sanfte Rauschen eines Waldbachs, der sich in den See ergießt, regt zu einem kleinen Einstimmungsritual an. Achtsam nehme ich mit meinen Händen etwas Wasser aus dem fließenden Nass und benetze damit mein Gesicht, atme tief ein und aus, bevor ich auf meiner Flöte sanfte Töne zum Plätschern des Baches spiele. Plötzlich ertönt Hirschgebrumm aus dem Hochwald, danach ist wieder Stille.

Schlangenfelsen.

Die Ruhe des Waldes ist wohltuend für Körper, Geist und Seele. Nach kurzem Aufstieg gelangen wir zum Hinkelstein. Der Felskoloss ist zirka sechs Meter hoch und sieht aus wie ein Rest einer Burgmauer. Ein großer Felsspalt ist in der Mitte auszumachen. Kleine Nischen wirken zauberhaft, Eichen und Buchen stehen schützend um den Naturfelsen. Hirschzungenfarne und Heidelbeerstauden wachsen auf diesem stillen Waldplatz.

Noch magischer ist der Ort oberhalb des Hinkelsteins, wo der geheimnisvolle Schlangenfelsen verborgen hinter Bergkiefern liegt. Der vordere Teil bildet eine schöne Aussichtskanzel. Von hier hat man einen traumhaften Blick über das Kinzigtal bis in die Rheinebene und Vogesen. Aber nicht nur der Weitblick entführt einen hier in eine Anderswelt, nein, es ist die besondere Atmosphäre, die an diesem Platz herrscht. Er scheint wie für eine Schlangenkönigin gemacht. Hier ist eine stark weibliche Energie zu spüren. Freunde des Orts haben in den Fels eine kleine Grotte gearbeitet und eine weiße Madonna hineingestellt. Kerzenreste und bunte Steine bezeugen, dass eine besondere Verehrung des Platzes stattfindet. Machtvoll schwingt hier die Kraft der Erdschlange und lässt uns die Verbundenheit mit all den anderen Kraftpunkten der Schwarzwaldlandschaft fühlen. An den zahlreichen Verwachsungen der Bäume erkennt man, dass es sich um einen Kraftort handelt. Angenehm wärmt die Sonne den Ort; verschiedene Arten von Steinflechten wachsen auf dem Felsenkamm, und mühelos kann man sich hier Schlangen vorstellen, die sich auf den Steinen sonnen.

Die große Heidenkirche auf dem Löcherberg

Große Heidenkirche.

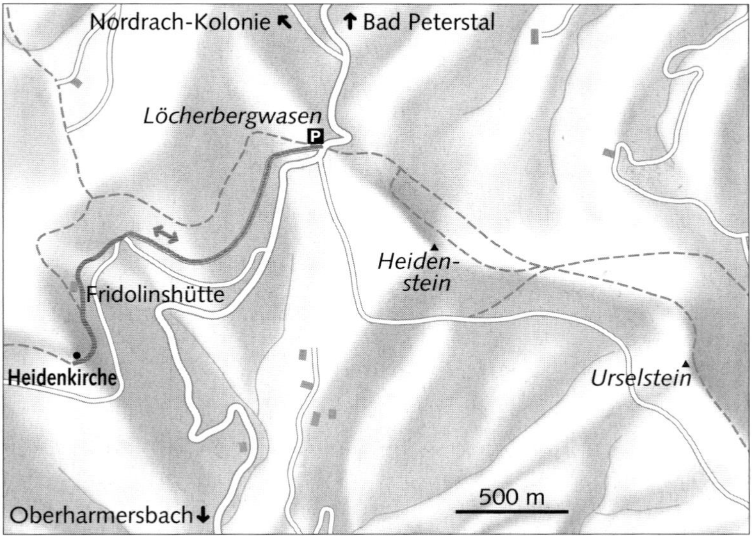

Anfahrt: Von Zell am Harmersbach Richtung Bad Peterstal, bis zum Bergpass Löcherbergwasen fahren.

Wanderung: Löcherbergwasen–Heidenkirche–Löcherbergwasen: 1 Std.

Vom Löcherbergwasen sind es zirka zweieinhalb Kilometer zur Heidenkirche. Der Weg ist gut ausgeschildert.

Ausgangspunkt ist der Parkplatz am Löcherbergwasen, der das Harmersbachtal mit dem Renchtal verbindet. Eine frisch sprudelnde Quelle lädt zum Trinken ein, bevor wir uns auf die Suche nach der legendären Heidenkirche machen. Der Wanderweg am Querweg Gengenbach–Schapbach–Alpirsbach führt in westliche Richtung.

Ein breiter Holzabfuhrweg durchkreuzt ein langes Steinfeld. Überall liegen tonnenschwere Sandsteinbrocken verstreut an der mit Tannen bewaldeten Halde. Vereinzelt wachsen Ilexbüsche. Nach 1,8 Kilometern kommen wir zur Fridolinshütte. Zwei Wege kreuzen sich hier. Der Weg zur Heidenkirche führt in südwestliche Richtung nach links. Nach weiteren etwa zweihundert Metern Anstieg erreichen wir unser Ziel, die Heidenkirche (740 Meter).

Wie große Steinschiffe ragen Felsblöcke von vier bis sechs Metern Höhe in den Himmel, die Baumstämme sind die Masten und ihre Wipfel die Segel, an denen der Wind zerrt, als wolle er die Kolosse wieder in Fahrt bringen.

Beim Durchstreifen der Felsblöcke finden wir bald einen wie behauenen, etwa drei Meter hohen Dreieckstein sowie einen Opfertisch. Dahinter öffnet sich uns ein überdachter ovaler Raum in einem ausgewaschenen Sandsteinfelsen. Wie ein Stützpfeiler wirkt ein mächtiger, abgestorbener Tannenstamm. Hat an diesem Ort einmal ein Riese sein Unwesen getrieben? An den Felsen können wir Löcher und unregelmäßige Vertiefungen entdecken, über einen halben Meter lange »Eiszapfen« hängen an den überstehenden Felskanten herunter. Der Ort verströmt eine wohltuende Ruhe und lässt Freude und Zuversicht aufkommen.

Flößer im Schwarzwald.

Über den Bergpass am Löcherbergwasen zogen früher Händler, Hausierer, Bettler und Zigeuner. Sie bevorzugten für ihr Lager häufig abgelegene Felsgruppen, die ihnen nicht nur für die Nacht Unterschlupf boten, sondern auch ihren magischen Riten dienten. Hexenküchen oder Heidenlöcher nennt man im Schwarzwald diese Stellen, die nicht selten auch von sesshaften Personen der Umgebung aufgesucht wurden. Es wird berichtet, dass im Harmersbachtal plötzlich Eigenarten der Volksmedizin, der Musik und der Wahrsagekünste aufgetreten seien, deren Ursprünge von weit her stammen mussten. Eine Besonderheit des freien Reichstals um Ober- und Unterharmersbach bildeten die dort ansässigen so genannten Sympathiedoktoren, von denen einige ihr Wissen von Zigeunern erhielten.
Hebammen, Kräuterhexen und fahrende Schüler, nach Weisheit und Liebespraktiken suchend, trafen sich im einsamen Walde und lauschten beim flackernden Feuerschein den uralten Überlieferungen der Fahrenden. Musik, Tanz und geheimnisvolle Speisen brachten die Anwesenden in einen besonderen Seelenzustand, aus dem sie übersinnliche Kräfte schöpften. Der volle Mond gab ihnen dann Zuversicht und Mut, die Unternehmungen der Zukunft zu meistern …
Volkstümliche Naturärzte, Bader und Wurzelsammler vertraten im 19. Jahrhundert die Ansicht, dass es besonders für die Sinne heilsam sei, in Vollmondnächten, sofern man keine abergläubische Angst hatte, in den Wald oder auf Berge zu gehen. Dadurch sollten die Sinne geschärft und die Lebenskraft gestärkt werden.

Große Heidenkirche.

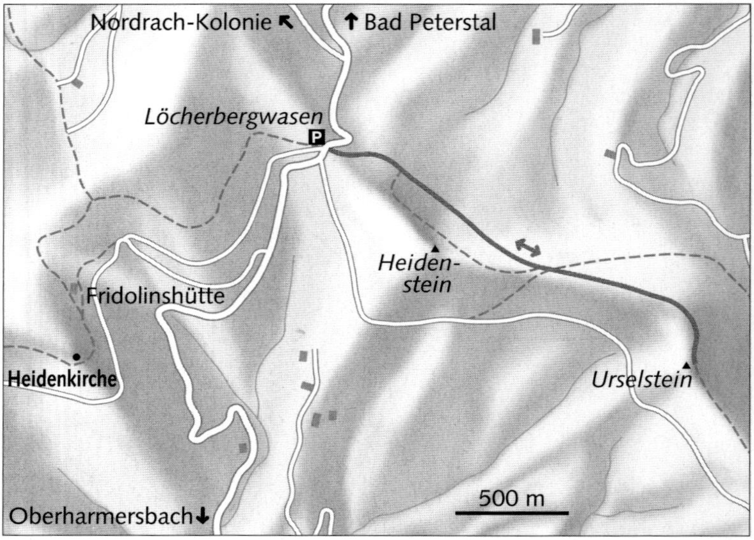

Der Urselstein – Pilgerweg zur keltischen Bärengöttin

Wanderung: Löcherbergwasen–Urselstein–Heidenstein–Löcherbergwasen: 1 Std.

Ausgangspunkt ist – wie bei unserer Wanderung zur Heidenkirche – der Löcherbergwasen. Diesmal führt uns der Weg ostwärts zum Urselstein. Der Wanderweg Richtung St. Peterstal-Hermersberg bietet zunächst herrliche Ausblicke über das Renchtal und die Höhenzüge des Nordschwarzwalds. Nach 1,1 Kilometern folgen wir dem Wegweiser Hermersberg. Wie ein Prozessionsweg führt der befestigte Pfad stetig bergan, vorbei an monumentalen Steinblöcken, die den Weg zahlreich säumen. Drei Altarsteine wirken wie ein Tor zu einem heiligen Bezirk. Wir halten uns jetzt rechts und wandern ruhigen Schrittes auf dem Scheitel des Frauenbergs. Vor uns erhebt sich der Urselstein (814 Meter). Auf großen Sandsteinplatten ruht ein mächtiger quadratischer Koloss. Die gesamte Anlage dürfte hundert Meter lang sein. Zerklüftet liegen die gewaltigen Felsen der urzeitlichen Bärengöttin, die von Heidelbeersträuchern bewachsen, feucht und moosig sind und von hohen Tannen beschattet werden. Oben auf dem Urselfels wachsen einige Sonnenbäume, die Ebereschen. Die roten Beeren des Baums waren in alten Zeiten den Feen und der Göttin vorbehalten.

Wir können die herrliche Ruhe und die schützende Ausstrahlung des Ortes genießen. Urs heißt auf keltisch Quelle. Etwas unterhalb der Felsen kann man den Durst an einem Brunnen mit frischem Quellwasser stillen.
Der Rückweg dieser kleinen Wanderung führt uns über den Heidenstein, genannt Kleine Heidenkirche. Eine zirka fünf Meter lange und zwei Meter breite Steinplatte hängt jäh über dem Abgrund eines insgesamt über zehn Meter hohen Sandsteinfelsturmes. Das Steinensemble bildet den Eckpunkt des Bergrückens. Ein kleiner, serpentinenartiger Pfad schlängelt sich durch den dunklen Fichtenwald zum Ausgangspunkt Löcherbergwasen hinab (Kroell 1999).

Urselstein.

Alchemist am Werk.

Sympathiedoktoren im Harmersbach- und Kinzigtal

In den abgelegenen Gebieten des Schwarzwalds war die bäuerliche Bevölkerung bei Krankheit und Unfällen auf sich allein gestellt. Weder Krankenhäuser noch Ärzte standen ihnen zur Verfügung.

Kräuterkundige Frauen und Männer kannten viele Rezepte für die Gebrechen der Menschen. In der Art von Schamanen oder Medizinmännern bildeten sich vielerorts die so genannten Sympathiedoktoren heraus.

Menschen der damaligen Zeit glaubten an eine Welt der Ganzheit. Eine harmonische oder sympathische Wechselbeziehung herrschte zwischen allen Dingen, die Gott geschaffen hatte. Man glaubte, dass Menschen, Pflanzen, Tiere, Erde, Sternenwelt, Teufel und Engel, die Lebenden und die Toten in einer geheimnisvollen Verbindung zueinander ständen. So bestand auch eine Polarität zwischen Gesundheit und Krankheit. Immer gab es Menschen, die in der Lage waren, diese Balance zwischen den Welten mittels ihrer begnadeten Fähigkeiten wieder herzustellen. Heute ist dieses Wissen verloren gegangen; denn die Sympathiedoktoren in der alten Form haben nicht überlebt.

Man unterschied zwischen frommen Sympathiedoktoren, die im Namen Gottes mit Gebet und Beschwörung aus reinem Mitgefühl heilten, und Vertretern der schwarzen Magie, die im Bunde mit dem Teufel standen und ihren Mitmenschen Schaden zufügen konnten.

Einer der bekanntesten Wunderdoktoren war Bernhard Benz aus Zell am Harmersbach (1867–1930). Um das Jahr 1880 arbeitete Benz als Hausknecht in der Bahnhofsgaststätte von Biberach. Eines Tages kamen Zigeuner vorbei und prophezeiten ihm, dass er zum Arzt geboren sei, denn er besitze die Gnadengabe eines Heilers. Die Zigeuner schenkten ihm außerdem noch ein Buch über Heilkunst. Benz brachte es tatsächlich zu einem großen Bekanntheitsgrad und ließ sich in Zell am Harmersbach nieder. Sogar aus Amerika kamen Menschen und suchten bei ihm Erlösung von ihren Leiden.

Der Volksschriftsteller und Pfarrer Heinrich Hansjakob forschte über die Praktiken der Sympathiedoktoren, stellten jene doch im Ort eine Konkurrenz in Sachen Glauben dar. Persönlich mochten die Bauernschamanen einem Priester nichts über ihre Praktiken, die meist mit Magie und oftmals auch glaubensfeindlichen Inhalten arbeiteten, preisgeben. Hansjakob konnte durch emsige Befragungen jedoch einiges in Erfahrung bringen. In sein Notizheft schrieb er damals: »In dem Zigeunerbuch findet er (Sympathiedoktor) auch, dass er einen Bergspiegel haben müsse. Der Bergspiegel ist der Talisman des Sympathiedoktors, in ihm sieht er alle Krankheiten, und das Volk glaubt an die Macht des Spiegels.«

Für die außergewöhnlichen Praktiken musste ein magischer Spiegel speziell präpariert werden. Zuerst musste man an einem Kreuzweg versuchen, mit Geistern und dem Teufel in Kontakt zu treten; denn dadurch war der angehende Wunderdoktor in der Lage, übernatürliche Kräfte zu erlangen.

Das ganze Unternehmen war eine Mutprobe; denn mit den erforderlichen Prozeduren übertrat der Zauberlehrling alle Normen seines bisherigen bürgerlichen Daseins. Nachdem der Teufel in dem Spiegel gebannt war, benötigte der Zaubergegenstand nun auch noch die Weihen des Klerus. Vor einer Kirche wurde der Bleispiegel auf dem Weg eingegraben. Es mussten dreimal drei gesegnete Menschen den Spiegel überschreiten, wie getaufte Kinder, gesegnete Brautpaare und mit dem Sterbesakrament versehene Tote. Als Abschluss dieser magischen Examina musste der Spiegel nun noch dem Pfarrer unter das Altartuch geschmuggelt werden; denn erst wenn drei Messopfer darüber gelesen wurden, war der Spiegel fertig präpariert.

Ein anderer bekannter Sympathiedoktor war der alte Hertigsbur auf dem Billenberg bei Unterharmersbach. Um Heilung zu erfahren, wurde vom Patienten verlangt, selbst auch an Gottes Hilfe zu glauben; denn der Sympathiedoktor verstand sich nur als Mittler zwischen Gott und dem Menschen. Wenn jemand nach mehreren Behandlungen keine Linderung an sich erfuhr, dann wurde er gefragt, ob er denn überhaupt an die Heilung geglaubt habe oder ob der Patient gemeint habe, der Heiler solle ihm helfen. Wichtig war für den Heilvorgang, dass der Patient den Heilerfolg vom Sympathiedoktor erwartete. Als Medium dienten ihm Gebete oder eine Kräutermedizin. (Siehe hierzu auch Buus 1994.)

Auf dem St.-Jakobs-Weg durch das Kinzigtal

Teufelskanzel.

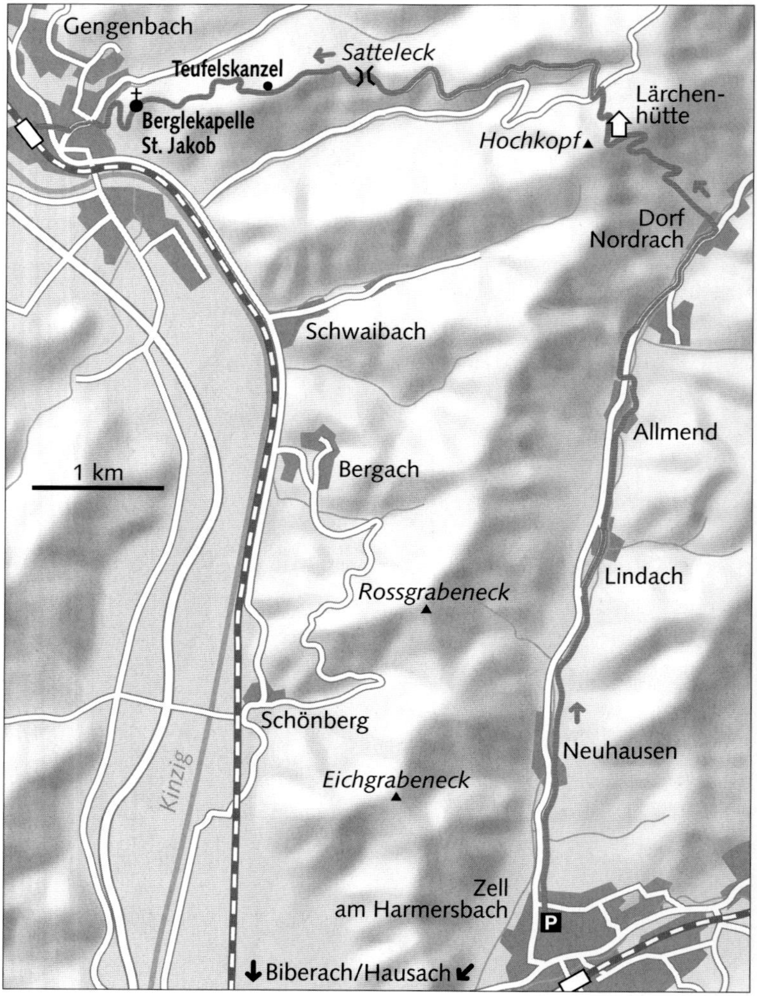

Anfahrt: Nach Zell am Harmersbach (Bahnhof) fahren.

Wanderung: Zell am Harmersbach – Lindach – Allmend – Nordrach – Lärchenhütte – Satteleck – Teufelskanzel – Berglekapelle St. Jakob – Bahnhof Gengenbach: 6–7 Std.

Wir beginnen die Wanderung am Bahnhof in Zell am Harmersbach (223 Meter) und gehen Richtung Nordrach. Der Weg führt immer entlang

der Nordrach, die dem Tal den Namen gegeben hat. Wir kommen an zwei kleineren Weilern vorbei, Lindach und Allmend. Nach zirka fünf Kilometern erreichen wir Nordrach. Neben der Kirche und der Heinrich-Hansjakob-Halle beginnt der steile Aufstieg nach Gengenbach. Wir folgen dem Wanderzeichen gelbe Raute und gelbe Muschel. Bald nimmt uns ein schöner Waldweg auf, ein Bach plätschert munter vor sich hin. Nach einiger Zeit gelangen wir zu einer Wiese – ein wunderbarer Blick über das Nordracher Tal wird frei. Der Aufstieg mag an einen Bußgang erinnern. Es soll die schwierigste Steigung auf dem über hundert Kilometer langen Kinzigtäler Pilgerweg sein.
Bald erreichen wir die alte Lärchenhütte. Nach zirka zweieinhalb Kilometern kommen wir auf einen großen Waldplatz, wo die neue Lärchenhütte (590 Meter) erbaut wurde. Wir folgen dem Wanderzeichen rote Raute, das in der Mitte ein K aufweist. Dies ist der Kandelweg, der von Oberkirch durch den mittleren Schwarzwald nach Waldkirch und von dort hinauf zum Kandel führt und in Freiburg endet. Von der Lärchenhütte geht es jetzt bis Gengenbach fast nur noch bergab. Ein kleiner Pfad führt hinunter zu einem breiten Holzabfuhrweg. Wir gehen hier ungefähr hundert Meter, dann biegt der Weg nach rechts ab und zieht sich in langen Schleifen abwärts Richtung Gengenbach (zirka drei Kilometer). Wir erreichen schließlich das Satteleck, (388 Meter). Die Bezeichnung »Eck« wird im Schwarzwald häufig für einen Übergangsbereich von einem Tal ins andere verwendet. Vor dem Schild »Forstteileweg« gehen wir links hoch auf den kleinen Waldpfad, der uns in einen Zauberwald mit vielen Stechpalmenbüschen lotst. Von hier sind es nach Gengenbach noch 3 Kilometer, zur Berglekapelle 2,2 Kilometer und zur Teufelskanzel 0,8 Kilometer. Bald erreichen wir einen kleinen Berggrat, der sich zwischen Hüttersbach und Pfaffenbach erstreckt. Er führt hinauf zur Teufelskanzel (400 Meter). Von hier haben wir einen fantastischen Blick zum Mooswaldkopf, dessen Gipfel durch den Orkan Lothar ganz kahl geworden ist. Der Platz hat eine sehr schöne Ausstrahlung. Mehrere Felsen bilden hier eine Steinburg.
Bald verlassen wir den Hochwald, und der kleine Pfad schlängelt sich in Serpentinen hinab ins Haigerachtal. Lässt man den Blick ins Tal schweifen, kann man die Konturen der Berglekapelle sehen. Im 13. Jahrhundert wurde diese St.-Jakobs-Kapelle auf dem Bergle errichtet. Die Kelten verehrten den Platz als Einbethenberg, die Römer errichteten 15 v. Chr. eine Jupitersäule. Im 17.und 18. Jahrhundert wurde das Bergle eine wichtige Wallfahrtsstätte. Von hier oben sind es noch zirka eineinhalb Kilometer bis zum Bahnhof Gengenbach.

Nordrach.

Das Santiago des Kinzigtals

Bereits Kelten und Römer haben gerne im Kinzigtal gesiedelt. So verwundert es nicht, dass wir keltische Kultorte neben schönen Rebhängen finden, die einst die Römer angelegt haben. Auf diesen alten Spuren bewegten sich später auch die iroschottischen Mönche, die im 6. und 7. Jahrhundert das Tal christianisierten.

Sie gingen die alten Wege der Kelten, und so entstand im Laufe der Zeit der Jakobusweg. Ab dem 13. Jahrhundert pilgerten die Menschen nach Santiago de Compostela in Nordspanien.

Auch im Schwarzwald gab es mehrere Wege, die nach Frankreich führten. Ziel der Kinzigtäler war Straßburg und dann Vezelay in Burgund. Eine solche zweitausend Kilometer lange Reise bedeutete, dass man gut zwei Jahre unterwegs war. Damit diese Wallfahrt einigermaßen sicher verlaufen konnte, wurden überall kleine Herbergen und Kapellen errichtet.

Diesen Spuren können wir folgen, wenn wir den legendären Pfad in Zell am Harmersbach betreten ... Hier hielt auch einst der heilige Gallus mit seinem Bären an, um ein Kirchlein zu gründen. Einige Zeit lebte der heilige Mann in einer Einsiedelei. Er hatte hier seinem Bären einen Dorn aus der Tatze gezogen, worauf dieser aus Dankbarkeit ganz zutraulich wurde und für seinen Herrn sogar Hausarbeiten verrichtete und ihm immer genügend Holz aus dem Wald holte. Eines Tages hörte der fromme Mann einen lieblichen Gesang aus einem Dornbusch. So kam es, dass er an Maria dachte und eine Figur aufstellte, bevor er weiter zog in Richtung Osten, wo er sich unweit des Bodensees niederließ und ein Kloster gründete. Die Stadt St. Gallen trägt seinen Namen. (Siehe hierzu auch Kapitel »Die heilige Richardis: Bärenheilige aus Andlau, Seite 244.)

Inspiriert durch diese Legende, wurde im Jahre 850 die erste Marienkapelle in Zell errichtet. Sie trug den Namen »Maria zur Rose«. Vor der Kirche ist ein schöner Quellbrunnen. Zu Maria Himmelfahrt schmücken die Gläubigen den Brunnen mit Blumen und legen Rosenblätter auf die Wasserfläche.

Jakobsweg mit Blick auf den Mooskopf.

Berglekapelle, Gengenbach.

Vom Bahnhof verläuft die Wanderung Richtung Nordracher Tal. Das breite Schwarzwaldtal zieht sich zirka zehn Kilometer in den Schwarzwald hinein. Sehr eindrücklich ist der steile Aufstieg von Nordrach zur Lärchenhütte. Die Vorstellung, dass hier vor Jahren Menschen gegangen sind, die bis nach Nordspanien zogen, ist sehr bewegend. Der Glaube an ein Paradies, an einen Zustand ohne Leiden, muss damals sehr stark gewesen sein. Angelangt an der Teufelskanzel, lohnt es sich, an dem wunderschönen Ort der Kraft innezuhalten. Die Christen konnten solche Orte schlecht christianisieren und verteufelten sie regelrecht, was eine alte Sage verdeutlicht: Der Betreuer der Berglekapelle wurde eines Tages krank. Es meldete sich ein merkwürdiger Kauz mit einem langen Mantel. Er wollte, solange der Betreuer krank war, den Dienst für ihn versehen. Doch an einer Prozession kam ein solcher Wind, dass dem merkwürdigen Gesellen der Rock hochflog und alle Leute sahen, dass er Pferdefüße hatte. Sie jagten den Burschen in den Wald, und dort an der Teufelskanzel soll er vor Wut seine Abdrücke in den Felsen gehauen haben.

Vom Bergle aus hat man einen traumhaften Blick über die Kinzigtalberge in die Rheinebene, Richtung Straßburg. Im Süden die markante Bergruine der Hohengeroldseck. Uns zu Füßen liegt die heilige Stadt Gengenbach, das Santiago des Kinzigtals, wie es liebevoll der Heimatschriftsteller Kurt Klein genannt hat. Und am Fasnachtsdienstag wird dort ein großes Fest gefeiert – die Gengenbacher Hexen tanzen durch die Stadt und beschwören ihren Pakt mit dem Teufel auf der Teufelskanzel.

St. Jakob.

Bei der Kräuterbüschelweihe.

Feierlich lassen die Glocken der prunkvollen Kirche in Gengenbach ihren Dreiklang ertönen und läuten am 15. August zu Maria Himmelfahrt den Festgottesdienst ein. Die Straßen und verwinkelten Gassen des gemütlichen Städtchens füllen sich mit festlich gekleideten Frauen und Männern, die an dem bunten Blumen- und Gemüsemarkt vorbeiziehen, hinauf zum Kirchplatz gehen und sich dicht gedrängt im Gotteshaus versammeln. Längst nicht alle Gläubigen und zuweilen mit der landläufigen Tracht bekleidete Festtagsbesucher finden in der geräumigen Kirche Platz, denn zu dem alten Brauchtum der Kräuterbüschelweihe sind viele Menschen aus der Umgebung angereist. Bei der Kräuterbüschelweihe werden würzige Heil- und duftende Gartenkräuter in kunstvollen, großen Büscheln zusammengestellt und von den Frauen des Ortes in die Kirche zur Weihe getragen. Manche Kräuterräder mit Thymian, Lavendel, Salbei, Minze, Schafgarbe und anderen Kräutern sind so schwer, dass sie auf den Schultern lastend getragen werden müssen. Im Altarbereich und vor der rotgewandeten Madonna mit dem Jesuskind, das der Mutter die Wange tätschelt, werden die Kunstwerke niedergelegt und im feierlichen Gottesdienst vom Priester geweiht. Symbolisch wollen so die Frauen von alters her der Madonna für die guten Ernteerträge in Garten und Feld danken und bitten um Gesundheit für die kommende Zeit. Denn die wohlriechenden Kräuter werden zu Hause getrocknet und im Bedarfsfalle zu Gesundheitstees verarbeitet. Eine schöne Zierde im gemütlichen Winkel der Stube sind die Kräuterbüschel allemal. In feierlich anmutenden Zweierreihen tragen die Frauen ihre Gebinde stolz aus der Kirche hinaus und versammeln sich auf dem Marktplatz, wo die Kräuter zur Prämierung ausgestellt werden. Ein buntes Treiben beginnt. Die Besucher flanieren zwischen den Marktständen der umliegenden Bauern hin und her, kaufen Hausgemachtes und lassen es sich häufig nicht nehmen, zum selbst gebackenen Kuchen und Kaffee ein Schlückchen vom hiesigen Schnaps zu probieren. Nach längeren, genauen Prüfungen hat schließlich das Jurorenteam entschieden, welches der Kräuterbüschel nun das schönste sei. Das zu entscheiden würde mir schwer fallen, denn jedes dieser duftenden Kunstwerke zeugt von liebevoller Arbeit und fantasievollem Handwerk.

Schalenstein, Teufelsmühle.

Nordschwarzwald

Gottschlägeltal bei Ottenhöfen

Wasserfall beim Edelfrauengrab.

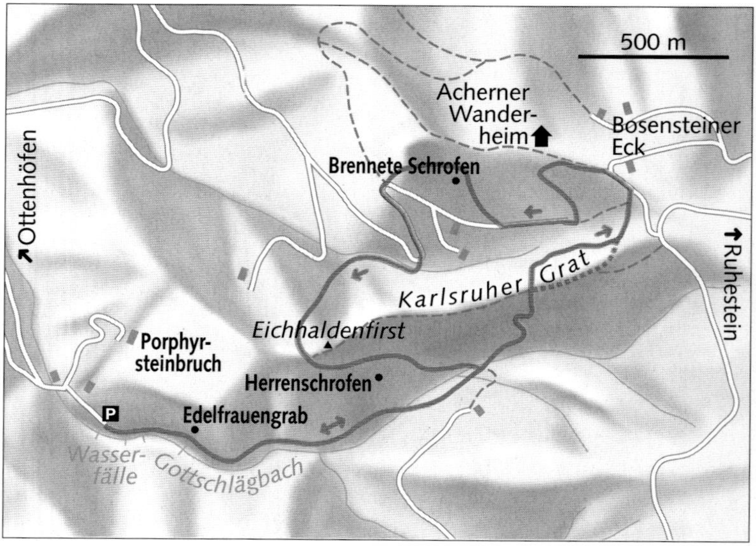

Anfahrt: Am Ortseingang Ottenhöfen rechts dem Schild »Edelfrauenwasserfall« folgen. Ein kleines Sträßlein führt uns zum Parkplatz am Steinbruch.

Wanderung: Parkplatz am Porphyrsteinbruch–Wasserfälle, Edelfrauengrab–Karlsruher Grat–Bosensteiner Eck–Brennete Schrofen–Parkplatz am Porphyrsteinbruch: 3 Std.

Hinter dem Porphyrsteinbruch ist der Einstieg in die zauberhafte Waldschlucht des Gottschlägeltals. Über Natursteinstufen steigen wir hinauf zu den Wasserfällen.
Zuerst kommt das Edelfrauengrab. Nach zirka zwanzig Minuten Aufstieg gelangen wir zu den oberen Wasserfällen (Deglerbad). Oberhalb der Felsenklamm kommen wir auf einen breiten Forstweg und wandern rechts in Richtung Falkenschrofen. Bald erreichen wir eine Weggabelung, wo es rechts zum Karlsruher Grat führt. Diese Wegstrecke ist mit einer Kletterpartie verbunden. Wer nicht ganz schwindelfrei ist, sollte lieber den bequemen Waldweg nach Bosenstein einschlagen. Die Kletterpartie darf nur bei trockenem Wetter durchgeführt werden! Hinter den Felsen erreichen wir auf einem schönen Waldweg das Gasthaus Bosenstein. Wir gehen von hier Richtung Nordwesten zur Felskanzel Brennete Schrofen. Nach kurzer Wegstrecke gehen wir wieder links zurück ins Gottschlägeltal.

Das Gottschlägeltal ist eine der schönsten Feenschluchten des Schwarzwalds. Bereits beim Einstieg in die enge Felsenklamm spürt man die besondere Ausstrahlung dieser von Moosen und Farnen immergrünen Felsschlucht. An die hundertachtzig Stufen führen hinauf zu den Wasserfällen, markanten Strudellöchern und Felsgrotten. Der höchste Wasserfall hat eine Höhe von acht Metern. Ein Höhepunkt ist der Feenplatz am Edelfrauengrab. Im Zentrum des Ortes steht eine kleine Auskolkungshöhle (Rhyolith), die wie ein Frauenkopf wirkt. Über der Höhle stürzt sich der kleine Bachlauf talwärts und bildet mit seinen silbernen Wasserfäden gleichsam das Haar dieser Edelfrau. Es ist ein naturmystischer Platz, wo Feen tanzen und Elfen singen. Der murmelnde Bach spielt eine sphärische Melodie wie von Engelsharfen.

Dieses Tal ist derart feucht, dass selbst an den heißesten Sommertagen die Pflanzen hier nicht trocken werden. Die Luft ist sehr wohltuend, wirkt heilend auf unsere Atemwege und stärkt unser Gemüt. Unwillkürlich fällt der Stress des Alltags von uns ab. Das ganze Gebiet um das Gottschlägeltal ist heute ein Naturschutzgebiet. Mitte des 19. Jahrhunderts, zwischen 1856 und 1858, wurde die Schlucht durch den Bau von Treppenstufen der Öffentlichkeit zugänglich gemacht. Schwere Unwetter verwüsteten 1966 das enge Tal, so dass es längere Zeit unpassierbar war. Dank der Hilfe des Schwarzwaldvereins konnten die Zerstörungen wieder beseitigt werden, und die Treppen und Wege wurden neu gestaltet.

Es lohnt sich, in der Grotte der Edelfrau zu verweilen und die wohltuende Ausstrahlung zu erspüren. Ich frage mich, weshalb von diesem Ort eine so grässliche, alte Sage Verbreitung fand. Vielleicht sollte sie dazu dienen, diesen Ort zu schützen? War die Edelfrau eine heidnische Zauberin? War sie eine Liebesdienerin, eine Art Tantrika, wie man sie heute noch in abgelegenen Bergregionen des Himalaya antreffen kann? Das ganze Tal hat eine zauberhaft erotische Wirkung auf mich. Insbesondere die Kletterpartie über die Felsklippen des Karlsruher Grats hat etwas Männliches und bildet einen Gegenpart zum weiblich anmutenden Gottschlägeltal.

Auf der Burg Bosenstein bei Ottenhöfen lebte einst eine hartherzige Gräfin. Ohne Nachsicht verstieß sie eine bettelnde Zigeunermutter, die sieben Kinder bei sich hatte. Die Zigeunerin verfluchte die Gräfin und wünschte ihr, dass sie sieben Kinder gleichzeitig zur Welt bringen möge. Nach einem Jahr war die Gräfin schwanger und gebar tatsächlich sieben Kinder. Da dies in damaliger Zeit als eine Schande galt, beschloss die Gräfin, dass ihre Magd sechs Kinder in einem Teich ertränken solle.

Als der Graf von Bosenstein gerade von einem Kriegsgefecht nach Hause zurückkehrte, entdeckte er die Magd, die auf dem Weg zum Teiche war. Der Ritter fragte sie, was sie in dem Sack trage. Da erwiderte die Magd: »Darinnen ist ein Wurf Hündelein, die soll ich ertränken!«

Misstrauisch geworden, ließ sich der Edelmann den Sack öffnen und staunte, als sechs kleine Kinder zum Vorschein kamen. Er nahm die Kleinen an sich und brachte sie einer benachbarten Burgmannsfamilie zur Obhut. Über sieben Jahre verschwieg er das Vorkommnis seiner Frau. Bei einem Festmahl stellte der Ritter seiner Frau die Frage, was eine Frau verdiene, die ihre neugeborenen Kinder aus der Welt schaffen würde. Daraufhin erwiderte die Gräfin, eine solche Rabenmutter müsse mit einem Laib Brot und etwas Wasser bei lebendigem Leib eingemauert werden. Daraufhin ließ der Edelmann die sechs herangewachsenen Knaben holen, und man vollstreckte im Gottschägeltal in der Wassergrotte das selbst gesprochene Urteil an der Gräfin.

Brigittenschloss bei Sasbachwalden

Katzenstein.

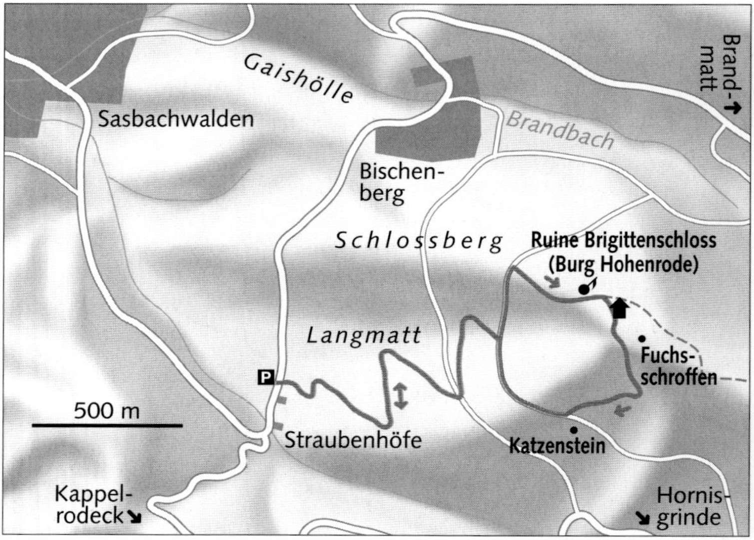

Anfahrt: Nach Sasbachwalden (Nähe Achern) fahren.

Wanderung: Parkplatz Schönbüch–Ruine Brigittenschloss–Fuchsschroffen–Katzenstein–Parkplatz Schönbuch: 2 Std.

Ausgangspunkt ist der Parkplatz am Gasthaus »Schönbüch« oberhalb von Sasbachwalden. Wir zweigen von der Fahrstraße, die nach Brandmatt führt, rechts ab, nach Schönbüch (gut ausgeschildert). Hinter dem Brigittenschloss rechts halten; der Rundwanderweg führt am Fuchsschroffen und am Katzenstein wieder zurück zum Ausgangspunkt.

Der Name Sasbachwalden ist keltischen Ursprungs. Die Germanen bezeichneten die Kelten als Walen, Walchen oder Welsche.

Die Reste einer Burgruine ragen auf einem Berggrat (775 Meter) oberhalb von Sasbachwalden schroff in den Himmel. Die Mauern gehörten einmal zur Burg Hohenrode, die als höchstgelegene Burg im Nordschwarzwald gilt. Von der Ebene aus betrachtet könnte man meinen, die Burg rage bis zur Hornisgrinde empor. Die Anlage wurde Mitte des 11. Jahrhunderts aus Granitstein von den Freiherren von Roeder erbaut.

Ob sie als Flieh- oder Signalburg gedient hat, konnte bis heute nicht festgestellt werden. Gute Sichtkontakte bestanden zu der Burg Neuwindeck in Lauf und zum Schloss Rodeck in Kappelrodeck. Das Adelsgeschlecht der Herren von Roeder war ursprünglich im Elsass ansässig. Orte wie Rödern, Rodern, Hohenrodern, Rodersdorf erinnern noch daran. Im Jahre 1525 wurde die Burg aufgegeben. Der langsame Zerfall begann. Der Turm wurde 1815 von zwei schatzsuchenden Bauern aus Sasbachwalden gesprengt.

Hohenrode war eine schwer zugängliche Wehrburg. Im Winter bedurfte es großer Mühen, hierher die nötigen Lebensmittel zu bringen. Sicherlich haben die Bewohner oft gefroren und Hunger gelitten.

1820 erhielt die Burg Hohenrode den neuen Namen Brigittenschloss, denn in Sasbach verehrt(e) man die Heilige Brigitta aus Kildare in Irland. Herrliche Rundblicke über Sasbachwalden, zur Rheinebene, im Norden zur Hornisgrinde belohnen den steilen Aufstieg. Gleich hinter dem Brigittenschloss führt ein Weg zum Gipfel des Bergs, der durch das Steinmassiv Fuchsschroffen gekrönt wird. Die Granitblöcke sind mehr als 315 Millionen Jahre alt. Ein gewaltiges Steinfeld, in dem haushohe Blöcke herumliegen, umgibt diesen mythischen Berg. Folgen wir dem kleinen Pfad, der uns wieder etwas bergab führt, kommen wir zum Katzenstein. Dieser Felsklotz aus Wollsackgranit von zirka fünfzehn Metern Höhe hat eine Form, die an den Buckel einer Katze erinnert.

Brigittenschloss.

Schwarzwälder Steinkreuz am Wegesrand.

Die Hexe vom Brigittenschloss

Eine grässliche Hexe namens Brigitte soll auf einer Burg oberhalb von Sasbach gewohnt haben. Durch mannigfache Zauberkünste konnte sie schwere Unwetter, Blitz, Hagel, Seuchen und Überschwemmungen hervorrufen. Als die Bewohner der Umgebung dem Treiben der Hexe ein Ende setzen wollten, entfloh die Hässliche. Vor den staunenden Augen der Bauern setzte sich plötzlich das ganze Schloss in Bewegung und flog hinauf über das Tal und landete auf einer Felsenspitze.

Die heilige Brigid von Kildare hat um das Jahr 600 gelebt. Sie gründete bei einer alten Eiche ein Kloster. Aus *cill,* das keltische Wort für Kirche, und *dara,* »Eiche«, wurde später der Name Cilldara. Brigitte wird auch Maria der Gälen genannt. Sie gilt in Irland als Nothelferin der Armen, Kranken und Schiffbrüchigen. Bekannt ist das aus Binsen und Stroh gefertigte Brigittenkreuz, das am Dachbalken des Hauses angebracht wird und der Familie im kommenden Jahr Glück und Segen bringen soll.

Sie hatte Macht über die Elemente Feuer und Wasser. Häufig wurden Brigid Quellen geweiht, denen man Heilkraft nachsagte. Außerdem hüteten der Legende nach neunzehn Nonnen der Brigid ein heiliges Feuer, das stetig brannte und von einer Weißdornhecke abgeschirmt war. Kein männliches Wesen durfte sich dem Zauberfeuer nähern, das die magischen Kräfte der Muttergöttin darstellte. Der erste Februar war Brigids Festtag, der mit dem keltischen Imbolcfest zusammenfiel. Das irische Jahresfest des Imbolc, an dem die Wiederkehr des Lichts freudig gefeiert wurde, leitete den Frühling ein.

Brigid war das Kind einer Sklavin; sie kam zwischen den Welten, auf einer Türschwelle zur Welt. In den Legenden wird Brigid immer mit Flammen in Verbindung gesehen. Einst brannte das Haus, in dem sie als Kleinkind schlief, lichterloh. Obwohl das Gebäude völlig zerstört wurde, blieb die Heilige unversehrt. Als junge Frau übernahm Brigid die Aufgabe, Arme und Kranke zu versorgen. Sie heilte Menschen und Tiere und ließ alles gedeihen, was in ihre Hände kam. Die Heilige war ebenso die Gebieterin der kosmischen Elemente, denn sie konnte Einfluss auf das Wetter nehmen. Häufig bannte sie Gewitterstürme, die über die Felder tobten, auf denen das Volk die Ernte einbringen wollte.

Am Geburtsort der heiligen Brigid in Faughart (Gr. Louth/Irland) sprudelt eine ihr geweihte Quelle, die ein Bächlein speist, das lieblich durch ein mit Bäumen bestandenes Tal fließt. Bis heute hält die Verehrung der heiligen Brigid an, und man trifft zu jeder Jahreszeit Gläubige, die an einer der vielen ihr geweihten Quellen Heil und Trost suchen.

In alter Zeit wurden mit heiligen Brunnen nicht nur Wundertätigkeiten assoziiert; sie dienten ebenfalls als Grenzmarkierungen zwischen den Stämmen. Heilung und Reinigung waren in der keltischen Welt eng miteinander verwoben. Eine rituelle Reinigung war gleichzeitig eine geistige Erneuerung. Zauberkräftig waren der Regen, der morgendliche Tau, die fließenden Gewässer, die Seen und Meere und immer wieder die Quellen.

Das geht sehr wahrscheinlich auf die Verehrung von Brigindo zurück, die von den Kelten vor zweitausend Jahren als Göttin Brigantia verehrt wurde. Auch in unserer Region lassen sich ihre Spuren verfolgen. So hieß der Bodensee bei den Römern Lacus Brigantius.

Der Mummelsee – das Reich der Wasserfeen

Der in einer Gletschermulde entstandene Mummelsee am Fuße der Hornisgrinde soll früher Sitz von zauberhaften Feen, Prinzen und Königen gewesen sein. Wer Steine in den Zaubersee wirft, der kann Unwetter heraufbeschwören, so heißt es. Was ist vom sagenumwobenen See übrig geblieben?

Unzählige Reisebusse, Autos und Motorräder lassen den kleinen See an Touristen nahezu ersticken. In zwanzig Minuten umrunden sie den schwarzen Bergsee, und, wie es scheint, ohne innere Anteilnahme. Tretboote zerhacken die Wellen. Dieser wirklich tägliche Eingriff in den Gesamtorganismus verändert den Naturplatz. Die Feen haben Reißaus genommen, seit 1930 die Schwarzwaldhochstraße gebaut wurde, die auf einer Länge von fünfzig Kilometern zwischen Baden-Baden und Freudenstadt kleine Dörfer oder Städte verbindet. Hotelpaläste bestimmen in regelmäßigem Abstand das Bild und ziehen immer noch noble Gäste aus Wirtschaft, Gesellschaft und Politik an. Prominente wie Göring, Adenauer, Heidegger, Scheel oder Sadat verkehrten gerne im bekannten Hotel Bühlerhöhe.

Diese unverständliche Rücksicht auf den Autoverkehr hat die einst romantische Landschaft stark verändert und dem Massentourismus den Vorzug gegeben. Täler wurden mit Hilfe von Staudämmen unter Wasser gesetzt, Felsen wurden fortgesprengt. Alte Leute im nahe gelegenen Weiler Hundsbach können sich noch an jene Zeiten erinnern, wo es die Schwarzwaldhochstraße noch nicht gab und der Mummelsee noch ein Ort der Beschaulichkeit und Erholung war.

Vor mehr als dreihundert Jahren (1669) weilte am Mummelsee der bekannte Schriftsteller Johann Jakob Christoph von Grimmelshausen. Als Stadtschultheiß von Renchen schrieb er, inspiriert vom Zauber des Bergsees, für seinen Roman »Der abenteuerliche Simplicissimus« über die Erlebnisse seines Helden mit den Wasser- und Feengeistern (am Mummelsee). Simplicissimus hatte Steine ins Wasser geworfen, als sich plötzlich der Himmel verfinsterte und ein Gewitter hereinbrach. Da erschienen ihm die Nebelgeister und nahmen ihn mit in ihr unterirdisches Reich, das mit allen Meeren der Erde, Quellen und Brunnen verbunden war:

»Unterdessen kamen noch mehr dergleichen Wassermännlein hier und dort gleichsamb wie die Tauchentlein hervor, die mich alle ansahen. Der erste und vornehmste aber unter ihnen, dessen Kleidung wie lauter Gold und Silber glänzte, warf mir einen leuchtenden Stein zu, so groß als ein Taubenei und so grün und durchsichtig wie ein Smaragd. Ich hatte ihn aber kaum aufgehoben und zu mir gesteckt, da wurde mir nit anderst, als ob mich die Luft hätte ersticken oder ersäufen wollen. Sobald ich aber ins Wasser kam, erholte ich mich wieder und brauchte aus Kraft des Steins, den ich bei mir hatte, im Atmen das Wasser anstatt der Luft. Ich konnte auch gleich so wohl als die Wassermännlein mit geringer Mühe im See herumwebern, so mich an nichts anderes ermahnte, als wenn sich ein Schar Vögel mit Umbschweifen aus dem obersten Teil der temperierten Luft gegen der Erden niederlässt.

Der große Fürst über dem Mummelsee aber sagte mir vor gewiss, diese See sind dreierlei Ursachen willen erschaffen. Denn erstlich werden durch sie alle Meer, wie die Namen haben, und sonderlich der große Ozeanus, gleichsam wie mit Nägeln an die Erde geheftet; zweitens werden von uns durch diese See (gleichsam als wie durch Teichel, Schläuche oder Stiefeln) die Wasser aus dem abyssu des Oceani in alle Quellen des Erdbodens getrieben (welches denn unser Geschäft ist), wovon alsdenn alle Brunnen in der ganzen Welt fließen, die große und kleine Wasserflüss entstehen, der Erdboden befeuchtiget, die Gewächse erquickt und beides

Katzenstein.

 Menschen und Viehe getränket werden; drittens, daß wir als vernünftige Kreaturen Gottes hierin leben, unser Geschäfte verrichten und Gott dem Schöpfer in seinen großen Wunderwerken loben sollen« (Grimmelshausen 1985: 432f.).

Die Sage vom Rattenpelzmann im Mummelsee

Ein armer Holzfäller lebte in der Nähe des Mummelsees. Wegen seiner Armut trug er einen durchlöcherten Mantel, den er selbst aus dem Fell von Ratten hergestellt hatte. Dennoch lebte er zufrieden mit seiner Frau in einer einsamen Waldhütte. Als diese eines Tages schwanger wurde und sich die Zeit der Geburt näherte, eilte der urige Wälder nach Kappel, um eine Hebamme zu holen. Er ging mit der Hebamme zum Bergsee, nahm eine Birkenrute und schlug dreimal auf die Wasserfläche. Wie von Wunderhand teilte sich das Wasser in zwei Hälften, und eine lange Treppe wurde sichtbar, die in den Abgrund führte. Die Wendeltreppe war aus Alabaster gefertigt und unten glitzerte ein goldenes Prachtzimmer, in dessen Mitte ein Thron stand, der wie ein Karfunkelstein leuchtete. Sie stiegen hinab und der Pelzmann im Rattengewand befahl der Hebamme, hier ihre Vorbereitungen für die bevorstehende Geburt seines Kindes zu treffen. Nachdem die Hebamme ihren Dienst ausgeführt hatte, begleitete der rätselhafte Mann die Frau wieder nach oben in die normale Welt und schenkte ihr als Belohnung einen Strohbündel. Dieses Geschenk schien der Hebamme absurd und sie lehnte es ab, indem sie vorgab, dass in ihrem Haus Stroh bis unter den Dachfirst gebogen sei. Der strenge Wälder ließ sich aber von den Worten der Frau nicht beirren und überredete sie, das Strohbündel anzunehmen. Nachdem sich die Hebamme jedoch ein Stück vom See entfernt hatte und der Rattenpelzmann verschwunden war, warf sie das Bündel achtlos weg. Als sie zu Hause ankam, bemerkte sie, dass sich ein Strohhalm, der an ihr hängen geblieben war, in reines Gold verwandelt hatte. Die arme Frau ärgerte sich sehr über ihr Verhalten und weinte reuevoll; denn mit dem Gold hätte sie für alle Tage ein reiches Leben führen können.

Battertfelsen bei Baden-Baden

Es gibt nichts außer diesem:
Das Leben gut und glücklich zu leben!
Folge Deinem Herzen, auch wenn es vom Pfade
ängstlicher Seelen wegführt.
Verhärte nicht,
auch wenn Dich mal das Leben quält.
Du bist selbst verantwortlich,
ob Du ein Aasgeier
oder ein Adler bist.

Wilhelm Reich

Battertfelsen.

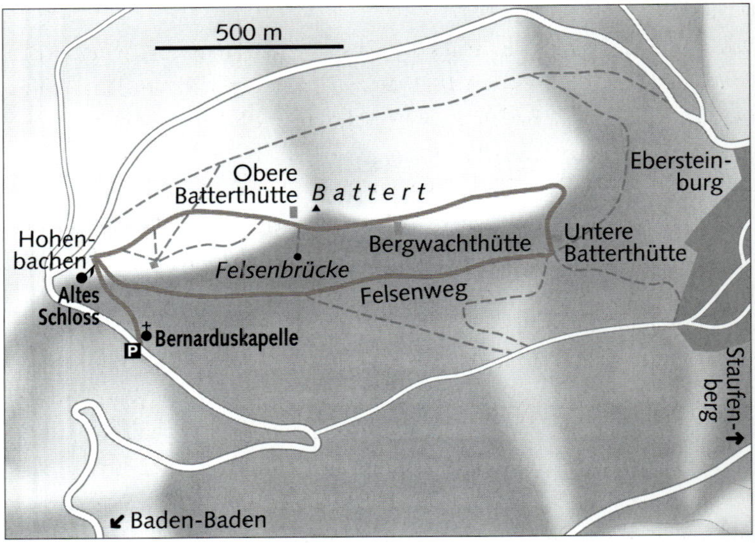

Anfahrt: In Baden-Baden dem Schild »Burgruine Hohenbaden« folgen. Unterhalb der Burg auf dem Parkplatz parken.

Wanderung: Bernarduskapelle–Burgruine Hohenbaden–Felsenweg–Untere Batterthütte–Battertweg–Bernarduskapelle: 1½ Std.

Die Wanderung beginnt an der kleinen Bernarduskapelle, die rechts etwas oberhalb im Wald liegt. Wir gehen weiter bis zur Burgruine Hohenbaden und begeben uns auf den unteren Felsenweg nach rechts in Richtung Untere Batterthütte (1,3 Kilometer), Ebersteinburg (1,7 Kilometer). Vor uns ragen die mächtigen Felstürme der ersten Felsgruppe um die Ritterplatte empor. Der Weg schlängelt sich entlang den Felsklippen und bietet immer wieder herrliche Ausblicke auf Baden-Baden. An der Unteren Batterthütte gehen wir links auf den oberen Battertweg. Noch fantastischer ist der Ausblick oberhalb der Felsen. Abstieg zur Burgruine Hohenbaden.

Wir sind dem »brokat- und lackstiefelbeschuhten Ameisengewimmel der Promenadenpfade«, wie um 1880 der Schriftsteller Wilhelm Jenssen das mondäne Treiben in Baden-Baden beschrieb, entflohen. Ähnlich äußerte sich auch der amerikanische Dichter Mark Twain nach seinem Aufenthalt in der Kurstadt: »Ein fades Städtchen, überall trifft man auf leeren Schein, kleinlichen Betrug und Aufgeblasenheit.« Wieder andere Stimmen bezeichnen Baden-Baden als »schönstes überdachtes Altersheim Deutschlands«. Wie dem auch sei, die Felsen hier oben geben genügenden Abstand, und Baden-Baden liegt dem Betrachter zu Füßen.

Die Stadt ist das mondäne Leben gewöhnt, bereits Kelten und Römer badeten gerne in diesem warmen Schwarzwaldtal. Ein besonderes Badeerlebnis bietet heute das irisch-römische Friedrichsbad. Nach Durchlaufen mehrerer Vorwärmräume ist der erste Höhepunkt eine Seifenbürstenmassage, bevor man in antiken Badehallen lustwandeln kann und schließlich in eine warme Decke eingehüllt eine halbe Stunde zur Entspannung und Ruhe gebettet wird. Das ganze Ambiente erinnert an das 19. Jahrhundert.

Das Naturschutzgebiet um die mächtigen Battertfelsen hat ein eigenes Flair, das man bereits nach dem ersten Kontakt deutlich spüren kann. Ein alter Buchenwald verbirgt die Felsen, Stechpalmenbüsche geben grüne Farbtupfer, Huflattich, Anemonen, Waldmeister, Hundsveilchen und vereinzelt Schlüsselblumen blühen mit voller Pracht am Wegesrand und verkünden fröhlich das Erwachen des Frühlings.

Battertfelsen.

Die kleine Bernarduskapelle – mit einem hübschen Brunnen davor – lädt zur Einstimmung auf den Berg ein. Im Eingangsbereich des Gotteshauses steht ein Gebet:

»Berge voll Schönheit, Pracht
künden des Schöpfer's Macht,
Der ist ohn Anfang und End.
Kommet ihr Menschen her,
gebt Eurem Gott die Ehr,
Preiset ihn, betet ihn an!«

Der Legende nach weilte der Ritter Bernardus hier als Einsiedler.

Schwarze Madonna.

Eine besondere Ausstrahlung geht von der Schwarzen Madonna aus, die sich rechts im Altarraum befindet. Wir können in der Kapelle die wohltuende Stille in uns aufnehmen, bevor wir uns aufmachen zum heiligen steinernen Wald, dessen Felsen an die Externsteine im Teutoburgerwald bei Detmold erinnern. Bereits die erste Felsgruppe an der Ritterplatte hat etwas Majestätisches. Das getürmte Gestein wächst gen Himmel. Alte Baumstümpfe stehen wie Skulpturen vor den Felswänden.

Kleine Brücken verbinden die einzelnen Felsnadeln. Die zweite Gruppe der Porphyrklippen ist noch höher. Oben drauf wachsen vereinzelt Birken, die waghalsig über dem Abgrund stehen, eine mächtige Blockhalde bildet einen breiten Sockel. Weißtannen mit Misteln, alte Eichen, Ahorne, Buchen und Ebereschen bilden das Unterkleid der schlanken Steinriesen. Zwei Felsen berühren sich an einer Stelle, sehen aus wie ein Liebespaar. Ein Zwillingsahorn ist mit einem Felsen zusammengewachsen.

Ein kleiner Treppenpfad führt durch die Schluchten der Hohfelsen. Am Einsiedlerpfad können die bis zu sechzig Meter hohen Felskamine erklettert werden. Nein, keine Druiden in weißen Gewändern besteigen hier die Felswände, um Orakel zu verkünden. Heute sind es Sport- und Kletterbegeisterte, die ihre Geschicklichkeit testen. Da die Felsen Schwierigkeitsgrade von eins bis neun aufweisen sind sie ein ideales Trainingsgelände für Kletterer.

Auf einer Tafel wird dem Erbauer dieses schönen Felsenwegs gedacht: »Dem Grafen Alexander Bronssiel danken Freunde der großartigen Natur für die Anlage dieses Felsenweges, 1839.«

Nun führt der Weg oberhalb der Felsen zurück. Wir können direkt auf die Felskanzeln hinunterblicken, die wie Adlerhorste wirken. Manche sind grün bemoost, vereinzelt wachsen Heidelbeerstauden und Erikabüsche. Auf manchen Spitzen stehen Gipfelstürmer, stolz, einen solchen

Steinriesen bezwungen zu haben. Sonntags verwandeln sich die Battertfelsen häufig in einen Freizeitpark. Etwas ruhiger ist es auf der Ritterplatte. Felsenbirnen wachsen über dem Abgrund. Ich denke an das schöne keltische Baumgedicht des walisischen Barden Taliesin, »Der Kampf der Bäume«, wo es heißt:

*»Lächelnd an der Felswand war der Birnbaum, nicht von hitziger Art,
nicht von Mutter noch Vater, war, als ich gemacht, mein Blut oder
Körper aus neun Arten von Eigenschaften. Aus Obstbäumen hat Gott
mich geschaffen aus der Blüte der Nessel aus dem Wasser
der neunten Welle ward ich verzaubert von Math.«*

Etwas abseits ist ein kleiner Felsvorsprung mit einem überdachten Steinsitz – welch kraftvoller Ort der Stille.

Der Felspfad führt beim Abstieg zur Burgruine an einem wunderschönen Kultplatz vorbei. Eine uralte große Eiche bildet zusammen mit mehreren lang geformten Felsen, die wie Menhire aussehen, und einem steinernen Tisch (Naturdolmen) ein zauberhaftes Ensemble. Schließlich erreichen wir die Burgruine Hohenbaden und werden von Sphärenklängen der größten Windharfe Europas begrüßt.

Der bekannte Harfenist Rüdiger Oppermann hat im Rittersaal, in einer offenen Fensternische, eine 4,10 Meter hohe Harfe installiert. Durch den Luftzug werden die Nylonsaiten in Schwingung versetzt. Die Grundstimmung der Saiten ist auf die Töne C und G gestimmt. Die Grundtöne erzeugen Obertöne, und der Wind spielt hier seine eigenen Melodien. Eine Tafel informiert über die Beliebtheit der Windharfen, vor allem im 19. Jahrhundert. Damals, in der Zeit von 1851 bis 1920, war am selben Ort eine kleine Windharfe angebracht.

Der Ausblick von der Burgruine Hohenbaden ist unbeschreiblich schön. Bei gutem Wetter kann man bis Straßburg und zu den Vogesen sehen.

Burgruine Hohenbaden.

Sage vom Pestwunder

Im 16. Jahrhundert wütete in Baden-Baden die Pest, und der damalige Markgraf Karl von Baden starb an der furchtbaren Krankheit. Seine Gemahlin Katherina hatte sich mit ihren Kindern in einen Turm des Schlosses zurückgezogen und sich von der Außenwelt abgeschirmt. In ihrer Verzweiflung betete sie zu der Jungfrau Maria und bat um Hilfe. Ihr Flehen wurde erhört, und die heilige Jungfrau erschien ihr im Traum und zeigte der Gräfin in der einen Hand die Thermalquelle, und in der anderen waren ihre Kinder und das Kloster Lichtental zu sehen. Die Herrin setzte den Traum sogleich um und ließ das Wasser der Thermalquelle durch die ganze Stadt leiten. In wenigen Tagen wurde die Bürgerschaft von der schrecklichen Pestplage befreit. Die Gräfin zog sich daraufhin als Nonne zurück ins Kloster Lichtental, während ihre Kinder später als gläubige Christen der Kirche dienten.

Battert, Baden-Baden.

Sage vom weißen Hirsch

Ein wilder Jäger namens Immo von Wolfsberg jagte einst gerne im Bereich der Battertfelsen. Eines Tages sah er einen schönen weißen Hirsch, den er bis zum Gipfel eines Felsens verfolgte, wo jener vor dem sich auftuenden Abgrund nicht mehr weiter konnte. Als Immo von Wolfsberg dabei war, seinen tödlichen Pfeil anzulegen, um den Hirsch zur Strecke zu bringen, sah er plötzlich, wie eine liebliche Frauengestalt ihre Hände schützend um den Hirsch legte. Der Jäger bekam einen solchen Schrecken, dass er im selben Augenblick die Waffe zu Boden fallen ließ, woraufhin sich der Hirsch und die schöne Jungfrau im Nichts auflösten. Immo von Wolfsberg gab nach diesem Erlebnis seinen Hang zum Jagen auf und lebte fortan als frommer Einsiedler bei den Battertfelsen.

Teufelsmühle bei Loffenau

Das Große Loch.

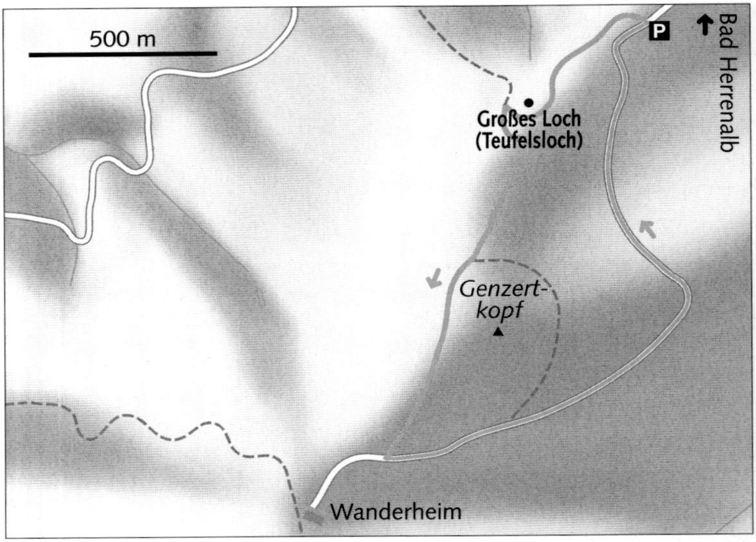

Anfahrt: Von Loffenau Richtung Bad Herrenalb fahren. Kurz vor dem Bergpass Käppele rechts abbiegen zum Höhengasthaus Teufelsmühle. Für Wanderer bietet das gemütliche Höhengasthaus Teufelsmühle auch Übernachtungen an (Telefon +49-(0)7083-8302; Edmund Treiber). Die Mautstraße (geringe Gebühr, meist am Wochenende) führt hinauf zur Teufelsmühle (vier Kilometer). Nach zirka zwei Kilometern am Michelsrank parken.

Wanderung: Michelsrank–Großes Loch–Teufelsmühle–Michelsrank: 2 Std. Einstieg in die Wanderung am Michelsrank (690 Meter). Von hier sind es zum Großen Loch (Teufelsloch) ein halber Kilometer und zur Teufelsmühle zwei Kilometer. Wir folgen dem Wanderzeichen gelbe Raute. Der kleine felsige Pfad ist sehr nass, da mehrere Bäche den Wanderweg kreuzen. Es ist ratsam, diese Wanderung nur mit gutem Schuhwerk zu machen.
Am Großen Loch links aufsteigen bis zum Gipfel der Teufelsmühle (910 Meter), der sich oberhalb des malerischen Schwarzwaldorts Loffenau erhebt. Der Sage nach soll auf dem mächtigen Bergkopf einmal der Teufel versucht haben, eine Mühle zu bauen. Da ihm das Werk nicht recht gelingen wollte, habe er in seiner Wut die Mühlsteine über den ganzen Bergrücken geworfen.
Der Wanderweg ist sehr gut ausgeschildert. Von hier gehen wir die Fahrstraße wieder zurück zum Michelsrank.

An imposanten, kühn vorspringenden Felsen führt der Pfad immer schmaler werdend bergauf. Über den Weg ergießen sich zahlreiche Rinnsale und kreuzen den rutschigen Pfad. An einer Stelle ist der Weg abgebrochen. Doch man sollte nicht aufgeben; denn gleich hinter der nächsten Biegung wird der Blick frei und wir sehen die archaische Sandsteinhöhle, das so genannte Große Loch. Zirka neun Meter hoch sind die Felsformationen, durch zwei frei stehende Pfeiler gestützt. Sie wirken wie der Eingang in einen Tempel. Es scheint ungewiss, wie tief die Höhle in den Berg hineinführt.

Staunend kann man das von der Natur hervorgebrachte Kunstwerk betrachten. Eine weitere Grotte ist oberhalb des von Pfeilern gestützten Felsens zu entdecken. Hier gibt es geheimnisvolle Nischen, in denen bereits etliche Fackeln und Lichter zu Ehren der Großen Erdmutter abbrannten. Daneben erstreckt sich eine steil abfallende Felswand, die von Moosen bewachsen ist. Wie silberne Fäden rinnen die unermüdlich fließenden Wassertropfen über das Gestein und kommen etwa dreißig Meter weiter unten zu einem kleinen Bergbach zusammen.

Die Feuchtigkeit des Ortes und der imposante Sandsteinfelsen mit seinen bizarren Formen bilden einen elementaren Gegensatz der Natur. Dieser Ort der Kraft und Stille offenbart eindrücklich, dass wir Menschen nur ein kurzes Verweilen auf dieser Erde haben. Wie viele Menschenleben hat diese zauberhafte Stätte schon überdauert? Hatten hier

Teufelsmühle.

einst Steinzeitmenschen gelebt und in den Felsen Schutz vor Wind und Wetter gefunden? Frisches Wasser stand auf jeden Fall zur Verfügung. Wir können heute noch einen Schluck von dem klaren, kühlen Quell genießen, so dass wir erfrischt und zu neuen Entdeckungsreisen inspiriert den Rückweg antreten können.

Es lohnt sich, noch einige Zeit vor der schönen Naturgrotte zu verweilen. Das Betreten der Grotte ist neuerdings aus Sicherheitsgründen verboten. Eine Tafel informiert, dass es hier auch Feuersalamander gibt.

Der weitere Aufstieg ist zauberhaft und bietet herrliche Ausblicke Richtung Battert, Merkur und Staufenberg bei Baden-Baden und auf den nördlichen Schwarzwald. Bald erreichen wir die überhängenden Teufelsfelsen mit Schalensteinen. Ein Aussichtsturm und das Höhengasthaus Teufelsmühle sind heute ein beliebtes Ausflugsziel. Vom Aussichtsturm kann man einen herrlichen Rundblick über den gesamten nördlichen Schwarzwald genießen. Die Steine des Teufelsbergs könnten ihrer exponierten Lage wegen eine vorchristliche Kultstätte gewesen sein. Ostwärts finden wir einen weiteren großen, markanten Stein, den ich wegen seines Aussehens »Walstein« nenne. War hier einst ein Gipfel des Wissens, wo unbekannte Adepten den Suchenden in das Geheimnis der mystischen Kunst einweihten? Landete hier der große Walfisch, in dessen Bauch der Prophet Jonas die großen Mysterien geschaut hat? Auch die Wasserjungfrauen, Feen und Melusinen, die wir häufig im Nordschwarzwald antreffen, wurden aus dem Bauch der Mysterien geboren; denn das Paradies befand sich für die Alchemisten unter Wasser. Aus den Lehren des Paracelsus kann man entnehmen, dass die Melusinen keine Genitalien hatten, wodurch sie als paradiesische Wesen charakterisiert wurden.

Ein Steinweg führt von Osten her zur Teufelsmühle. Sollten die vielen umgefallenen Felsen und Steintafeln einst einen Weg zu einem Heiligtum markieren? Der Pfad führt hinauf und endet bei einer Ansammlung großer Felsblöcke.

König-Artus-Stein bei Dennach

Die Kelten besaßen eine intuitive Spiritualität, die aus dem achtsamen, ehrfürchtigen Gewahrsein der Landschaft erwuchs. Es war eine Freiluft-Spiritualität, leidenschaftlich durchdrungen von der erotischen Kraft der Erde.

John O'Donohue

Auf dem Heuberg.

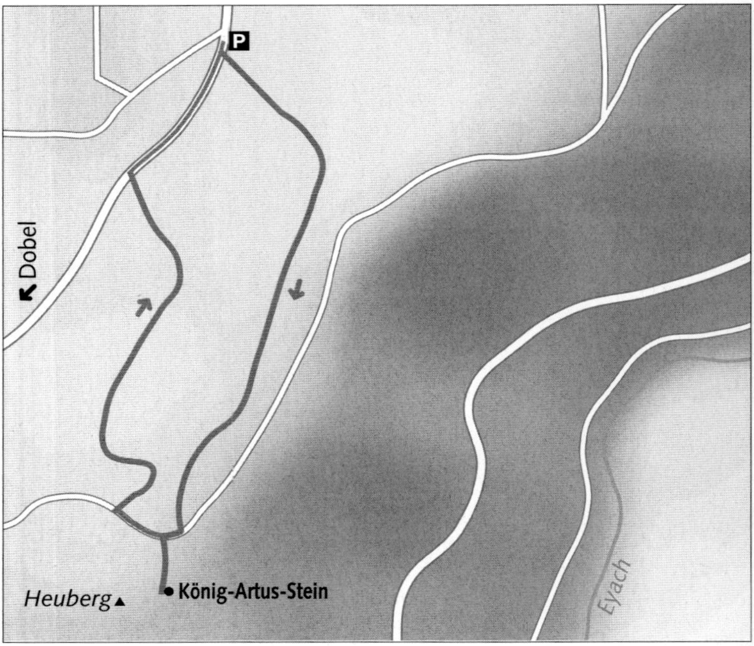

Anfahrt: Von Bad Herrenalb über Dobel nach Dennach fahren. Kurz vor der Ortseinfahrt auf dem Wanderparkplatz rechts am Waldrand parken.

Wanderung: Wanderparkplatz Dennach–Heubergweg–König-Artus-Stein–Wanderparkplatz Dennach: 1 Std.

Wir gehen zunächst über den Wiesenweg hinauf zum Waldrand. Hier ist das erste Wanderzeichen mit der Aufschrift »König-Artus-Stein«. Nach zirka einem Kilometer links abbiegen. Zwei tote Baumstämme markieren hier ein Tor zur anderen Welt. Wir kommen zum Heubergweg. Nach rechts und dann wieder nach links, und wir sind beim König-Artus-Stein angelangt. Als ich 1998 diesen Berg das erste Mal für mein Buch »Mythologisch Reisen Mittel-Nordschwarzwald« beging, entdeckte ich durch Zufall unter einer Tanne verborgen eine interessante Steinsetzung, die ich König-Artus-Stein nannte. Nachdem das Buch veröffentlicht war, schrieb mir 1999 die Gemeinde Dennach einen Brief, worin mir mitgeteilt wurde, dass die Idee so gut war, dass man extra einen Weg angelegt hätte und offiziell den entdeckten Felsen »König-Artus-Stein« getauft habe.

Auf den Spuren der Artussage durchforste ich den Heuberg. Hohe Farne, ein gelbes Feld mit Zittergras und Fingerhut bilden eine quadratische Fläche wie bei einer Keltenschanze. Der Berg ist die höchste Erhebung (709 Meter) im Enzkreis. Ein würfelförmiger Sandsteinquader fällt mir auf. Ist das der Schwertstein, in dem das berühmte Zauberschwert Excalibur steckte, das nur von Artus herausgezogen werden konnte? Meine Gedanken umkreisen den keltischen Epos, und ich frage mich: Wenn der Heuberg ein Artusland sein sollte, wo war dann die Burg Tintagel zu lokalisieren? Hatte König Artus bei seinem Versuch, die englischen Adligen zu besiegen, auf den Rat des Zauberers Merlin auch hier im Schwarzwald Verbündete gesucht?

Auf einem Rundweg um den Bergkopf komme ich zu einer Wegkreuzung, wo ein mit hohem Gras verwachsener Pfad mich magisch anzieht. Erika, Johanneskraut, Huflattich, Birken, Kiefern und Tannen säumen den Weg. Plötzlich bleibe ich stehen und entdecke hinter einer Tanne verborgen ein auffällig hohes Sandsteingebilde. Drei große Felsblöcke liegen übereinander geschichtet und bilden eine Steinskulptur. Ich nenne ihn Artus-Stein. Ich biege die Äste etwas zur Seite und räume den Platz auf. Schon nach einigen Minuten ist das einzigartige Steinensemble für jedermann zu erkennen. Der oberste Block hat die Form eines großen Kopfes. Daneben liegen weitere fünf große Steinplatten, deren ursprüngliche Zusammensetzung durch eine umgestürzte Tanne nicht mehr zu erkennen ist.

Eine Sage erzählt, dass in besonderen Nächten auf dem Heuberg ein Stein zu sehen ist, in dessen Mitte ein großes Schwert steckt. Derjenige, dem es gelingt, dieses Schwert herauszuziehen, soll wie Artus zum König werden. Handle derjenige aber nur aus Eigennutz, so erwache ein böser Riese aus dem Schlafe und bringe Unheil. Der Riese trieb einst sein Unwesen im Schwarzwald und scheute sich nicht, Menschen zu fressen. Die ganze Umgebung litt sehr unter der Drangsal, so dass die Bevölkerung beschloss, etwas gegen den Unhold zu unternehmen. Ein tapferer Jüngling meldete sich, um den Kampf gegen den Riesen aufzunehmen. Sollte es dem jungen Burschen gelingen, den Riesen zu besiegen, würde er König werden. Nun wusste der Junge genau, dass es eigentlich kein Mittel gab, den Riesen zu besiegen. Er zog in den Wald und suchte einen Einsiedler auf. Dieser gab ihm den Rat, zu einer großen Eiche zu gehen, wo ein Zwerg leben sollte, der die Kunst des Schwertschmiedens be-

König-Artus-Stein.

herrschte. Wie beschrieben fand der Bursche die besagte Eiche und trat mit dem Zwerg in Kontakt. Dieser führte den Jüngling in eine verborgene Höhle, die unter der Eiche lag. Überall glänzte Gold und Silber von den Wänden. Auf einem glitzernden Thron aus Edelsteinen saß der König der kleinen Erdwesen. Sein Antlitz leuchtete wie die Sonne. Der Jüngling kniete nieder und verneigte sich ehrfurchtsvoll. Bei den Zwergen war der Riese durch sein grausames Verhalten in Ungnade gefallen. So kam der Jüngling als Retter wie gerufen. Der Zwergenkönig wollte ihn bei einem Sieg über den Riesen reichlich belohnen. So gingen sie in die Zwergenschmiede, um ein Zauberschwert zu schmieden. Die Strahlen von Sonne und Mond wurden eingefangen und daraus eine Klinge angefertigt. Gehärtet wurde der Stahl von den Tränen der Elfenkinder. Aus dem Holz der Eiche wurde ein Griff geschnitzt, und fertig war das Zauberschwert.

Nun machte sich der Jüngling auf den Weg, um den Riesen zu besiegen. Es dauerte nicht lange, bis er ihm begegnete. Der hungrige Unhold betrachtete den jungen Burschen als willkommene Speise und rieb sich kräftig den Bauch. Mit einer Keule wollte er den Burschen erschlagen, doch dieser wich geschickt zur Seite und stieß sein Zauberschwert in die

Stirne des Riesen. Geplagt vor Schmerzen, brüllte der Unhold los, dass alle Tiere des Waldes erschraken. So konnte der Jüngling den Riesen bezwingen und damit das Land befreien. Von den Zwergen reich belohnt, wurde er zum neuen König des Schwarzwalds bestimmt. (Vergleiche hierzu den Artus-Roman, als der Ritter Sir Marhalt den Kampf mit dem Riesen besteht.)

Der Mythos von König Artus wurde zur Zeit der Kreuzzüge über ganz Europa bis in den Orient verbreitet. Häufig waren es fahrende Sänger und Geschichtenerzähler, die den Ruhm des Königs in alle Lande trugen. Als Maienkönig verehrten ihn die Minnesänger.

Artûs, der meienbaere man,
swaz ie von dem gesprach,
zeinen pfingsten daz geschach
odr in des meien bluomenzît,
was man im süezes luftes gît!
(Der meienselige Artus, was man von ihm erzählt,
immer spielt es zu Pfingsten oder in der Blütezeit des Mais.
Immer ist bei ihm von linden Lüften die Rede.)

Wolfram von Eschenbach

(Aus: Kroell 1999)

Baerenkopf.

Die Vogesen im Elsass

Rund um den Baerenkopf

Am Baerenkopf

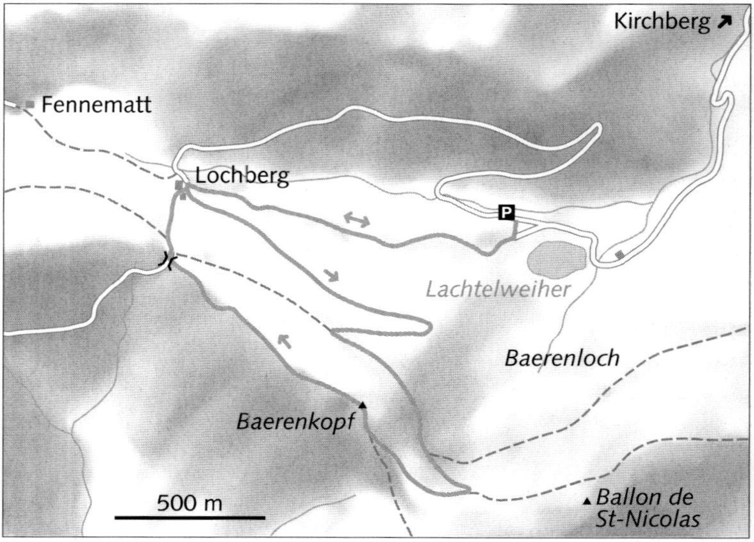

Anfahrt: Auf der D466 nach Masveaux bis kurz vor Wegscheid fahren. Bei Kirchberg-Centre nach links abbiegen in die Rue Strueth; dem Schild »Lachtelweiher, Lochberg, Baerenkopf« folgen; es sind noch zirka vier Kilometer bis zur Auberge du Lachtelweiher.

Wanderung: Lachtelweiher–Lochberg–Baerenkopf–Lochberg–Lachtelweiher: 3 Std.

Ausgangspunkt ist der Lachtelweiher (770 Meter), ein kleiner angestauter Bergsee. Wir gehen Richtung Lochberg, Fennematt und folgen dem Wanderzeichen blaues Rechteck und blauer Kreis. Nach zweihundert Metern Aufstieg begrüßt uns ein schöner Bergbach. Wir überqueren nach wenigen Metern einen weiteren Bach, der sich fröhlich ins Tal der Doller ergießt. Rechter Hand ist ein hoher lichter Buchenwald. Die mächtigen silbernen Stämme stehen da wie Säulen einer riesigen Naturkathedrale. Stille und tiefe Ruhe durchziehen den Wald. Bald kommen wir auf eine große Wiese, die den Blick auf die grünen Hänge des gegenüberliegenden Sprickelsbergs freigibt.
Vor der Auberge Lochberg wandern auf dem breiten Wiesenweg links weiter. Dieser Weg hat keine Markierung. (Die blauen Schilder weisen in die andere Richtung.) Von diesem Panoramaweg aus haben wir herrliche Ausblicke bis in die Rheinebene und nach Westen hin zum Grandballon, der mit seinem

Buckel wie ein Riese aus der Bergkette der Vogesen ragt. Nach gut einem Kilometer Wegstrecke nimmt uns der hohe Buchenwald wieder auf. Bei einem Wendeplatz gehen wir rechts herum. Nach einigen hundert Metern kreuzt der Wanderweg, der von Maseveaux über den Baerenkopf zum Ballon D'Alsace führt. Unser Weg macht hier eine weitere Linkskehre, und wir befinden uns unterhalb des Baerenkopfs. Bald erreichen wir einen Bergsattel, der zwischen dem Ballon de St.-Nicolas und dem Baerenkopf liegt. Eine kleine Wiese lädt zu einer Rast ein. Zur linken Hangseite liegt eine Tannenschonung.
Gestärkt machen wir uns zum Gipfelaufstieg bereit und kommen wieder auf den Wanderweg mit dem roten Rechteck, der nach rechts abzweigt und uns zum Baerenkopf führt. Verwitterte Weidbuchen beherrschen das Bild. Mächtige Büsche mit unzähligen verwachsenen Ästen, die wie kleine Schlangen oder Drachen aussehen, weisen auf einen Ort der Kraft hin. Ein kleiner Steinhaufen ist vor dem Gipfelplateau aufgeschichtet. Anscheinend bringen hier viele Wanderer einen Stein mit hinauf zum sagenhaften Baerenkopf. Dieser schöne neue Brauch ist an fast allen markanten Bergköpfen im Schwarzwald und in den Vogesen zu beobachten. Der Baerenkopf mit seinen 1074 Metern ist einer der ersten hohen Berge im Südosten der Vogesen. Wie ein mächtiger Bär ist er ein Wächter, ein Tor zu den Vogesen. Von hier oben haben wir einen großartigen Ausblick über die Burgundische Pforte bis zum Schweizer Jura. Im Süden grüßt der Ballon D'Alsace, im Westen der Grand Ballon und im Norden die Rheinebene mit dem dahinter liegenden Schwarzwald. Es ist augenscheinlich ein Wohlfühlberg; deutlich spürbar ist seine kraftvolle Energie.
Wir gehen nun nach Süden, steigen zu einer Hütte ab und gelangen über die freie Fläche bis zu einem Kreuzungspunkt, wo nach rechts ein kleiner Weg Richtung Ferme Auberge Lochberg abzweigt. Nach dem steilen Abstieg kommen wir wieder zur Auberge Lochberg und wandern denselben Wiesenweg zum Ausgangspunkt zurück.

Viele Sagen ranken um den 2,4 Hektar großen, zirka drei Meter tiefen Waldsee. Ein böser Seegeist soll plötzlich aus den Fluten auftauchen und versuchen, mit Singen und Pfeifen auf einer Flöte sein Opfer zu betören. Gelingt es ihm, so zieht er die Person in den Weiher und lässt dann ein höhnisches Lachen verlauten. Kurze Zeit später wirft er dann den Ertrunkenen wieder ans Ufer. Viele arme Seelen sollen bereits um den Weiher herumfliegen und keine Erlösung finden. Nur derjenige, der sich traut, einen goldenen Teller in den See zu werfen, kann die Armen von ihren Seelenqualen retten.

Eine andere Sage berichtet von einem schönen Mädchen aus Langenfeld. Sie hatte mit dem Sohn des Grafen von Kirchberg ein Liebesverhältnis. Doch der Vater verweigerte seinem Sohn die Heirat. Daraufhin soll der junge Bursche in den Wald geritten sein, während seine Braut zum Lachtelweiher ging – und nie mehr gesehen wurde. Einige Zeit später geriet der alte Graf in große Geldnot und bedrängte den Pfarrer von Kirchberg, indem er ihn aufforderte, ihm die goldene Monstranz zu geben. Der Pfarrer in seiner Not ließ daraufhin heimlich im Kirchturm ein steinernes Sakramentshäuschen erbauen und versteckte darin alle wertvollen Dinge, auch die goldene Monstranz. In seiner Wut soll der Graf die Kirche angezündet haben, so dass sie völlig ausbrannte. Nur das steinerne Sakramentshäuschen blieb von den Flammen verschont. Als in dieser wirren Zeit der Sohn des Grafen zurückkehrte, sollte dieser auf das Drängen des Vaters hin sogleich eine reiche Frau heiraten. Ein Tag vor der Hochzeit ritt der junge Graf mit seiner Braut zum Lachtelweiher. Dort blühten gerade die Seerosen in voller

Pracht. Die Braut wünschte sich von ihrem zukünftigen Mann, dass er ihr eine Seerose pflücken möge. Er ritt ohne lange zu überlegen mit seinem Pferde in den Weiher. Als er die Blume pflücken wollte, fiel er vom Pferd und versank in der Tiefe des Weihers; denn dort hatte er die Gestalt seiner früheren Geliebten erkannt. Er soll sich in ihre Arme geworfen haben und hinabziehen lassen in die unergründliche Tiefe des dunklen Weihers.

Mythos vom heiligen Bären

Als die Menschen noch Jäger und Sammler waren, folgten sie den Fährten der Bären, und oft führten ihre Spuren, wie in den Alpen, auf über zweitausendfünfhundert Meter Höhe hinauf. Gerne bewohnten die zotteligen Gesellen hohe Berge. Der Bärenkult ist einer der ältesten Kulte des Menschen. Funde in verschiedenen Höhlen – wie dem Wildmanniloch in der Schweiz, wo man die Knochen von über dreißigtausend getöteten Bären fand – bezeugen, wie begehrt das Tier für den Menschen war. Vierundzwanzig Tierköpfe waren nebeneinander aufgereiht. Daraus schlossen die Forscher, dass es sich um eine rituelle Bestattung der Bären handeln könnte, die hier vor dreizehntausend Jahren vorgenommen wurde.

Ähnliche Funde wurden im Drachenloch (Säntis im Wildkirchli/Schweiz) gemacht, wo man die Tierschädel in einer steinernen Kiste gefunden hat. Die Kiste sah wie ein Altar aus und wird auf 50000 v. Chr. geschätzt.

Der finnische Liedepos Kalevala berichtet von der kultischen Bedeutung der Bärenjagd. Wir erfahren, wie sich die Jäger am Ende des Winters, wenn die meisten Fleischvorräte zu Ende gingen, auf die Erlegung des Bären vorbereitet haben. Zunächst mussten sich die tapfersten Männer durch sexuelle Enthaltsamkeit und Reinigungsrituale auf die Seele des Bären einstimmen. Sie mussten sich durch Tänze und das Singen von Liedern mit dem Bären geistig verbinden. Gleichzeitig baten sie den Bären um Vergebung. Die mutigsten Männer gingen nun in die Höhle und weckten den Bären. Bevor er mit einem Speer getötet wurde, sagten sie: »Zürne uns nicht.« Nach dem Akt legten die Jäger ihre Hände in die Tatzen des Bären und bezeugten dadurch eine Art Reue und zollten dem Tier ihren Respekt. Auf keinen Fall wollten sie den Zorn des Geistes des getöteten Tiers auf sich ziehen. Wenn die Männer mit dem erlegten Bären zurückkamen, wurden sie mit Gesängen und lautem Hornblasen von den Dorfbewohnern begrüßt. Meist wurde ein Umtrunk abgehalten. Schädel und Knochen des Tiers wurden sorgfältig aufbewahrt, sie galten als heilkräftig. Es wurde für die Seele des Bären gebetet, und alle hofften, dass er bald reinkarnieren würde.

Bären galten in der Urzeit als heilige Tiere, direkt von Gott Gesandte. Bei den nordischen Völkern sind viele Bräuche und Rituale noch lange lebendig geblieben. So bedeutete das Wort Bär bei den Kotlappen »Tier Gottes«. Deshalb kam keiner auf die Idee, überhaupt den Namen für Bär auszusprechen – dies war ein Tabu. Sie nannten ihn einfach »Großvater«. Die Menschen in Lappland bezeichnen sich als »Bärenbrüder«; im Volksglauben nimmt man an, dass, wenn ein Mann eine Frau findet, dies nur durch die geistigen Bären im Himmel möglich ist. Die große Waldherrin, aus der später eine Göttin wurde, war die Bärin Mielikki.

Die Kelten verehrten die Bärengöttin Artio. Eine kleine Bronzeskulptur wurde 1832 in Muri (Schweiz) im Gemüsegarten des örtlichen Pfarrers gefunden. Die sitzende Göttin bietet einem Bären, der hinter einem Baum steht, aus ihrem Korb Früchte an. Der Baum wird als Eiche gedeutet, und die Früchte symbolisieren Fruchtbarkeit. Die enge Beziehung zwischen dem Baum, dem Bären und der Frau wird hier sehr deutlich sichtbar. Das Leben soll in Einklang mit der Natur stehen, aus der alles entspringt. Die Stadt Bern hat den Bären als Wappentier. Im Historischen Museum der Stadt ist die kleine Bronzefigur der Artio ausgestellt.

Die heilige Richardis: Bärenheilige aus Andlau

Auch in den Vogesen haben sich zahlreiche Bärensagen und Legenden erhalten. Die berühmteste Geschichte ist die Begebenheit der heiligen Richardis von Andlau.

Sie entstammte einem Grafengeschlecht aus dem Nordelsass. Ihre Familie ging auf die Merowinger zurück, und somit gehörte sie zum geheimnisvollen Bärenklan, auf den sich auch die heilige Odilia berief (siehe Kapitel »Odilienberg«, Seite 261). In jungen Jahren wurde die schöne Richardis an Kaiser Karl den Dicken vermählt, der 862 gekrönt wurde. Sie lebte ehrfürchtig und treu als Gemahlin des Kaisers. Doch dieser war nur kurze Zeit an der Regierung, da er die Geschäfte eines mächtigen Herrschers nicht gut vollführte. So kam es, dass der Kaiser eines Tages seine eigene Frau der Untreue bezichtigte und sie in Kirchheim vor ein Gericht stellte, das Richardis zu einer Feuerprobe verurteilte. Unerschrocken soll die hübsche Frau mit nackten Füßen über glühende Pflugschare gegangen sein, und auch vor einem heißen Eisenhandschuh erschrak sie nicht. Anschließend zog sie sich ein Wachshemd an und schritt durch einen

Die heilige Richardis von Andlau.

brennenden Feuerstoß. Als ihr die Flammen auch dann nichts anhaben konnten, war ihre Unschuld bewiesen.

Richardis trennte sich sofort von ihrem tyrannischen Mann und zog mit einem jungen Ritter namens Andolo fort, um ein Kloster zu gründen. Der junge Edelmann ritt zum Fuße des Odilienbergs und beobachtete auf einer Wiese eine Bärin, die aus einer Quelle trank. Neben sich hatte die Bärin ihr totes Junges dabei, das sie mit ihren Tatzen vergrub. Richardis war dem Ritter nachgeeilt, und als sie dieses Geschehen erblickte, ging sie unerschrocken auf die Bärin zu, holte das vergrabene Junge wieder heraus und legte es an ihre Brust, worauf das kleine Tier wieder lebendig wurde. Die Bärin war daraufhin sehr dankbar und wurde zur ständigen Begleiterin von Richardis. Dieses Ereignis wurde von Andolo und seiner Gefährtin als Fingerzeig Gottes gedeutet, dass man nun den richtigen Platz für ein Kloster gefunden habe. Und schon bald entstand hier ein bedeutendes Kloster, wo Richardis als Äbtissin den Vorsitz übernahm. Andolo wurde Schirmherr des Klosters und Stammvater des Geschlechts der Andlauer.

Zum Andenken an die Heilige wurden in der Krypta der Klosterkirche bis ins 18. Jahrhundert Bären gehalten. Die Stadt gilt auch heute noch als Ort für Zirkusleute. Besonders Bärentreiber erhielten in Andlau freie Kost und Logis.

Petit Ballon

Das Schönste, was wir überhaupt besitzen,
ist unsere Sehnsucht.
John O'Donohue

Bockswasen.

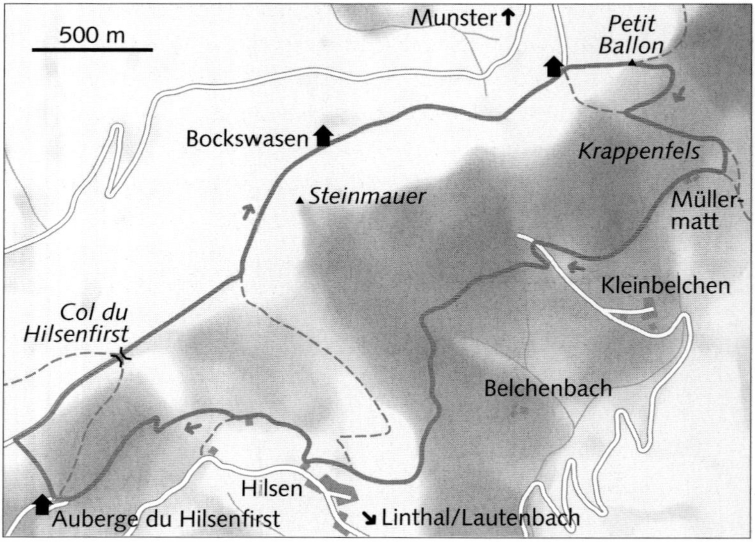

Anfahrt: Von Guebwiler kommend, in Richtung Le Markstein (D 430) bis Linthal fahren. (Nicht zum Petit Ballon/Boenlesgrab abbiegen!) In Linthal geht eine kleine Straße rechts ab. Auf das Schild »Auberge du Hilsenfirst« achten. Das kleine Sträßlein führt in vielen Serpentinen hinauf zur Auberge du Hilsenfirst, wo wir parken können.

Wanderung: Auberge du Hilsenfirst–Bockswasen–Rothenbrunnen–Petit Ballon–Kleinbelchen–Auberge du Hilsenfirst: 4–5 Std.

Wir folgen zunächst der roten Markierung zum Col du Hilsenfirst. Der Weg führt durch einen zauberhaften Wacholderhain. Am Bergpass Col du Hilsenfirst (1121 Meter) gehen wir rechts zum Bockswasen-Petit Ballon. Nach einem schönen Aufstieg erreichen wir die Bergalm am Bockswasen. Wir wandern weiter bis zur Alm Rothenbrunnen. Von hier ist der Gipfel des Petit Ballon in zirka fünfzehn Minunten zu erreichen.
Abstieg Richtung Boenlesgrab/Schellimatt (gelber Balken). Nach zirka dreihundert Metern kommen wir zu einer Wegkreuzung. Wir folgen hier dem Wanderzeichen blaues Dreieck Richtung Auberge du Hilsen (vier Kilometer). Nach Linthal sind es sieben Kilometer.

Unterhalb der großen Wiese des Petit Ballon (zu Deutsch Kahler Wasen) halten wir uns rechts. Ein breiter Weg führt oberhalb einer Auberge vorbei. Bald nimmt uns ein großes Waldgebiet auf. Nach zirka eineinhalb Kilometern links halten. Nach weiteren fünfhundert Metern zweigt der Weg wieder nach rechts ab. Wir durchqueren die Felsgruppe am Kleinbelchen. Nach weiteren zwei Kilometer kommen wir aus dem Wald heraus und gehen an der nächsten Wegkreuzung geradeaus. (Nicht mehr Richtung Auberge du Hilsen!) Es ist nur noch ein kurzes Stück bis zum Sträßlein. Hier gehen wir rechts, und nach wenigen Metern sind wir wieder am Parkplatz Auberge du Hilsenfirst.
Die kleine Ferme La Capriole bietet guten Ziegenkäse an.

Am Petit Ballon, Bocksberg.

Vor uns erstreckt sich eine der schönsten Wiesenlandschaften der Vogesen. Eine zauberhafte Welt nimmt uns in Empfang. Die Natur breitet die Arme aus und lädt uns ein, näher zu treten. Erikapolster, Wacholder und Ebereschen beherrschen das Bild. Im Frühjahr blühen überall wilde Veilchen. Je weiter wir dem kleinen Zauberpfad folgen, desto mehr dominieren die Wacholderbüsche. Im Herbst hängen sie voll mit ihren süßen dunklen Beeren.

Der Pfad schlängelt sich über Wurzeln, eine feenhafte Stimmung verrät, dass hier besondere Naturkräfte anwesend sind. Je höher wir kommen, desto mehr lassen wir uns von der märchenhaften Stimmung des Bergs verzaubern. Die Ausblicke sind herrlich, und unwillkürlich stellt sich ein Gefühl der Freiheit ein. Der Sundgau, die Rheinebene, drüben der Schwarzwald sind auszumachen. Unter uns das Lauchtal, Guebwiler, im Südwesten der Gipfel des Grand Ballon. Ein Steinfeld mit großen Felsen liegt vor uns. Hier beginnt der wilde Bockswasen. Ein Gebiet für Hexen. Schalensteine grüßen am Weg. Ein Felsen hat die Form eines Bären. Ich nenne ihn Bärenstein.

Madonna auf dem Petit Ballon.

Die Offenheit der Landschaft lässt eine starke Kraft entstehen, die man mit All-Einssein, verbunden mit allen Wesen, beschreiben könnte. Jeglicher Stress fällt ab, die Natur beschenkt uns rundum. Vor einer Alm grasen im Sommer Kühe, die mit ihrem Geläute den Wanderer zum Träumen einladen. Ein Ort, um eine Rast einzulegen.

Bald kommen wir zur Alm Rothenbrunnen (1200 Meter) und schließlich erreichen wir den Petit Ballon, ein großer unbewaldeter Bergrücken.

Auf dem Gipfel thront majestätisch eine Madonnenfigur. Viele Wanderer haben ihr zu Ehren einen Stein mitgebracht und auf eine kleine Steinpyramide gelegt. »Königin des Friedens, bitt für uns« steht in mehreren Sprachen an der Statue.

Taennchel – Berg der Götter

Die Sänger der Vorwelt,
Die Dichter der alten und neuen Welt
Sagt, wo sind die Vortrefflichen hin, wo find' ich die Sänger,
Die mit dem lebenden Wort horchende Völker entzückt,
Die vom Himmel den Gott, zum Himmel den Menschen gesungen
Und getragen den Geist hoch auf den Flügeln des Lieds?
Ach, noch leben die Sänger, nur fehlen die Taten, die Lyra
Freudig zu wecken, es fehlt ach! ein empfangendes Ohr.
Glückliche Dichter der glücklichen Welt! Von Munde zu Munde
Flog, von Geschlecht zu Geschlecht euer empfundenes Wort.
Wie man die Götter empfängt, so begrüßte jeder mit Andacht,
Was der Genius ihm, redend und bildend, erschuf.
An der Glut des Gesangs entflammten des Hörers Gefühle,
An des Hörers Gefühl nährte der Sänger die Glut,
Nährt und reinigte sie! Der Glückliche, dem in des Volkes
Stimme noch hell zurücktönte die Seele des Lieds, dem noch
von außen erschien, im Leben, die himmlische Gottheit,
Die der neuere kaum, kaum noch im Herzen vernimmt.

Friedrich Schiller

Am Taennchel (Foto: Ben Ludwig).

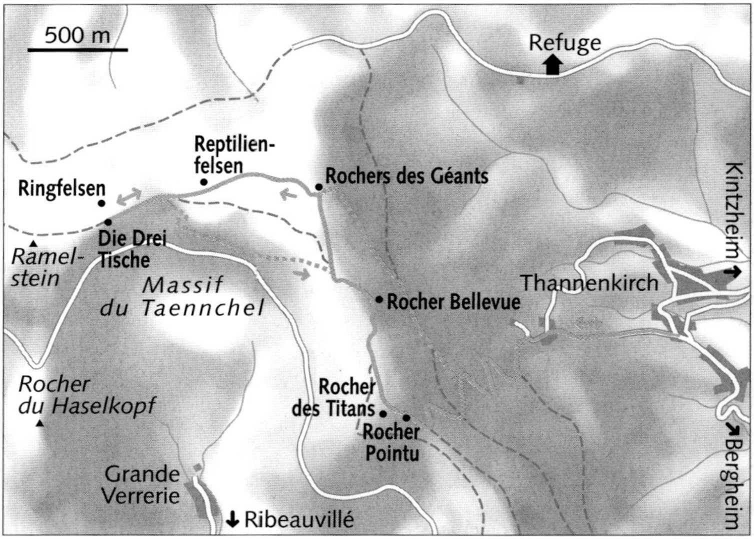

Anfahrt: Unser Zielort heißt Thannenkirch (Nähe Haut Königsburg/Ste-Marie aux Mines).

Wanderung: Thannenkirch–Rocher Pointu–Rocher des Titans–Rocher de la Petite Fée–Rochers des Géants–Ringfelsen: 6–8 Std.

Wir beginnen unsere Wanderung nahe dem Touring-Hotel an der Durchgangsstraße von Thannenkirch und orientieren uns an der kleinen Straße, die gegenüber dem Hotel bergauf verläuft (Markierung gelbes Kreuz/blauer Punkt). Nach kurzer Zeit macht diese eine Linkskurve, und wir nehmen den steil ansteigenden Waldweg geradeaus. Nach zirka dreißig Minuten kommen wir an eine Weggabelung, wo wir uns rechts halten, dem Markierungszeichen gelbes Kreuz folgend. Die Hauptrichtung lautet Taennchel und Rotzel. Nach zirka drei Minuten Wegstrecke biegt links ein schmaler Bergpfad ab, der uns hinaufführt zum Berg der Götter. Die Stille des Waldes vermag unsere Gemüter zu beruhigen; hin und wieder huschen ein paar Rehe durch das Unterholz, erste kleine Sandsteinfelsen säumen den sich schlängelnden Waldpfad. Wir kreuzen nochmals einen Forstweg und kommen nach weiteren fünfzehn Minuten wieder an eine Weggabelung. Hier gehen wir links zum Rocher Pointu.

Auf dem Höhenweg angelangt, halten wir uns links und gehen zum Roche Renversé et Abri sous Roche. Von hier zurück zum Kammweg Richtung Rocher Pointu. Wir folgen der Heidenmauer. Als nächsten markanten Höhepunkt erreichen wir nach zirka dreißig Minuten die Rochers des Géants (Felsen der Riesen, 949 Meter). Große Schalensteine, gefüllt mit Wasser, schauen uns mit ihren Drachenaugen forschend an. Sie liegen oben auf den Riesensteinen.
Wir folgen dem Feenpfad (gelbes Kreuz), bis wir zu einer Schutzhütte kommen, wo sich verschiedene Wege kreuzen. Der Waldpfad mit dem gelben Balken steigt leicht bergan zur Berghöhe Ramelstein (998 Meter), wir kommen zum Rocher des Trois Tables (Die drei Tische). Etwas weiter auf der rechten Seite sind die Felstürme des Roche Anneaux und des Reinholtssteins, die man über Treppenstufen erklimmen kann.
Rückweg: Wir gehen zurück bis zur Schutzhütte am Waldplatz. Von hier aus orientieren wir uns an dem Weg, der in halbrechter Richtung, aber auf gleicher Höhe verläuft. (Achtung, der Weg ganz rechts, Sentier Sud, führt ins Tal Richtung La Grande Verrerie.) Nach der nächsten Kurve kommen wir zur Source des Esprits (Geisterquelle). Wir folgen weiter der roten Markierung und kommen über ein weites Plateau mit umgestürzten Bäumen. An der nächsten Weggabelung gehen wir nach links und erreichen schließlich wieder die Heidenmauer und die Felsgruppe Rochers des Géants. Von hier aus steigen wir wieder ab. Wir gelangen erneut zu der Weggabelung, an der wir uns entschlossen hatten, zum Rocher Pointu zu gehen. Auf dem gleichen Weg wandern wir wieder zurück bis zum Ausgangspunkt nach Thannenkirch.

Taennchel.

Kurz halten wir inne, winden uns mit dem Weglein hinauf auf den Rücken des Bergmassivs und plötzlich, wie im Märchen, stehen wir vor dem Rocher Pointu, der uns im Sonnenlicht entgegenstrahlt. Wir gehen zuerst nach links zum Roche Renversée et Abri sous Roche. Eine kleine Felsgrotte lädt zum Verweilen ein. Die Ausstrahlung des Ortes ist wundervoll. Dahinter verläuft die Heidenmauer. Grünes Feenmoos, Heidelbeerstauden, Ebereschen bilden ein frohes Miteinander.

Wir gehen den Weg zurück, und der Rocher Pointu empfängt uns, ist wie ein Eingang in eine Kathedrale – wir sind auf dem Pfad der alten Drachengottheiten. Der Rocher des Titanes (Titanenfelsen) liegt an der linken Seite des Bergplateaus. Mächtige Felsquader bilden ein großes Steinensemble. Bald durchqueren wir eine Lichtung, wo viele Bäume umgestürzt sind. Darunter liegen menhirartige Felsblöcke. Sind dies Überreste von Steinalleen, die hier einst vor über viertausend Jahren aufgestellt wurden? Zauberhaft erscheint die Felsgruppe Nécropole. Wunderschöne, riesige Schalensteine und Felsplatten liegen im Sonnenlicht. Wir können die heilende Energie des Platzes tief in uns aufnehmen.

Als weiteren Höhepunkt gestaltet sich die Begegnung mit den Riesenfelsen. Insbesondere die großen Schalensteine wirken wie magische Augen, haben etwas Sakrales, erinnern an alte Kulte. Wir gehen weiter und kommen zu einem Steinrondell, der Galerie Loulot. Danach kommt der Ro-

Geisterquelle, Taennchel.

Ringfelsen.

cher de la Petite Feé. Diese Felsformation ähnelt einem Haus oder einem Einweihungsplatz. Fast stufenartig führt ein Weg in die Tiefe, unten fühlt man sich wie in einer Mysterienstätte. Wurden hier Orakel gesprochen? Es gibt immer wieder schmale Spalten zwischen den Felsen, die nach unten zeigen und den Blick ins Tal frei geben. Der Gang über den Taennchel steigert sich von einem Höhepunkt zum nächsten, ein faszinierendes Erlebnis. Schlangenförmig angeordnet liegen die Steine des Rocher des Reptiles (Reptilienfelsen). Man sollte einige Schritte nach rechts vom Hauptweg abweichen, um die volle Schönheit dieses Platzes genießen zu können. Ein Feuerplatz vor einer kleinen Naturgrotte zieht magisch an; vor allem in der Höhle kann man die Kraft des Ortes gut in sich aufnehmen. Wir sind hier im Schoße von Mutter Erde gelandet, und Stress und Anspannung verlieren augenblicklich an Bedeutung. Hier scheint eine hervorragende Energietankstelle zu sein. Für viele ist dies der Höhepunkt der Wanderung.

Als Abschluss der vielen Felsformationen kommt der Reinholtsstein, wegen seiner eisernen Ringe, auch Ringfelsen genannt. Damit hat es folgende Bewandtnis. Es gibt Sagen, die noch an die Zeit erinnern, wo die Berge von Vogesen und Schwarzwald von einem Meer umspült wurden. Der Taennchel diente als Hafen für die ankommenden Schiffe, die dann an den eisernen Ringen befestigt wurden, berichten alte Überlieferungen aus dem Elsass. Auch in den Alpen gibt es ähnliche Hinweise, die hier als

»Sündflutringe« bekannt sind. Yves Schumacher schreibt dazu in seinem »Steinkultbuch Schweiz«: »Geschichten über diese vorzeitlichen Bootsbefestigungsanlagen häufen sich bis nach Asien. Von Bootsringen war auch in Vorbourg in Delémont (Kanton Jura) die Rede; man erzählte, dass sie in dem Wallfahrtsort des gegenüberliegenden ›Roche des Caroux‹ vorkommen. Sie sollen an der Südwand des Felsens hängen, wo sich ein ausgebauter druidischer Kultplatz befunden habe. Berühmt ist im Elsass auch die Mär von einem Sündflutring am Maennelstein auf dem Odilienberg. Diesen Eisenring auf 815 Metern Höhe gibt es allerdings nur auf einer Zeichnung von Johann Pfefflinger aus dem Jahre 1812. Viele Touristen suchen ihn aber heute noch« (Schumacher 1998: 84).

Der Autor geht davon aus, dass sich hier lokale Überschwemmungen mit den Legenden der Sündflut vermischt haben. Die Landschaft zwischen Schwarzwald und Vogesen war damals eine ausgeprägte Wasserlandschaft. In der Mitte lag der Rhein, der hier, gleich dem Amazonas, mit vielen Seitenarmen und Flüssen auf einer Breite von fast dreißig Kilometern, umgeben von Urwäldern, das Landschaftsbild prägte.

Auf dem Rückweg kommen wir an der Geisterquelle vorbei, einem Ort, der gleich einem Wächter zur Anderen Welt eine Schwelle darstellt. Schalensteine und ein Wackelstein umgeben den Platz, dazwischen kleine verwunschene Gänge. Eine einzelne Eberesche hütet den Geisterort. Am Rocher Langfelsen haben wir nochmals einen Ausblick ins Innere der Vogesenlandschaft bis zum Grand Ballon. Beschwingt und innerlich beschenkt steigen wir langsam wieder hinunter in die Welt der Zivilisation.

Sagen erzählen vom Bau von Feenbrücken – wie zu den benachbarten Bergrücken, dem Odilienberg und dem Chalmont. Diese Feenkraft tragen wir nach einem Besuch auf dem Berg der Götter wahrlich in uns. Der Gang durch diese Naturlandschaft ist einmalig, wie ein Initiationsgang in einem Paradiesgarten, eine Offenbarung der Anderswelt.

Königstuhl und Château Bilstein

Château Bilstein.

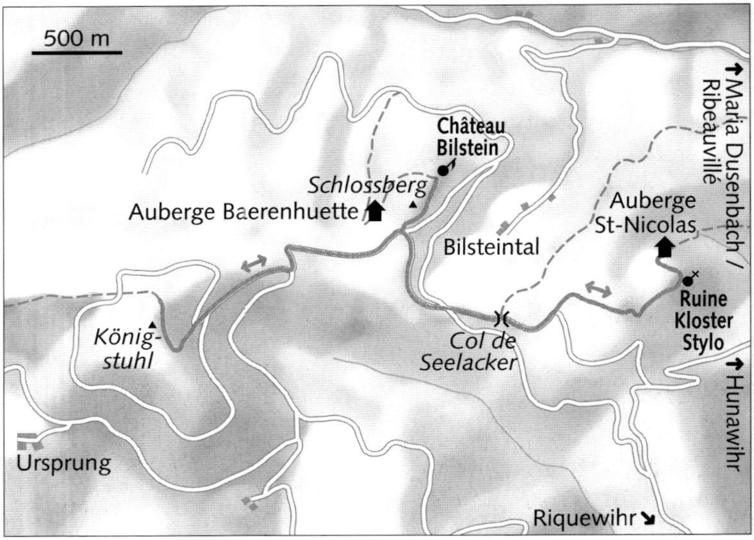

Anfahrt: Von Ribeauvillé Richtung Sainte Marie aux Mines. Nach zwei Kilometern links abbiegen und dem kleinen Sträßlein nach Auberge Clausmatt folgen (viereinhalb Kilometer).

Wanderung: Auberge Clausmatt–Château Sylo–Col du Seelacker–Château Bilstein–Auberge Baerenhütte–Königstuhl–Auberge Clausmatt: 5 Std.

Von der schön gelegenen Auberge Clausmatt gehen wir ostwärts und kommen an den Fuß des Klosterbergs von Château Sylo. Nach zirka zweihundert Metern zeigt ein Schild nach rechts mit der Aufschrift »Hunawihr«. Nach weiteren hundertfünfzig Metern zweigt der Weg wieder nach rechts ab. Wir folgen ab hier dem Wanderzeichen blaues Kreuz. Der kleine Pfad schlängelt sich in Serpentinen hinauf zum Château Sylo. Von hier haben wir einen herrlichen Blick in die Rheinebene. Der Weg mit dem blauen Kreuz führt bergauf bis zum Col du Seelacker. Hier folgen wir dem Wanderzeichen blauer Punkt und dem roten Rechteck. Nach einem weiteren Waldplatz erreichen wir die Abzweigung zum Château Bilstein. Das Wanderzeichen blauer Punkt führt uns nach weniger als vierhundert Metern direkt zur sagenumwobenen Burg Bilstein. Ein fantastischer Panoramablick in die Rheinebene und in das Innere der Vogesenlandschaft belohnt den langen Aufstieg.

Von hier aus gehen wir zurück zum Waldplatz, wo wir abgebogen sind. Etwas unterhalb liegt die Auberge Baerenhütte. Wir richten uns jetzt nach dem Wanderzeichen rotes Rechteck und gehen nach links Richtung Königstuhl, Aubure. Am nächsten Waldplatz gehen wir hinter einem Weiher nach rechts. An einer weiteren Weggabelung am Fuße des Königstuhls gehen wir ostwärts und zweigen dann vom Forstweg ab auf einen kleinen Feenpfad, der uns hinauf zum Königstuhl führt.

Königstuhl.

Auberge Clausmatt im Silltal. Hier auf dem Klausmattberg wurde 1253 ein Augustinerkloster namens Syle (auch Sil, Sylo genannt) gegründet, das St-Nicolas geweiht wurde. Heute sind nur noch einige Mauerreste erhalten. Nach dem ersten Aufstieg über das ehemalige Kloster Château Sylo gehen wir weiter hinauf zum König der Vogesen, dem Königstuhl. Am Col du Seelacker ist ein kleiner Weiher und eine schöne Wiese. Plötzlich taucht die märchenhaft gelegene Burg Bilstein (751 Meter) auf. Wie ein Dornröschenschloss wirkt die kleine Burganlage, die auf einem Felssporn kühn über dem Abgrund gebaut wurde. Eine unbeschreibliche Aussicht beschert dieser Platz. Auf der anderen Seite des Strengbachtals liegt der Taennchel und die malerischen Ruinen der drei Burgen der Herren von Rappoltstein, St. Ulrich, Girsberg und Hohrappoltstein. Ein weiter Blick nach Süden zeigt die drei Mondberge bei Trois Epis, dahinter der Grand Ballon. Im Norden sind die Rheinebene mit dem Kaiserstuhl sowie der Hochblauen und der Belchen im Schwarzwald auszumachen.

Die Menschen vom Bilsteinertal erzählen sich noch gerne alte Geschichten von der Ruine. Berichtet wird von blauen Flämmchen, die des Nachts über den Umrissen der Burg erscheinen und plötzlich wieder verschwinden. Es sollen die Seelen der einstigen Gefangenen sein, die man hier vor Jahrhunderten in den Turm sperrte und die darin umkamen. Erst ab 1489 wurden keine Gefangenen mehr nach Bilstein gebracht. Eine alte Urkunde aus dem Jahre 1489 von Graf Heinrich von Württemberg aus Riquewihr bezeugt, dass man keine Bürger mehr in den dunklen Turm von Bilstein einsperren werde.

Dieser Ort ist nahezu vergleichbar mit dem Bildsteinfelsen am Schluchsee oder den Bildsteinen bei Friesenheim im Schwarzwald. Auffallend sind die vielen Doppelbäume, die hier wachsen. Vor der Burg eine mächtige Zwillingskiefer, unterwegs Zwillingsbuchen, Eichen und Ahorne. An einer Stelle wachsen als gemeinsamer Busch ein Ilex mit einem Kirschbaum zusammen.

Der Aufstieg zum königlichen Berg ist zauberhaft. Wir steigen hinauf zum Feenschloss des Bergriesen. Viele besondere Steinformationen, ähnlich wie am Taennchel, liegen verstreut über dem Berg verteilt. Den Höhepunkt bildet eine große Gesteinsburg. Oben drauf liegen zwei Beckenfelsen. Im hinteren Felsen ist ein steinerner Sitz eingelassen, der wie ein Königsthron für einen Feenkönig wirkt. Der Berg besitzt eine starke energetische Ausstrahlung.

Das große Mondheiligtum – der Odilienberg

Odilienberg Koeberle Tor.

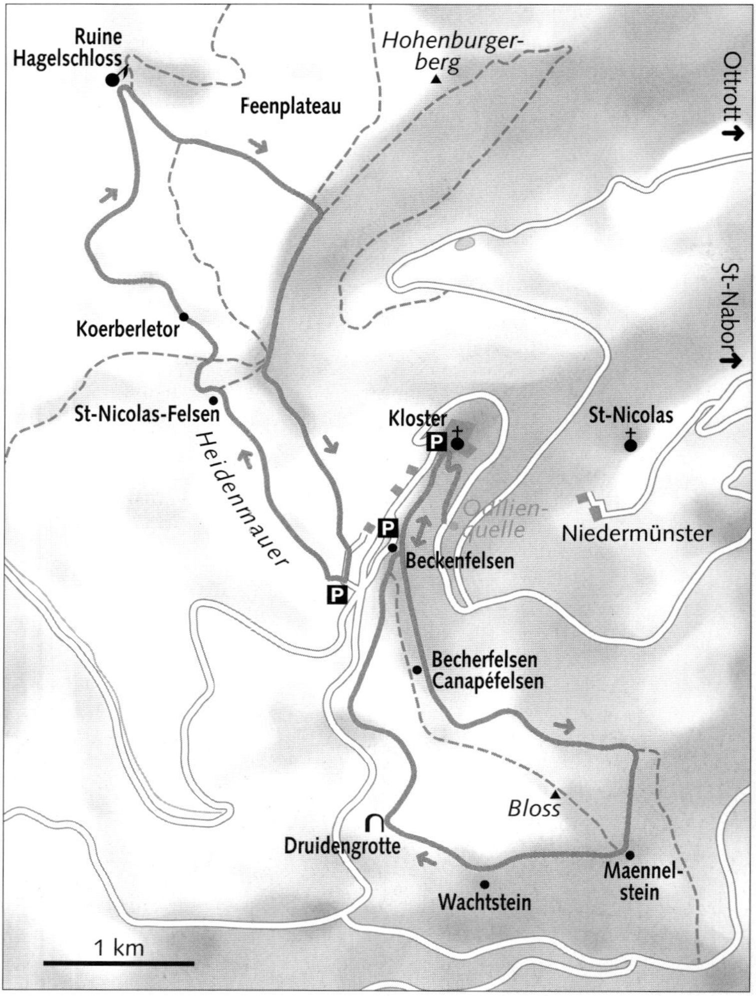

Anfahrt: Von der Stadt Barr geht es hinauf zum Odilienberg, Mont Odile.

Wanderung: Unterer Odilienberg: Parkplatz Odilienberg–Heidenmauer–St-Nicolas-Felsen–Koeberletor–Parkplatz Odilienberg: 2½ Std.

Wir parken auf dem ersten Parkplatz links unten am Waldrand. Ein gut ausgeschilderter Pfad führt direkt entlang der Heidenmauer. Zuerst kommt der St-Nicolas-Felsen, danach das Koeberletor. Von hier aus gehen wir wieder in Richtung Kloster auf der anderen Seite des Bergrückens zurück. Unser Weg wird von weiteren schönen Feenfelsen gesäumt.

Oberer Odilienberg: Parkplatz Odilienberg–Beckenfelsen–Becherfelsen–Maennelstein–Wachtstein–Druidengrotte–Parkplatz Odilienberg: 2½ Std.
Vom Kloster aus gehen wir ein kurzes Stück seitlich der Straße, bis nach links der Pfad zum oberen Odilienberg abzweigt. Wir wandern entlang an der äußeren Begrenzung der Heidenmauer und kommen zum Beckenfelsen, einem markanten zweiteiligen Felsen, der etwa drei Meter hoch ist. Es folgt eine Aussichtskanzel. Der Weg schlängelt sich hinauf zum Maennelstein und Wachtstein. Dann gehen wir zur Druidengrotte und von dort aus wieder zurück zum Parkplatz oder Kloster. Alle Wege sind gut ausgeschildert.
Die Odilienquelle ist vom Kloster aus in zwanzig Minuten zu erreichen.

Druidengrotte.

Es ist Heiligabend. Die Fahrt durch die oberrheinische Tiefebene war grau und kalt. Rauhreif überzieht die Bäume und Büsche. Erst als wir den heiligen Berg hochfahren, durchstoßen wir die Nebeldecke, und eine andere Welt mit weiten Ausblicken öffnet sich vor unseren Augen. Hier oben auf dem zirka 700 Meter hohen Kultberg ist es deutlich wärmer.

Zuerst begehen wir den unteren Odilienberg. Zusammen mit meiner Tochter und einer Freundin mache ich mich gemächlichen Schrittes auf den Weg, der uns direkt zur Heidenmauer führt. Große Teile der legendären Mauer, die über viertausend Jahre alt sein soll, sind erhalten geblieben. Zum Bau des Klosters wurden große Teile der oberen Mauer abgetragen. Aber die riesigen Steinquader von unten nach oben zu befördern schien den Klostererbauern zu mühsam, und so sind wenigstens der Nachwelt einige Exemplare erhalten geblieben. Zahlreiche Felsen wurden kunstvoll in das Mauerwerk mit einbezogen, wie am St-Nicolas-Felsen.

Bei genauerem Betrachten erkennt man bald, dass diese Steine in einer Art Schwalbenschwanztechnik, das heißt mit kleinen Holzzapfen, zusammengefügt wurden. Auch die Form der Mauer erinnert weniger an eine Wehrmauer; vielmehr gewinnen wir den Eindruck, dass die Mauer zu rituellen Zwecken errichtet wurde. Wir klettern über die von Moosen und Flechten überzogenen Steinplatten, freuen uns über die schöne Energie der Mauer und lassen uns sehr bald von dieser märchenhaften Stimmung verzaubern. Kleine Nischen und Schächte sind auszumachen. Steinbänke, Bögen und bizarre Felsplatten erzeugen ein besonderes Flair.

Koeberletor.

Viele Verwachsungen an den Bäumen zeigen an, dass es sich hier um einen Ort der Kraft handelt. Eine sehr eindrucksvolle Stelle ist das Steinensemble um das Koeberletor. Wurden hier Opferungen vollzogen? Ich setze mich auf eine Steinbank, die in die Mauer integriert wurde, und betrachte die gegenüberliegende, schräg nach oben verlaufende Felsplatte mit einem Ausmass von zirka drei mal fünf Metern. Drei helle Adern durchziehen den Stein. Vielleicht ist es ein Dreigöttinnenstein von Ambeth, Wilbeth und Borbeth. Diese Platte zieht mich magisch an. Wurden hier besondere Riten zelebriert? Diente diese Platte als Landeplatz für die himmlischen Götterboten Hermes, Merkur und St. Michael? Haben hier Priesterinnen gewirkt und mit den Kräften dieses heiligen Platzes ihren Mondgöttinnen gehuldigt? Wurden Einweihungen durchgeführt? Von diesem Sitz aus könnte eine Oberpriesterin Anweisungen für eine zu Initiierende gegeben haben. Wir gehen weiter und entdecken im Wald einen großen Buntsandsteinblock, der wie ein roter Drache aussieht.

Der Odilienberg hat drei Gipfelbereiche und gilt als Mondberg (vgl. hierzu Hochblauen und Zeller Blauen im Schwarzwald). Er hat bis heute seine besondere, geheimnisvolle Ausstrahlung bewahrt. Wie eine Gralsburg steht er in einer Beziehung zu seinem männlichen Gegenüber, dem Belchen, dem Sonnenberg im Schwarzwald.

Wir gehen bis zum Hagelschloss und orientieren uns dann wieder östlich zum Kloster.

Ein wunderbarer Weg, mit Felsen und Grotten, führt uns zurück.

Beckenfelsen.

Wir kommen zuerst zum bekannten Beckenfelsen, der als Wächter die vorbeiziehenden Menschen stumm begrüßt. Nach kurzer Wegstrecke erreichen wir einen Aussichtsfelsen. Herrliche Ausblicke gibt uns der heilige Berg frei. Der Himmel ist von silbernen Wolken bedeckt. Die untergehende Sonne wirft einige rote bis violette Farbtöne dazu. Wie auf einem Aquarell verlaufen die Farben ineinander. Im Norden können wir den Odenwald und gegenüber die dunkle Bergkette des gesamten Schwarzwalds von der Teufelsmühle, Hornisgrinde, Kandel, Belchen bis zum Hochblauen ausmachen. Im äußersten Süden die Alpenkette sowie das Berner Oberland mit den drei markanten Spitzen von Eiger, Mönch und Jungfrau, die in einem rötlichen Lichtstreifen erscheinen. Ein überwältigender Anblick tut sich hier auf und offenbart etwas vom heiligen Mondberg und seinen Mysterien. Wir gehen langsam weiter bis zum Maennelstein, wo wir in die inneren Berglandschaften der Vogesen blicken können. Vorbei am Wachtstein erreichen wir die Druidengrotte. An diesem Naturdolmen sind starke Energien spürbar. Etwas weiter ein Steinsitz. Wir gehen wieder zurück zum Kloster. In der Zwischenzeit ist es dunkel geworden. Bedächtig schreiten wir noch hinunter zur Augenquelle. Wir zünden einige Kerzen und Räucherstäbchen an, bevor wir unsere Augen, den Nacken und die Unterarme mit dem heiligen Nass benetzen. Keine Menschenseele ist mehr unterwegs, wir sind ganz alleine an dem doch sonst viel besuchten Ort. Diese besondere Stimmung der Heiligen Nacht nehmen wir tief in uns auf und gehen schweigend zurück zum Kloster. Wir besuchen die Grabeskapelle der heiligen Odilia. Ein großer Sarkophag mit den Gebeinen der heiligen Frau, der mit Eisenstäben vergittert ist, befindet sich in der Kapelle Johannes des Täufers. Dem Volksglauben nach soll die Berührung des Sarkophags eine besondere Heilwirkung haben.

Bevor wir zurückfahren in dieser Weihnachtsnacht, trinken wir warmen Tee in der Klosterwirtschaft.

Wachtfels.

Spannende Legenden kreisen um den Odilienberg im Elsass.

Hier wird eine Heilige verehrt, die offiziell von Rom nie heilig gesprochen wurde. Sie ist es trotzdem, denn Odilia ist die Schutzpatronin des Elsasses.

Der Myhtos der Äbtissin ging rund um die Welt; wir finden ihre Verehrung auch in anderen Ländern und Erdteilen, wie in Japan, China, Afrika oder Neuguinea.

Die Legenden, die zirka hundertdreißig Jahre nach ihrem Tode von einem Mönch aufgeschrieben wurden, sind mit Vorstellungen und Symbolinhalten der damaligen Zeit ausgeschmückt worden. Es erweist sich als eine Auseinandersetzung mit einem noch unausgereiften Christentum, das sich in der heidnischen Landschaft, zwischen germanischen Stämmen und iroschottischen Ideen, seinen Platz sucht.

Da sind zum einen die legendären Merowinger, allesamt Nachfahren von Chlodwig, der sich im 5. Jahrhundert zum Christentum bekehrt hat. Diese Linie weist noch matriarchalische Züge auf, das heißt, Frauen haben gewisse gesellschaftliche und politische Rechte. Insbesondere werden Frauen im Erbrecht bevorzugt. Auf der anderen Seite ist Odilias Vater einer jener Emporkömmlinge fränkischer Herzöge, die eine neue Weltordnung einführen wollen. Sie vertreten zum einen die Politik des Papstes zu Rom und wollen zum anderen die eigene Macht ausbauen, die Rechte der Frauen einschränken und die heidnischen, christlich freiheitlich denkenden Strömungen ausmerzen. Odilias Vater hieß Adalric; er wurde auch Attich oder Eticho genannt. Auf ihn sollen die Salier und Hohenstauffen, die Kapetinger und Habsburger, die Markgrafen von Zähringen Baden, die Herzöge von Lothringen und die elsässischen Grafen von Flandern, kurz, die bedeutendsten Königs- und Adelsfamilien Europas, zurückgehen, schreibt Petra van Cronenburg in ihrem interessanten Buch »Geheimnis Odilienberg«.

Die heilige Odilia.

Ein Drama scheint vorprogrammiert zu sein, denn der Vater hätte gerne noch einen Sohn zur Nachfolge, doch seine Frau Bereswinde gebiert um das Jahr 660 ein blindes Mädchen. Der Vater wollte, dass das Kind wegen der Behinderung sofort getötet wird. Doch die Mutter versteckte das Kind und ließ es zunächst bei einer Amme in Scherwiler versorgen, bevor sie es in das Frauenkloster von Plama in Baume-les-Dames, bei Besançon, brachte.

Als das Mädchen zwölf Jahre alt war, kam ein Bischof aus Regensburg und taufte sie. Bei diesem Vorgang wurde Odilia sehend. In der »Vita Sanctae Odilia« lesen wir: »Und das Mädchen schaute hellen Blickes in des Bischofs Antlitz.«

Nach einigen Jahren wollte Odilia wieder an den elterlichen Hof auf der Hohenburg zurückkehren. Der jüngere Bruder wollte seinem Vater nahe bringen, dass Odilia sich versöhnen wollte. Als der Vater davon erfuhr, wurde er derart wütend, dass er – außer sich vor Zorn – seinen Sohn schlug und dieser an den Folgen verstarb. Über seine Tat war Eticho so entsetzt, dass er bereit war, seine Tochter zu empfangen. Er soll aber nichts anderes im Sinn geführt haben, als Odilia an einen Prinzen zu ver-

Kloster Niedermünster.

heiraten. Es kam zu weiteren dramatischen Auseinandersetzungen, und die gottesfürchtige Odilia floh bei Nacht und Nebel. Der eigensinnige Vater verfolgte seine Tochter. Odilia erreichte nach anstrengendem Ritt über die Rheinebene das Mussbachtal bei Freiburg. Ihre Verfolger waren bereits ganz nahe, als sie ein Gebet zum Himmel sandte – und sich sogleich ein Felsspalt vor ihr auftat, der ihr Schutz bot.

Daraufhin besänftigte der zornige Vater sein Gemüt und bot Odilia seinen Besitz auf der Hohenburg an, wo Odilia später ein Kloster errichtete.

Am Fuße des Odilienbergs – in Niedermünster – baute sie schon bald ein zweites Kloster. Kranke und Beschwerliche mussten folglich nicht mehr auf den hohen Berg steigen, Odilia konnte sie unten pflegen. Auch waren hier Kaltwasserquellen vorhanden, die eine besondere Heilwirkung hatten. Als Odilia auf einem ihrer Wege von Niedermünster zum oberen Kloster am Odilienberg einem blinden Bettler begegnete, überkam sie starkes Mitgefühl, und sie schlug mit ihrem Stock auf den Felsen. Plötzlich floss Wasser aus der Felswand. Diese Quelle ist bis heute erhalten geblieben, und viele Besucher kommen wegen diesem Wasser zum Odilienberg.

Heilige Brunnen

An den Heilquellen, die wie am Odilienberg im Elsass bis heute von Augenkranken aufgesucht werden, ist mangels groß angelegter chemischer Analysen oft keine eindeutige Heilwirkung des Wassers festgestellt worden. Es gilt jedoch als erwiesen, dass in den Augenheilquellen ein geringer Prozentsatz an Bor vorhanden ist. Bor ist ein Spezifikum gegen Hautreizungen.

Die Quellen des Volksglaubens waren stets umstritten, und häufig hatte die Kirche beschlossen, die Heilkraft einem christlichen Heiligen zuzuschreiben, ungeachtet der vorchristlichen Wasserkulte. Gelegentlich sollte die Zuneigung des Volkes zu den als heidnisch bezeichneten Brunnen durch Geschichten über die Erschlagung eines Heiligen am Ort getrübt werden. Gespenstererzählungen entstanden, die das Heilwasser zu verteufeln suchten. Hartnäckig hielten die Menschen aber an den Nymphen und Feen fest, deren Hilfe sie an ausgesuchten Quellen verspürten. Oftmals baute die Kirche dann eine Kapelle oder Kirche über das Quellheiligtum, wo heute teilweise noch das Wasser unter oder hinter dem

Altar austritt. Vielfach wurden Kapellen neben oder zwischen den heiligen Brunnen gebaut, wie beispielsweise das alte Kirchlein in Moringen im Kreis Northeim/Niedersachsen, das zwischen drei Quellen steht. Bei vereinzelt durchgeführten Grabungen konnten an den christianisierten Brunnen Opfergaben aus vorchristlicher Zeit geborgen werden. Heil- und Kultquellen, die nur schwach mineralisiert sind und dennoch die vielen Jahrhunderte im Volksglauben überdauert haben, werden von Sagen und Riten aus längst vergessenen Zeiten umrankt.

Aus den meisten Quellbrunnen fließt Wasser, das landläufig als einfache Wildwässer bezeichnet wird, wegen der mangelnden mineralischen Bestandteile. Durch den Wasserkreislauf gelangt Regenwasser zunächst in den Boden, wo es teilweise bis zu tausend Meter tief versickert. Die Sandschichten aus Kies und Schotter reinigen es und reichern das Nass mit den jeweils vorhandenen Mineralien an. Der Vorgang kann mitunter sogar Jahrzehnte lang dauern. Aus den Quellen tritt dann das gereinigte, mit Mineralien angereicherte Wasser wieder zutage. Von Mineralwasser im eigentlichen Sinne ist jedoch erst die Rede, wenn bestimmte Reinheitskriterien erfüllt sind und eine klar zu definierende Menge von gelösten Bestandteilen messbar ist. Die üblichen Mineralwässer enthalten Calcium, Natrium, Kalium und Magnesium, um nur einige Substanzen zu nennen. Hinzu kommt, dass Mineralwasser häufig kohlensäurehaltig ist.

Etwa fünfzehn verschiedene Mineralwassersorten werden allein im Schwarzwald gewonnen. Die Nordschweiz und das Elsass bieten zusammen acht Mineralwässer an.

Quellen in Niedermünster und Freiburg

Am Fuße des Odilienbergs können wir die Klosterruine in Niedermünster besuchen. Zunächst fällt die kleine, gedrungen wirkende Kapelle auf, die verlassen auf der Wiese steht. Sie ist dem heiligen Nikolaus geweiht und mit geheimnisvoll wirkenden, kleinen Fensterchen versehen. Leider sind die zwei schmalen Türen des aus Sandsteinen gemauerten Sakralgebäudes verschlossen. Die Klosterruine liegt hinter Büschen und einem Tannenwäldchen versteckt. Drei Rundbögen des vorderen Kirchenschiffs und verstreut umherliegende Mauerreste sind aus der Zeit erhalten geblieben, wo die Seherin Odilia die Kranken versorgte. Heute sind die zahlreichen Quellen, die hier zutage treten, säuberlich gefasst. Einige Bäche fließen noch oberirdisch und verleihen einen Einblick in den Wasserreichtum des Ortes. Vermutlich standen hier einst verschiedene Gebäude für die Be-

Labyrinth.

 herbergung der Hilfesuchenden, Kranken sowie deren Pfleger. Ob auch Kaltbäder durchgeführt wurden, lässt sich leider nur vermuten.

Weniger bekannt ist das Quellheiligtum in Freiburg im Breisgau, das der Ottilie (deutsche Schreibweise) geweiht ist. Im Gegensatz zum Odilienberg im Elsass sind in Freiburg nur wenige Besucher anzutreffen, die das heilige Wasser aus der geheimnisvoll wirkenden Brunnenstube schöpfen, die tief im Kellergewölbe der kleinen Kirche verborgen ist. Der Legende nach soll Odilia, als sie einst auf der Flucht vor ihrem Vater war, nach Freiburg gelangt sein und hier, auf dem exponierten Hügel auf dem Rosskopf, die Heilkraft der Quelle bezeugt haben. So entstand im Jahre 679 ihr erstes Heiligtum, das heute von der Karthäuserstraße aus zu erreichen ist. Odilia ist die Bewacherin der Quelle, und ihr zu Ehren wird einmal jährlich, am 13. Dezember, eine Wallfahrt durchgeführt.

Christliche Sendboten.

Die Hohe Spill und Château Ochsenstein

Château Ochsenstein.

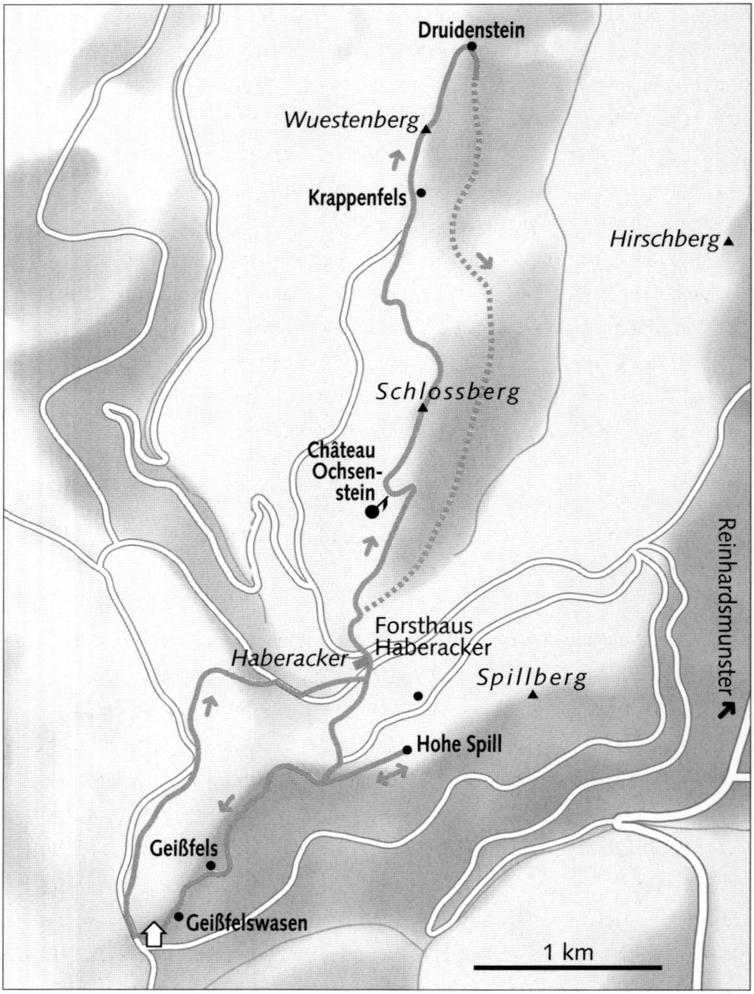

Anfahrt: Hinter Marmoutier nach Rheinhardsmünster fahren. Kurz nach dem Ort Richtung Dabo kommt eine Linkskurve; hier geradeaus auf die Forststraße Stambach fahren. Dieser Weg führt hinauf zum Forsthaus Haberacker (Haferfeld).

Wanderung zur Hohen Spill: Forsthaus Haberacker–Hohe Spill–Geißfels–Geißfelswasen–Forsthaus Haberacker: 2 Std.

Ausgangspunkt ist der Wanderparkplatz oberhalb des Forsthauses Haberacker.
Wir folgen dem Wanderzeichen roter Kreis. Der Waldpfad schlängelt sich zu den geheimnisvollen Stätten hinauf. Nach dem Aufstieg gelangen wir zu einer schöne Wiese. Hier gehen wir links hoch und erreichen nach kurzer Strecke den Felsturm Hohe Spill. Wir wandern wieder zurück über die Wiese und erklimmen die zweite Anhöhe auf der anderen Seite, den Geißfelsen. Ein kleiner Pfad führt durch einen großen Felsgarten. Wir gehen über den langgestreckten Rücken des Geißbergs, bis wir unter einer Stromleitung hindurch den Hauptfelsen des Bergs erreichen. Hier können wir eine Rast einlegen und die schöne Aussicht genießen. Wir gehen ein kleines Stück zurück und folgen dem Schild »Geißfelswasen«. Nach kurzem Abstieg erreichen wir den Waldplatz, von wo wir oberhalb einer Forststraße, die den Geißberg umrundet, zum Ausgangspunkt zurückkehren.

Wanderung zum Château Ochsenstein: Forsthaus Haberacker–Château Ochsenstein–Krappenfels–Wuestenberg–Druidenstein–Forsthaus Haberacker: 3 Std.

Vom Wanderparkplatz aus sehen wir die bizarren Felsruinen des Château Ochsenstein. Wir folgen dem blauen Rechteck und ersteigen auf kurzem Wege die sagenumwobenen Mauerreste der Burg. Auf den ersten Sandsteinfelsen führt eine Treppe zu einer herrlichen Aussichtsplatte. Auf den zweiten Felsen geht es über eine luftige Leiter. Dann führt es etwas bergab über einen kleinen Bergsattel, wo der Weg wieder zum Krappenfels ansteigt. Von hier aus zieht sich der Wanderweg über den Wüstenberg bis zum Druidenstein.
Wer gerne rundwandern möchte, kann von hier aus bis zum Forsthaus Schäferplatz gehen und von dort über den Hirschberg mit dem Wanderzeichen rotes Rechteck (weißes Innenfeld) – vorbei am Lothringer Baechel und Billebaum – zurückgehen zum Forsthaus Haberacker.

Hohe Spill.

Leise rieseln einzelne Schneeflocken. Ich hätte auf die Worte der netten Hoteldame hören sollen, die mir riet, nicht in die noch winterlichen Berghöhen des Geißfelsens zu fahren.

Es ist sehr schön, über den frisch gefallenen Schnee zu schreiten, der hier wie Puderzucker liegt. Es hat geradezu etwas Jungfräuliches an sich, wenn man mit seinen Wanderschuhen Spuren auf der zarten Schneedecke hinterlässt und bei jedem Schritt der Schnee wie eine Staubwolke aufstiebt und man weiß, dass hier noch niemand in den letzten Stunden unterwegs war. Ich bin guter Dinge und hoffe auf eine schöne Führung über den magischen Berg.

Als ich zu einer großen Wiese komme, fängt die Sonne an zu scheinen. Durch einen lichten Kiefernwald schreite ich der Hohen Spill entgegen. Ganz plötzlich taucht der neun Meter hohe Felsturm auf. Dieser Ort soll den Sagen nach der germanischen Göttin Frigg, Wotans Frau, geweiht sein. Andere sehen hier eher das Götterpaar Freya und Odin. Viele Millionen Jahre hat dieser Sandsteinfels jeder Witterung getrotzt. Eisenhaken verraten, dass er manchmal als Kletterfels genutzt wird. Eine kraftvolle Ausstrahlung geht von diesem Platz aus. Drumherum liegen Steinblöcke, die die Form von Menhiren aufweisen. Ich habe den Eindruck, dass hier einmal eine Steinburg stand mit einem Innenhof, den nicht jeder betreten durfte. Es ist durchaus denkbar, dass sich hier die Alemannen einen Kultplatz eingerichtet hatten. Interessant ist auch die hohe, markante Buche, die vor der Hohen Spill emporwächst. Sie erinnert an den Weltenbaum Yggdrasil. Die Äste des Baums scheinen die geheimnisvollen Zeichen der Runen nachzuahmen. Er wirkt auf mich wie ein Schamanenbaum.

Die Runen bilden ein Alphabet. Meist wurden sie in magische Stäbe geritzt. Die Energien und Kräfte, die diese Zeichen auslösen können, sind sehr beachtlich. Sie sind vergleichbar mit den Zeichen des keltischen Oghams.

Unten im Tal läuten die Glocken von Rheinhardsmünster. Während der tauende Schnee von den Bäumen rieselt und eine märchenhafte Stimmung entsteht, spiele ich eine langsame, meditative Melodie auf meiner Flöte. Plötzlich fängt ein Specht an, zu meiner Melodie zu trommeln. Welch zauberhafter Augenblick. Wir sind verbunden mit unseren Klängen.

Gestärkt gehe ich zurück, um den gegenüberliegenden Berg zu besteigen.

Beim Gang auf die mächtige Felsburg, genannt Geißfels, komme ich an einer kleinen Grotte vorbei. Der Name Geiß bezieht sich anscheinend auf die germanische Ziege namens Heidrun. Ihre Milch soll den Kriegern Unsterblichkeit verliehen haben.

Viele Felsen säumen den Pfad, und bald erreiche ich den großen Geißfelsen. Bei gutem Wetter sieht man bis nach Straßburg, die Rheinebene und vor allem den markanten Rocher de Dabo. Ich bemerke, dass unter mir eine große Grotte existiert, die kaum sichtbar ist. Vielleicht wurden hier die Mysterien um Walhalla nachgeahmt oder germanische Krieger eingeweiht? Die Zöglinge mussten möglicherweise zunächst einige Zeit in der dunklen Höhle verbringen, bis sie ans Licht auf den mit Schalen übersäten Geißfelsen hinaufdurften.

Birken und Kiefern wachsen hier. Bizarre Baumruinen verleihen dem Platz etwas Numinoses. Auf dem Weg zum Geißfelswasenplatz wandere ich unterhalb des mächtigen Felsens. Erst von hier kann man die gewaltige Dimension des Riesen aus Buntsandstein ermessen.

Château Ochsenstein und der Druidenaltar

Bereits beim Anstieg zum Château Ochsenstein ist die kraftvolle Energie der alten Anlage zu spüren. Das verwitterte Schloss sieht aus wie die legendäre Gralsburg Munsalväsch, wo Parzival hinfindet und einem seltsamen Ritual beiwohnt, als aus einem Kelch, dem heiligen Gral, Speisen auf die Tische gezaubert wurden, die die gesamte Gesellschaft satt machten. Auf dem Bergrücken hinter der Burg ist ein schöner Eichenhain, der an einen heiligen keltischen Wald (Nemeton) erinnert. Einzelne hohe Stämme laden ein, auf ihnen zu trommeln – ein eindrücklicher Klang!

Eine Grotte vor dem Krappenfelsen lädt zum Verweilen ein. Krappen (alemannisch) heißt Krähen. Es ist möglich, dass dieser Name auf den Waldraben zurückgeht – einer Vogelart, die bei uns ausgestorben ist. Das Singen dieses Waldkiebitzes galt früher als glückverheißend. Zumeist waren es Felsen, die weit abseits im Verborgenen lagen und nach ihm benannt wurden. Der Krappenfelsen wirkt sehr machtvoll. Wenn wir entlang der Heidenmauer wandern, erreichen wir den Druidenstein. Er hat oben drauf eine Schale, weswegen er als heiliger Stein gilt. An diesem schönen Naturplatz kann man in aller Stille meditieren.

Am Geißfelsen.

Mont St-Michel

Menhir am Mont St-Michel.

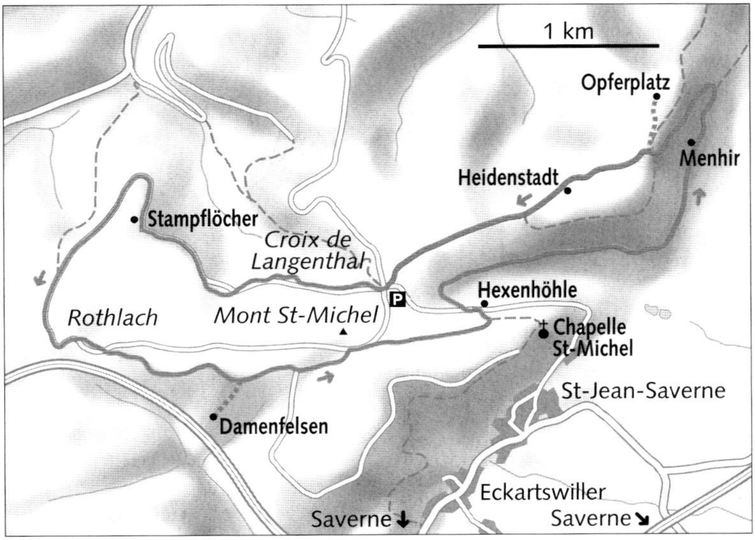

Anfahrt: Von Saverne kommend, nach St-Jean-Saverne fahren. Hier links halten und dem Schild »Mont Michel« folgen. Wir parken am Waldplatz Croix de Langenthal.

Wanderung: Croix de Langenthal–Stampflöcher–Rothlach–Damenfelsen–Michaelskapelle–Hexenhöhle–Menhir–Opferteller–Heidenstadt–Croix de Langenthal: 6–7 Std.

Von Croix de Langenthal aus können wir den Mont St-Michel (acht Kilometer) und den Frohnberg (sechs Kilometer) umwandern.
Die Wege sind gut ausgeschildert; wir beginnen die Wanderung in Richtung Stampflöcher und folgen dem Wanderzeichen roter Kreis. Nach zirka zwei Kilometern ist links das Erdheiligtum Stampflöcher. Von hier aus gehen wir wieder bergab zum Waldweg, der in einem großen Bogen die Anhöhe bei den Stampflöchern umschließt. Am Opferstein, Pierre de Sacrifice, gehen wir den kleinen Pfad hinunter und erreichen wieder unseren breiten Waldweg, wo wir in linker Richtung weitergehen. Beim Waldplatz Rothlach gehen wir links und folgen den Hinweisschildern »Rocher des Dames«, Damenfelsen (blaues Dreieck), und »Mont Michel« (roter Kreis). Kurz vor dem Autobahneinschnitt gelangen wir auf einen geteerten Waldweg. Hier halten wir uns links auf der Route Forestière du Rocher des Dames. Nach fünfhundert

Metern wieder halblinks gehen. Der Weg heißt jetzt Chemin Forestier des Roches Plates. Nach weiteren zirka vierhundert Meter rechts abbiegen zu dem Rocher des Dames (392 Meter).
Wir gehen wieder zurück, halten uns bei einer Zwillingsbuche rechts und kommen erneut auf den breiten Forstweg, der um den Mont Michel führt. Nun haben wir zwei Möglichkeiten – entweder folgen wir dem Forstweg; oder wir wählen die Abkürzung: Nach zirka hundertfünfzig Metern, wenn der Weg eine leichte Rechtskurve macht, halten wir uns links; wir schlagen den Waldweg (ohne Schild) ein und gehen zwischen den Forstmarkierungen Nr. 18 und Nr. 13 hindurch. Dieser Weg führt eine kurze Strecke bergwärts durch einen lauschigen Ginsterhain. Auf der Anhöhe kommen wir wieder auf eine geteerte Forststraße. Nach zirka zweihundert Metern sehen wir rechts einen schönen Wegweiser aus Buntsandstein mit der Aufschrift »Michaelskapelle«. Wir folgen diesem schönen Waldweg, der noch mehrmals abzweigt. Es ist jetzt nicht mehr weit bis zur Michaelskapelle mit dem Hexenkreis und der Hexenhöhle.
Von der Michaelskapelle sind es bis zum Parkplatz Croix de Langenthal noch zirka dreihundertfünfzig Meter.
Wir können nun auch direkt zum Frohnberg hinaufgehen. Es lohnt sich, auch diesen Teil des Bergs zu erforschen. Auf und um den Frohnberg waren Siedlungen wie die Heidenstadt, ein keltisches Oppidum und Burgen aus dem Mittelalter. Ein herrlicher kühler Waldweg führt uns zum Berg (Wanderzeichen blauer Kreis). Bald haben wir einen Ausblick auf den Mont St-Michel.
Wir kommen an eine Abzweigung, wo das Schild nach rechts zeigt. Hier gehen wir geradeaus in Richtung Rocher Frohnberg. Dieser Weg verläuft wie ein Spähpfad oberhalb des Langbergs, nicht weit von den Wällen der Heidenstadt entfernt. Durch die Bäume haben wir wunderbare Weitblicke in die Tallandschaften. Bald erreichen wir einen großen Felsplatz. Hier gehen wir links hinauf zum Rocher Daubenschlag-Hunebourg.
Nach kurzem Aufstieg kommen wir zu einem Menhir, dann zu einer Weggabelung. Rechts geht es zum Opferteller/Daubenschlag. In Kürze erreichen wir auf einem kleinen Pfad, der nach links abzweigt, den Opferteller (419 Meter).
Wir gehen zurück zum Forstweg, der uns nach einem Kilometer zur Heidenstadt führt, und schließlich zurück zum Croix de Langenthal.

Die Stampflöcher gleich zu Beginn der Wanderung erscheinen wie eine Einweihungsstätte an diesem alten Berg. Auf einer kleinen Anhöhe gelegen schimmern dreißig kreisrunde Schalen von bis zu einem Meter Durchmesser, gefüllt mit Wasser, dem Betrachter entgegen. Die große Felsplatte mit den vielen Löchern schaut den Betrachter mit ihren dreißig Augen an und lässt ihn in eine andere Zeit, in eine andere Dimension blicken. Diese Zauberspiegel haben eine harmonische Ausstrahlung, lassen Zufriedenheit und stille Freude einziehen. Einige Schritte weiter ein Opferstein, Pierre de Sacrifice, der eine halbmondförmige Rinne aufweist. Das Wort Stampflöcher entstand vermutlich während des Dreißigjährigen Kriegs, als hier auf der Felsplatte (zirka sieben Meter breit und zehn Meter lang) Menschen in Not Getreide zerstoßen haben.

Nach kurzer Wegstrecke erreicht man die Damenfelsen. Die moderne Zivilisation hatte keinen Respekt vor dieser mächtigen Felsformation, denn unterhalb des weiblichen Einweihungsfelsens verläuft in zirka sechzig Metern Tiefe eine neue Autobahn. Dennoch hat der Platz seinen Charme bewahrt, vor allem der kleine pilzähnliche Felsen am Eingang hat etwas Reizvolles. Von der oberen Felsplatte hat man eine wunderbare Aussicht; sie lädt zu einer Rast ein.

Der eigentliche Höhepunkt des Mont St-Michel ist das Gebiet um die kleine Michaelskapelle, die umgeben von hohen Bäumen steht. Es ist ein besonderer Platz, das man sofort am Wuchs und an den Verwachsungen

Stampflöcher, Mont St-Michel.

der Bäume erkennen kann. Wir gehen zunächst einige Stufen hinab und folgen dem Schild »Grottes des Fées«, der Feenhöhle, die im Volksmund als »Grottes des Sorcières«, Hexenhöhle, bezeichnet wird. Sie liegt unterhalb des Kapellenbergs. Die Hauptöffnung der großen Felskammer liegt im Nordosten und weist auf den Bastberg, ebenfalls ein bekannter Hexenberg bei Bouxwiller. Eine Informationstafel verkündet, dass einst die Gräfin Itta von Lützelburg, die auch das Frauenkloster Saint Jean (1126) gegründet hatte, die Anführerin der Hexenschar gewesen sein soll. In der Mitte der Höhle ist eine sargähnliche Vertiefung. Der ganze Platz mutet wie eine alte Einweihungshöhle an, wo in früheren Zeiten Initiationen stattfanden, bevor christliche Eroberer dies verboten haben. Möglicherweise haben bereits die Kelten hier ihre Kulte zu Ehren der drei Bethen gefeiert.

Oberhalb der Höhle ist im Sandstein eine kreisrunde Vertiefung auszumachen, die als »Hexenschule« bezeichnet wird.

Christliche Einsiedler bewohnten die Grotte bereits im 13. und 14. Jahrhundert. Sie erbauten 1371 die Michaelskapelle an dem heiligen Ort. Michael wird als Drachentöter im Altarbild dargestellt, das heißt, die weibliche Energie der Erdschlange wurde hier auf den Boden gebunden. Aus einem weiblichen Heiligtum wurde ein männliches. Dennoch konnte die ursprüngliche Kraft des Ortes nicht gebrochen werden. Heute wird zur Sommersonnwende ein großes Johannifeuer entzündet und zu St. Michaeli eine Messe auf dem Kapellenfelsen abgehalten.

Hexenring.

Hexenhöhle, Mont St-Michel.

Unweit von diesen heiligen Stätten hatten zur keltischen Zeit die Menschen in der so genannten Heidenstadt auf dem Frohnberg gelebt. Dieser Langrücken hat auch mehrere Felstürme und Opferplätze. Geografisch sehr geschützt, hatten hier die Kelten in der Mitte des Bergs ein Oppidum errichtet. Heute ist noch der große Wall gut erhalten. Dahinter lagen die Wohnhäuser, ähnlich wie beim Keltencamp La Bure bei St-Die (siehe hierzu auch Kroell 2000).

Ein Menhir weist hier auf eine noch viel ältere Besiedlung des Bergs hin, nämlich auf die Megalithzeit vor viertausend Jahren. Auf dem höchsten Punkt des Bergs liegt ein weiterer Opferplatz (Opferteller) mit mehreren Schalen. Die Energie ist hier nicht so aufbauend wie bei den Stampflöchern. Der Sturm hat große Schäden angerichtet, und eine Hinweistafel erklärt, dass man hier einst viele Sandsteine für die Warthenburg bei den Daubenfelsen abgebaut hat.

Der Bastberg

Bei Bouxwiller (Buchsweiler) liegt der Bastberg, eine kleine Erhebung vor der Kette der Vogesen.

Er steht in direkter Sichtverbindung mit dem Mont St-Michel. Der zweigipflige Berg heißt eigentlich St.-Sebastian-Berg, und auf ihm stand auch der Galgen. Es wird von feurigen Kugeln berichtet, die des Nachts über dem Berg zu sehen sind. In Vollmondnächten sollen die Hexen aus der Hexenhöhle am Mont St-Michel herüberfliegen und einen wilden Tanz aufführen. Der Bastberg gilt als Versammlungsort aller Hexen aus dem Unterelsass, ähnlich dem Bollenberg im Oberelsass. Auch sollen gedeckte Tische dort stehen, aber aller Spuk ist dann mit dem ersten Hahnenschrei vorüber.

Der Weiberkrieg von Bouxwiller

Im Jura und Sundgau hauste einst ein Unwesen, die geflügelte Juraschlange. Es wurde beobachtet, wie diesem Fabelwesen bei einem Flug über den Wolken sein Drachenauge aus Karfunkelstein auf die Erde im Elsass fiel. Wer es findet, dem soll es großes Unglück bringen.

Bärbel von Ottenheim soll in einem Ententeich des Fährmanns Gottfried diesen Karfunkelstein gesehen und danach gefasst haben. Sie war die Geliebte des Grafen von Hanau, der wegen ihr sein Weib und seine Kinder verließ.

Als der Graf von Hanau die Abgaben erhöhte, um die Gelüste seiner Geliebten, Bärbel von Ottenheim, befriedigen zu können, wurde es den Frauen in Bouxwiller zu bunt, und sie bewaffneten sich kurzerhand mit Sensen, Äxten, Heugabeln und Messern und stürmten so das Schloss des Grafen.

Die Melusine von der Lützelburg

Die Lützelburg liegt südlich von Saverne (Zabern). Sie wurde bereits 1523 zerstört; heute sind lediglich einige Mauerreste und ein fünfeckiger Turm zu bestaunen. Von dieser Burg geht eine seltsame Sage aus, es wird von einer Melusine berichtet.

Ein stolzer Ritter war verheiratet mit einer schönen Edelfrau. Diese zog sich immer am Samstag zurück in ihre Gemächer, und niemand durfte dann zu ihr kommen. Doch nach einiger Zeit vergaß sie, die Türe hinter sich zu schließen, und ihr Gemahl suchte nach ihr. Als er in ihre Kammer kam, sah er, dass seine Frau sich in ein Fischweib mit einem langen Fischschwanz verwandelt hatte. Sie erklärte ihm, dass sie von einem bösen Zauberer verwünscht worden war und geloben musste, jeden Samstag diesen Fischschwanz zu tragen. Nur noch ein Jahr – und sie wäre erlöst gewesen. Aber jetzt musste sie sofort das Schloss verlassen und unerlöst durch die hohen Lüfte schweben.

Maienberg, Burg Wasigenstein und Zigeunerfelsen

Maienberg.

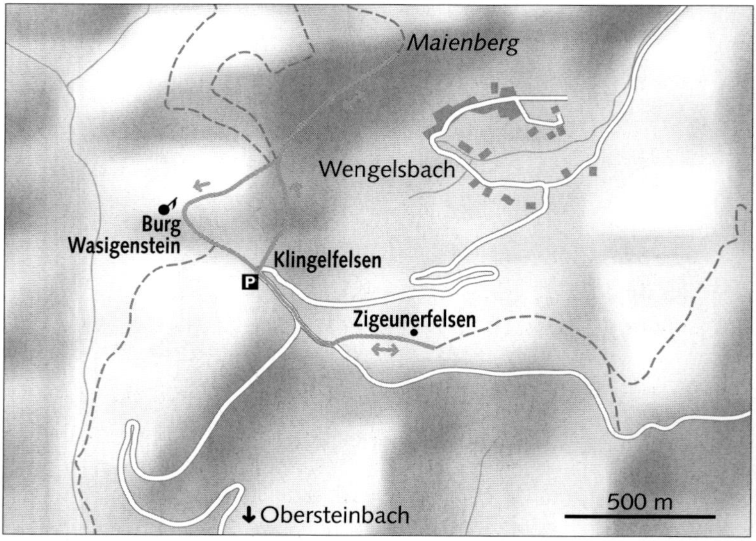

Anfahrt: Zwischen Obersteinbach und Niedersteinbach (Nordvogesen) geht es rechts ab nach Wengelsbach. Nach zirka drei Kilometern erreichen wir den Ausgangspunkt am Waldparkplatz am Klingelfelsen.

Wanderung: Klingelfelsen–Maienberg–Burg Wasigenstein–Zigeunerfelsen–Klingelfelsen: 3 Std.

Vor dem Klingelfelsen gehen wir links Richtung Col Maimont (Wanderzeichen roter Kreis). Nach zehn Minuten erreichen wir eine Weggabelung am Col Maimont. Nun folgen wir dem schmalen Waldpfad, der sich hinauf zum 513 Meter hohen Maienberg (Maimont) schlängelt (zirka zwanzig Minuten). Wir wandern wieder zurück zum Col Maimont; rechts geht es zur Burg Wasigenstein (zehn Minuten). Von hier müssen wir wieder aufsteigen zum Parkplatz am Klingelfelsen. Noch ein Stück über die Straße, dann geht es links hoch zum Zigeunerfelsen (zirka zwanzig Minuten).

Der Klingelfelsen hat eine malerische Ausstrahlung. Kleine Feengrotten durchziehen den in der Sonne in allen Rottönen strahlenden Steinturm. Die Stille des Waldes nimmt uns auf; der hohe Buchenwald verströmt Ruhe und Kraft. Bald haben wir die Wälle, die den Berg umgeben, erreicht. Auf dem Gipfel liegt ein Schalenstein.

Ein weiteres großes Steinriff mit Grotten und Schalen steht unweit auf der steilen, abgewandten Seite des Bergs. Nicht immer war hier oben friedliche Stimmung; ein Schild in französischer Sprache erinnert daran, dass hier einmal kriegerische Auseinandersetzungen stattfanden.

Die Burg Wasigenstein steht auf zwei Sandsteinfelsen und bietet eine grandiose Kulisse, die uns ins frühe Mittelalter hineinversetzt. Einst soll die Burg Schauplatz von Kämpfen zwischen dem aquitanischen Königssohn Walthari, dem Frankenkönig Gunther von Worms und Hagen von Tronje gewesen sein. So berichtet es der Walthari-Epos aus dem 9. Jahrhundert, der in lateinischer Sprache abgefasst wurde.

Höhepunkt dieser Wanderung ist der malerische Zigeunerfelsen. Wie ein großes Schiff ragt sein Bug aus dem Wald. Mächtig erhebt sich das Felsenriff über die umliegenden Bäume. Eine Eisentreppe führt durch den Fels hinauf auf eine Aussichtskanzel. Man hat von hier einen exzellenten Ausblick über die vielen Bergkuppen des Wasigenwaldes. Sogar Hagebuttenbüsche, Erika, Birke und Kiefern wachsen hier.

Der Fels war einst Sitz und Versammlungsort der Zigeuner und des fahrenden Volkes (siehe auch »Heidenkirche auf dem Löcherberg«, Seite 188).

Der Sage nach sollen sie sich als räuberische Bande übel benommen haben, da sie die Bauern der umliegenden Dörfer zu oft überfielen und ausraubten. Da zogen die Bauern vor den Felsen und wollten die Sippe gefangen nehmen. Doch diese sollen sich tapfer zur Wehr gesetzt haben. Vom hohen Felsen herab konnten sie alle Angriffe abwehren. Die Bauern sollen derart verärgert gewesen sein, dass sie den ganzen Wald anzündeten und ebenso Feuer um den Felsen legten. Einige Zigeuner sollen dabei bei lebendigem Leibe verbrannt sein.

Klingelfelsen.

Zigeunerfelsen.

Der mystische Pfad im Straßburger Münster

Anam ist das gälische Wort für Seele, Cara heißt Freund. Anam Cara bedeutet nach keltischem Verständnis also »Seelenfreund«. Die Kelten besaßen eine tiefe Einsicht in das Wesen der Liebe und der Freundschaft, die zwei Menschen auf unzertrennliche Weise miteinander verband.
John O'Donohue

Die klugen Jungfrauen, Straßburger Münster.

Das Straßburger Münster ist ein Mekka der Bauhüttenkunst. Hier wurde ein geheimes Wissen integriert, das nur Eingeweihten zugänglich war. Die Baumeister mussten sich gegen die kirchlichen Machthaber schützen und verschlüsselten ihr Wissen mit besonderen Symbolen und Figuren. Was hier so zufällig erscheint, hat einen tieferen Sinn. Diese Magier der Steine vollendeten in Straßburg den mystischen Pfad, die geheime Religion der Bauhütten. Der Straßburger Antiquar Peter Hellmich hatte es sich Zeit seines Lebens zur Aufgabe gemacht, über diesen mystischen Pfad zu forschen. Vor dem Eingangsportal des mächtigen Gotteshauses, dessen Westfassade über sechzig Meter hoch ist, treffe ich mich mit dem Privatgelehrten, der mich in das geheime Wissen der Baumeister einführt.

Am Südportal sind rechts und links schöne steinerne Damen zu sehen. Auf der rechten Seite steht die Synagoge, eine Frauenfigur, die eine Augenbinde trägt. Auf der linken Seite ist die Ecclesia zu sehen, die das Modell des Münsters in ihren Händen trägt als Symbol für die Kirche. Weswegen steht die Synagoge rechts und die Ecclesia links, möchte ich wissen.

Nach einer kleinen Pause fängt der alte Mann an zu erzählen: »In der gesamten mittelalterlichen Symbolik – und das wird oft völlig vergessen – ist alles, was rechts ist, eigentlich links und umgekehrt. Das heißt, wir dürfen nicht in das Bildwerk hineinschauen, sondern wir müssen mit der Figur herausblicken. Und diese Phänomene haben wir auch in der Gnosis, zum Beispiel in der gnostischen Schrift des Alten Testaments, die so genannte Apokalypse des Abraham. In dem 21. Kapitel heißt es: ›Schau unter deine Füße auf das Firmament! Erkenne auf dieser Fläche jetzt die dargestellte Schöpfung, die Kreaturen in ihr und die für sie bereitgestellte Welt.‹ Das war die absolute Richtlinie, das ist wahre Astrologie, sie sieht von oben herab. Wir müssen also mit Gott von oben herunterblicken, und dadurch ist alles in der Symbolik spiegelverkehrt«, erklärt Hellmich.

Nach den ersten Ausführungen über den Anfang des mystischen Pfads verstehe ich jetzt auch die Bedeutung, wenn es in den Märchen heißt, dass plötzlich Rosen mitten im kalten Winter erblühen.

Wir stehen jetzt vor dem Südportal und betrachten in diesem Sinne die Figuren. Die Synagoge symbolisiert den Beginn des Wegs. Die Ecclesia bedeutet das Weitergehen auf dem Pfad nach Westen. Am Anfang des mystischen Wegs ist die Andreaskapelle im astrologischen Haus des Wassermanns. Es ist die Kapelle der Gesellen. Wir gehen weiter zur Westfassade und sehen im ersten Portal die Abbildungen der klugen und der törichten Jungfrauen. Die törichten Jungfrauen symbolisieren die

Rechts

Überfahrt im goldenen Boot zum ewigen Osten. Mit eigener Mondfrau für alle Zeiten. Hier erscheint der Fuhrmann zum dritten Mal, nicht als Fährmann.

☽ 42

4

41

Lebensende

40

12

König mit halbem Reich

39

Die Braut ist gewonnen – Ehe

38

♊

Das mystische Grab

Aufstieg

37

Gewinnung des Goldschatzes, das »Sterben vor dem Tode«

36

1 ♋

Abstieg

35

3. Nacht

Die Schmiedefeuer = Öl Taufe (zwei Ambosse)

34

Der Schmied

33

2 ♌

Die Auferweckung des Vetters, aber zu früh

32

♀ 31

Eros

1 2 3 4 5

11 ♉

10 ♈

Nord – Winter

Meister II

Kunstdiener

Westen – Herbst

Meister I

Geselle

3 ♍

30 29 28 27

2. Nacht

1. Nach

Runddrehen der eckigen Schädel. Der kubische Stein wird zur Kugel geformt.

Die Kegelbrüder

Das rollende Bett

Der Hund m der Feuerzu Schwarz

Der mystische Pfad von Peter Hellmich

Links

Anfang

Salomon – angenommen oder nicht

Geburt

Das Lehrhaus nach allen Seiten

Frühling – Ewiger Osten

Süden – Sommer
Lehrling – Novize

6 7 8 9 10 11 12 13 14 15 16 17 18 19 20 21 22 23 24 25 26

9 8 7 6 5

Übergang in das neue Leben der Lehre

Der Kirchturmküster = Fuhrmann zum ersten Mal

Abschied vom Elternhaus

Der Fuhrmann als Hierophant zum zweiten Mal

Der Galgen Noch weiß man nicht Tote ins Leben zu bringen, also bleiben sie tot.

Der Fuhrmann zum dritten Mal

Ende der Lehrzeit

Die Entscheidung

Das Wirtshaus – Halte dich an das Gesetz. Dann kann nichts passieren!

Das Spukschloss – Übergang zum Eros der Braut

Drei Gegenstände Feuer – Drehbank – Schnitzbank mit Messer

…vei Katzen …d Karten…iel

Gesellen, die nicht weitermachen möchten, die zufrieden sind mit dem, was sie bis dahin erreicht haben. Unter den törichten Jungfrauen sind Männer abgebildet, die Karten spielen und sich mit Huren vergnügen. Für sie ist der Weg zu Ende. Die klugen Jungfrauen dagegen tragen Lampen, die den Weg erleuchten. Sie zeigen an, wie man auf dem Pfad weiterschreitet. Petrus, ihr Anführer, ist dargestellt in einer Redegeste. Hier muss sich der Geselle entscheiden.

Unter allen Figuren befinden sich astrologische Symbole. Alle zwölf Tierkreiszeichen sind eingemeißelt. Auf dem mystischen Pfad ist es notwendig, einmal alle Tierkreiszeichen zu durchlaufen; wenn wir auf der Meisterseite angelangt sind und glauben, wir hätten unser Ziel erreicht, so müssen wir wieder an den Anfang zurückkehren. Denn hier erleiden wir auf dem Weg einen imaginären Tod, wodurch wir wieder zurückkehren zu unserem Ursprung. Das bedeutet, dass wir in uns selbst hinabsteigen sollen, um zu einer geistigen Wiedergeburt zu gelangen, vergleichbar mit einem Quantensprung. Durch eine solche Wiedergeburt, wo wir wieder wie die Kinder sein können, erhalten wir das Himmelreich, die Erleuchtung.

Nun kommen wir zum Mittel- oder Hauptportal an der Westseite, wo sich das astrologische Haus der Waage befindet. Hier ist die Gesellenzeit zu Ende und es wird die Meisterschaft angestrebt. Das Waagehaus weist zahlreiche Figuren auf, unter anderem Maria mit dem Jesuskind und die Propheten. Laut Peter Hellmich wurden hier viele Figuren nachträglich hineingestellt, da in der Französischen Revolution große Zerstörungen stattgefunden haben. Diese Figuren spielen also auf dem mystischen Pfad keine Rolle. Viele biblische Darstellungen sind zu sehen, zum Beispiel in der Mitte die Kreuzigung Christi, unter ihm der Adamssarg. Darüber ist Gott Vater, der über allem thront. Ganz oben ist die Figur der Patronin des Münsters, Unsere liebe Frau. Dann der Thron Salomons. Hier lautet die Botschaft: Wir müssen uns, um Meister zu werden, einem geistigen Gericht stellen. Dort wird entschieden, ob wir dazu fähig sind und den Willen haben weiterzugehen, um ein vollendeter Meister zu werden. Es kann aber auch sein, dass wir an diesem Punkt des mystischen Pfads erkennen, dass wir bereits unsere Pflicht erfüllt haben und zufrieden mit dem sind, was wir bisher erreicht haben, zum Beispiel als einfacher Steinmetzgeselle zu wirken. Im Haus der Waage wird nun entschieden.

Hier besteht auch die Möglichkeit, direkt den Weg ins Paradies einzuschlagen; denn wir begegnen hier dem Erzengel Raphael, der uns den Weg in die andere Welt weist.

Wer jedoch die Prüfung besteht und durch das Waagehaus bestimmt wird weiterzugehen, gelangt zur Meisterseite. Gemeint ist hier zunächst die Existenz eines einfachen Baumeisters, der noch nicht Architekt ist.

Wir verlassen jetzt das Waagehaus und kommen auf die Nordseite des Münsters, das in drei Teile gegliedert ist. Ziel auf dem mystischen Pfad ist nun, selbst einmal einem solchen Münsterbau vorzustehen. Der Suchende möchte in dieser Phase Werkmeister oder, wie es in der Bauhütte hieß, Werkmann werden. Dazu muss man noch einmal eine Lehrzeit von drei Jahren absolvieren. In dieser Zeit soll der Kunst und dem Kunstverständnis hohe Aufmerksamkeit entgegengebracht werden.

Das erste Haus auf der Nordseite ist das Haus des Löwen. Hier sehen wir ein großes Fries mit lauter Löwen, die in der Bibel vorkommen.

Wir kommen nun zur Michaels- oder Laurentiuskapelle. Dies ist auch der Ort des symbolischen Todes, das so genannte mystische Grab, das in vielen Mysterienbünden bekannt ist. Der Einzuweihende muss an diesem Ort drei Tage bleiben und folgendes Ritual vollziehen: Sterben – Begraben werden – Niederfahren zur Hölle – wieder Auferstehen am dritten Tage. In Straßburg wurde dieses Ritual im Baumeistersaal durchgeführt. Es ist eine geistige Wiedergeburt, die hier auf dem mystischen Weg geschieht. Höhepunkt des Rituals ist, gleichzeitig die mystische Hochzeit mit der Jungfrau Maria zu erleben. Denn hier kommen wir nun endgültig zu uns selbst und haben das Ende des mystischen Pfads erreicht. In der Bauhütte war das reinste Metall immer Silber. Es stand für Luna, den Mond, der hier als Regent aller Planeten an oberster Stelle steht. Der heilige Laurentius wird mit den Eigenschaften des Silbers und des Mondes in Verbindung gebracht. Der Legende nach wurde der heilige Mann als Märtyrer auf einen glühenden eisernen Rost gelegt. Für ihn war es wie ein Rosenbett. Dies soll bedeuten: Reines Silber kann man jederzeit schmelzen, es wird immer reines Silber bleiben, und es wird keine Schlacke übrig bleiben. Der heilige Laurentius legte sich mit dieser geistigen Haltung auf den Rost und sagte, dass seine Seele reines Silber sei.

Am Ende des mystischen Pfads begegnen uns am Nordportal noch einmal alle Hauptfiguren. Es steht hier Maria mit dem Jesuskind. Das göttliche Kind schaut bereits herüber zur Paradiesseite. Wir sehen die Heiligen Drei Könige mit ihren Dienern sowie Joseph von Arimathia, der ein Weihrauchfass und einen Kelch in seinen Händen hält – den Abendmahlskelch, der später zum Gralskelch wurde. Man hat im Mittelalter die gesamte Gralslegende in den mystischen Pfad eingeflochten. Der Gral ist die ewige Burg, in die wir hineingelangen können, wenn wir, wie Parzival, in der Lage sind, die richtige Frage zu stellen, um dann eine geistige Lösung für unser Leben zu erhalten.

Am Schluss führt mich Peter Hellmich noch zu einem Fabeltier – der Wuivre –, das die Erdschlange oder die Drachenkraft darstellt. Die alten Baumeister hatten noch das Wissen um die Kraft der Erde.

Die Freimaurer haben später dieses alte Wissen der Bauhütten in ihren Geheimbund integriert. Es gibt bei den Freimaurern drei Stufen: den Lehrling, den Gesellen und den Meister. Der Lehrling schaut um sich, der Geselle schaut in sich und der Meister schaut über sich. Symbol des Meisters ist der Zirkel für die heilige Geometrie.

Schlussgedanken

Es gibt noch viele Orte zu erwähnen,
die ich hier leider nicht aufnehmen konnte,
wie den Donon, den Grand Ballon,
den Feldberg, den Kaiserstuhl, den Köhlgarten
und viele andere schöne Orte der Kraft.
Ich habe versucht, wie bei der Akupunktur
die richtigen Punkte (Heiligtümer) des Landschafts-
körpers Schwarzwald-Vogesen zu treffen,
damit eine Heilung der geschwächten Drachenkräfte
geschehen kann. Indem wir diese Plätze besuchen,
kann sich eine Heilung der Landschaft,
aber auch für uns selbst vollziehen.
Wir brauchen uns dazu nur aufzumachen,
den Rucksack zu packen, die richtigen Schuhe
und Kleidung anzuziehen, kurzum sehr wenig Aufwand.
Nutzen Sie, liebe Leserin, lieber Leser, die Kraft
der wunderbaren Natur vor Ihrer Haustür.
Lassen Sie sich von den Orten einladen,
ein Teil von ihnen zu werden.

Roland Kroell

Literatur

Balling, Marion: St. Odilia – ein Heiligenleben am Oberrhein, Regio-Magazin Nr. 8/2000, S. 24–30

Baumer, Franz: König Artus und sein Zauberreich, Langen Müller Verlag, München 1991

Benz, Doris, Schreger Ben: Kelten, Kulte, Anderswelten, Freya-Verlag 2003

Beyerle, Karlheinz: Malsburg-Marzell – Eine Spurensuche im Südschwarzwald, Edenbach-Verlag 1995

Böckl, Manfred: Merlin – Leben und Vermächtnis des keltischen Magiers, Hugendubl-Verlag, München 2000

Braun, Lucien: Paracelsus. Alchemist – Chemiker – Erneuerer der Heilkunde, Schweizer Verlagshaus, Zürich 1988

Buss, Hedwig: Was die Alten einst erzählten, Waldkircher Verlag, Waldkirch 1994

Bührer, Hans: Sankt Wilhelm – Die Geschichte eines Schwarzwaldtals, 1924

Ciccolo, Enza Maria: Lichtwässer, AT Verlag, Aarau 2004

Dalla Via, Gudrun: Lichtwässer und ihre Heilkraft, AT Verlag, Baden 2002

Derlon, Pierre: Gärten der Einweihung, Sphinx Verlag, Basel 1987

Conway, D. J.: Der Tanz mit dem Drachen – Handbuch der Drachenmagie, Arun Verlag, Engerda 2002

Eichin, Walter, Bohnert, Andreas: Das Belchensytem. Geheimnisvolles Basel, Edition Amalia, Bern 1999

Eliade, Mircea: Geschichte der religiösen Ideen, Herder Verlag, Freiburg 2002

Erbe, Michael (Hg.): Das Elsass, Verlag W. Kohlhammer, Stuttgart 2002

Frick, Christian: Klettern im Dreiländereck, Eigenverlag Philipp Schweizer, Kirchzarten 2002

Furger, Andreas: Die Helvetier, Kulturgeschichte eines Keltenvolkes, Verlag Neue Zürcher Zeitung, Zürich 1984

Geise, L. Gernot, Das keltische Nachrichtensystem, Michaels Verlag, Edition Efodon, Peiting 2002

Gersbach, Egon: Urgeschichte des Hochrheins, Badische Fundberichte, Sonderheft 11, hrsg. vom Staatlichen Amt für Ur- und Frühgeschichte, Freiburg i. Brsg. (A. Eckerle), und vom Staatlichen Amt für Denkmalpflege, Abt. Ur- und Frühgeschichte, Karlsruhe (A. Dauber), Bd. 1 und Bd. 2, 1969

Golowin, Sergius: Die weisen Frauen, Sphinx-Verlag, Basel 1982

Grimmelshausen, Hans Jakob Christoffel, von: Der Abenteuerliche Simplicissimus, Winkler-Verlag, München 1985

Hanh, Thich Nhat: Ärger – Befreiung aus dem Teufelskreis destruktiver Emotionen, Goldmann, München 2001

Hansjakob, Heinrich: Der Waldshuter Krieg, o. J.

Hasenfratz, Ferdinand: Der Krautbettjäger, Edition Klaus Isele, Eggingen 1984

Herm, Gerhard: Die Kelten, Bechtermünz-Verlag, Augsburg 1996

Hellmich, Peter: Der mystische Pfad im Straßburger Münster, Nachlassmanuskripte, o. J., Privatarchiv Roland Kroell

Hermann, Manfred: Kath. Pfarrkirche St. Brigitta – Sasbachwalden bei Achern, 1998

Jean: Elsass – Kolonie in Europa, Wagenbach-Verlag, Berlin 1976

Jensen, Wilhelm: Der Schwarzwald, Leipzig, o.J.

Jordan, Harald: Orte heilen, Bauer Verlag, Freiburg 2000

Klein, Kurt: Der Kinzigtäler Jacobusweg, Waldkircher Verlag, Waldkirch 1994

Jung, Carl Gustav: Grundwerk 1–9, Walter Verlag, Olten 1985

Kroell, Roland: Mythologisch Reisen – Südschwarzwald-Kaiserstuhl, Moritz Schauenburg Verlag, Lahr 1997

Kroell, Roland: Mythologisch Reisen – Mittel-Nordschwarzwald, Moritz Schauenburgverlag, Lahr 1999

Kroell, Roland: Sagen, Mythen, Legenden, Wandern im Dreiland, Reinhardt-Verlag, Basel 2000

Kroell, Ursula: Glaskunst im Schwarzwald, Waldkircher Verlag, Waldkirch 1994

Kuby, Clemens: Unterwegs in die nächste Dimension, Kösel, München 2003

Kusch, Heinrich und Ingrid: Kulthöhlen in Europa, Verlag Styria, Graz 2001

Landspurg, Adolphe: Orte der Kraft Schwarzwald Vogesen, Edition DNA, 1994

Lehner, Thomas: Die Prinzessin der versunkenen Stadt, Sonne, Mond und Sterne Verlag, Wiesbaden 1998

Lehner, Thomas: Die Salpeterer, Schillinger Verlag, Freiburg 2001

Lehner, Thomas: Keltisches Bewusstsein, Trikont Verlag, München 1985

Lehner, Thomas und Höflinger Heinz: Der Feengarten, Schillinger Verlag, Freiburg 1985

Lienhard, Christian u. Christiane Widmer: Basler Basilisken, Spalentor-Verlag 2003

Maier, Bernhard: Die Religion der Kelten, Beck Verlag, München 1998

Maier, Bernhard: Die Kelten, Beck Verlag, München 2000

Markale, Jean: Die Druiden, Dianus-Triokont-Verlag, München 1985

Mehle, Ferdinand: Ein Wegweiser zu geheimnisvollen Sagenstätten im Elsass und in den Vogesen, Morstadt-Verlag, Kehl 2002

Merz, Blanche: Die Seele des Ortes, AT Verlag, Aarau 2000

Merz, Blanche: Orte der Kraft, AT Verlag, Aarau 1999

Michell, John: Die vergessene Kraft der Erde, Mutter Erde Verlag, Frauenberg 1981

Möhring, Gerhard: Marbacher Magazin 23/1982, S. 47f.
Murray, Liz und Colin: Das keltische Baumorakel, Hugendubel Verlag, München 1996
Obermüller, Wilhelm: Deutsch-Keltisches, Geschichtlich-Geographisches Wörterbuch, Dr. Martin Sändig oHG, Wiesbaden 1867
O'Donohue, John: Anam Cara, Das Buch der keltischen Weisheit, dtv, München 1997
Paracelsus: Sämtliche Werke in vier Bänden, nach der zehnbändigen Huserschen Gesamtausgabe (1589–1591), Verlag Eick, Anger 1993
Ranke-Graves, Robert: Die Weiße Göttin, Rowohlt, Reinbek
Reime, Rudolf: Ortsgeschichte Holzen, Holzen 1975
Rickenbach, Iris und Hodapp, O. Bran: Das Große Buch der Drachen, Schirner-Verlag 2002
Ruch, Joseph: Stadtgeschichte Waldshut, 1966
Schmid Noerr: Frierich A., Das Freiburger Drachenzahnweh, Verlag Moritz Schauenburg, Lahr 1996
Schmidt-Abels, Georg: Geheimnisvoller Breisgau, Waldkircher Verlag, Waldkirch 1995
Schmidt-Abels, Georg: Geheimnisvolle Ortenau, Waldkircher Verlag, Waldkirch 1997
Schmidt, Thomé P.: Burg, Hof und Kirche von Istein im Mittelalter. In: Führer zu vor- und frühgeschichtlichen Denkmälern. Lörrach und das rechtsrheinische Vorland vor Basel, Verlag Philipp von Zabern, 1981 (S. 198–206)
Schumacher, Yves: Steinkultbuch Schweiz, Edition Amalia, Bern 1998
Sagen aus dem Schwarzwald, Jost Jetter Verlag, Heimsheim 1994
Strassmann, Renè Anton: Baumheilkunde, Zyt-los-Verlag, 1986
Vincenot Henri: Die Sterne von Compostella, Herder Verlag, Freiburg 2000
Thoma, Willi: Elztäler Sagen, Waldkircher Verlag, Waldkirch 1986
Van Cronenburg, Petra: Geheimnis Odilienberg. Diederichs Verlag 1998
Weber, Josef: Zur Geschichte der Stadt Elzach, hrsg. von Stadt Elzach 1978
Wetzel, Sylvia (Hg.): Die Grüne Tara, weibliche Weisheit, Diamant-Verlag, München 2003
Wickram, Jörg Der Goldfaden. Nachdruck von 1557, Rütten und Loening, Berlin o.J.

Danksagung

Dieses Buch wäre nicht ohne die Ermutigung von vielen guten Freundinnen und Freunden entstanden. Besonders danken möchte ich Thomas Lehner und Miroslav Luczynski.
Für die gute Zusammenarbeit möchte ich mich ganz herzlich beim AT Verlag bei Urs Hunziker und Monika Schmidhofer bedanken.
Außerdem für ihre Mitwirkung bei: Dr. Ruth Blaes, Dr. Astrid Breinlinger, Karin Breyer, Irmgard Clotz, Thomas Clotz, Barbara Dohmen, Martin Erb, Don Hunbatz Men, Don Pedro Pablo Chuc, Walter Eichin, Star Johnsen-Moser, Marcel Hofmann, Manuela Kilius, Heidi Knoblich, Karin Kyburz, Helen (Arielle) und Henrik Langholf, Ben Ludwig, Linde Ludwig, Luzia Tuz Cuooh, Anette Maaßen-Boulton, Mirra Rose, Gerd Soballa, Erika Schmidtke, Chris Simpson, Hanni Strauss, Prof. Herbert Wentscher, Markus Wursthorn.

1 Thomas Lehner, 2 Miroslav Luczynski, 3 Heinz Stempel, 4 Walter Eichin.